梵净致用文库

铜仁学院硕士点建设研究课题“乡村振兴背景下农村基层社会治理绩效提升研究”（项目主持人罗正业，课题编号：Trxyxwdxm-049）

灾害应对视角下社会治理变迁和农村基层社会治理体系建设研究

罗正业　著

中国农业出版社
北　京

图书在版编目（CIP）数据

灾害应对视角下社会治理变迁和农村基层社会治理体系建设研究 / 罗正业著. —北京：中国农业出版社，2023.3
ISBN 978-7-109-30495-6

Ⅰ.①灾… Ⅱ.①罗… Ⅲ.①农村—社会管理—研究—中国 Ⅳ.①C912.82

中国国家版本馆 CIP 数据核字（2023）第 040479 号

中国农业出版社出版
地址：北京市朝阳区麦子店街 18 号楼
邮编：100125
责任编辑：王秀田
责任校对：吴丽婷
印刷：北京中兴印刷有限公司
版次：2023 年 3 月第 1 版
印次：2023 年 3 月北京第 1 次印刷
发行：新华书店北京发行所
开本：700mm×1000mm 1/16
印张：16.5
字数：300 千字
定价：78.00 元

前言

进入21世纪以来，2003年非典疫情、汶川地震、南方雪灾、新冠疫情等重大灾害频繁发生，这些重大灾害的特点是：影响范围广、爆发速度快、危害大。每一次重大灾害对事发地的人们来说都是一场灾难，灾害过后，事发区域经常会面临一场短暂而剧烈的社会治理体系重建，迎来一系列社会治理变革。在2003年非典疫情、汶川地震和新冠疫情等突发事件应对之中和之后，中国特色社会主义制度发挥出了高效率的优势，一方有难八方支援，全国集中力量应对疫情和灾害，受灾地区秩序良好，社会稳定，经济有序发展，为中国其他地区甚至世界的灾后重建与社会治理体系建设提供了宝贵经验。

基于对汶川地震自然灾害地区和广东、湖北疫情受灾地区长期的观察和走访，在比较了灾害周期、公共管理、大数据运用和社会治理等理论之后，本书从公共治理与社会变迁的视角，在历史制度主义的理论范式和社会主义建设经验的政策逻辑下，构建出一个用于分析疫情、灾后农村基层社会治理方式变迁的框架，并基于灾后社会治理过程呈现出的“党委领导、政府主导、社会力量有序参与”的特征，探讨灾害应对视角下农村基层社会治理体系建设的模式优化和路径选择。我国正处于社会主义初级阶段，区域差距较大，各地区发展不平衡、不充分，如果发生重大灾害，将会引发较大的灾难，灾难之后又会发生什么样的社会后效和社会变迁？灾后的农村社会治理体系重建需要遵循什么样的制度逻辑？

研究发现，灾中和灾后社会治理进程中，中央政府、灾区地方政府与社会力量的互动发展是在一定制度空间和历史变迁环境中进行的。不同层级政府与社会力量之间的合作互动主导了社会治理变迁和社会治理体系建设的进程，不同层级政府与社会力量的互动遵循不同的逻辑，并且在一定的时间内保持平衡。面对重大灾害后不同时期的社会问题、制度目标不同，因此，制度要素的组合也不同。“党委领导、政府主导、社会力量有序参与”是重大灾害后政府与社会力量互动的特征，具体来说：中央政府从顶层设计决定了社会力量在疫情和灾情地区发展的基本格局，疫区或灾区政府为了创新、高效地完成社会治理体系建设任务，选择性地与社会力量合作，逐步赋予了社会力量合法性地位，并给予相应的资源和制度支持。与此同时，社会力量有序参与不同层级政府的社会治理，对上级政府通过进行政策倡导、提供政策建议、表达利益诉求等方式寻求政府的资源和制度支持；对农村基层政府加强联络，通过优质服务融入其政策视野。在灾后农村社会治理变迁和社会治理体系建设过程中，政府与社会力量分享合法性财政资源，地方基层政府通过“嵌入”依法加强对社会力量的领导，同时在一定程度上增强了社会力量的自治能力和自主权利。但是，这并不是以削弱党和政府应有之权威、自主决策与强大资源整合、人员动员能力为前提，而是在坚持党委领导和政府主导的原则下运用灵活策略和民主手段的“政府主导—社会参与”的最优目标模式。

虽然各个地区的历史、文化及社会风俗背景存在一定程度上的差异，但是疫情灾害导致的伤害和损失却是一样的，政府和社会所要解决的问题也是相似的。汶川地震和湖北疫情灾后恢复重建与社会治理的实践为灾害应对视角下的农村基层社会治理体系建设提供了新思路、新模式。举国动员、对口支援、政府强力主导与社会力量积极参与、协同合作、互帮互助是推进灾后恢复重建和继续发展的重要制度设计，是保证自然灾害和病毒灾害不会进一步引发社会灾害的关键。

目录

第一章　导　论

全面贯彻党的十九大精神，以习近平新时代中国特色社会主义思想为指导，把“聚焦脱贫攻坚、聚焦特殊群体、聚焦群众关切”作为根本出发点和落脚点，坚持需求导向、效果导向，引导和支持社会力量高效有序参与社会救助工作，完善救助体系、提升救助水平、强化工作能力，更好满足困难群众对美好生活的向往，努力构建政府和社会力量协同推进社会救助的工作格局，为建设和谐稳定的社会提供有力的社会救助保障。①

——社会力量参与一线救灾行动指南的指导思想

一、问题的提出与议题的选择

人类社会的发展史也是一部社会变迁史，社会在不断地发展，也在不断地变化。社会变迁不会平白无故地出现，往往与重大灾害有关。所谓的重大灾害，根据我国 2007 年 11 月 1 日起施行的《中华人民共和国突发事件应对法》规定，重大灾害指突然发生，造成或者可能造成严重社会危害，需要采取应急处置措施予以应对的自然灾害、事故灾难、公共卫生事件和社会安全事件。根据突发公共事件的紧急程度、危害大小、涉及范围、人员及财产损失情况，由低到高划分为一般（Ⅳ）、较大（Ⅲ）、重大（Ⅱ）和特别重大（Ⅰ）共四级预警，分别用蓝色、黄色、橙色、红色表示。突发事件的分级标准由国务院或者国务院指定的部门专门制定。

可见，重大灾害也被认为是一种灾害或灾难，既包括自然灾害、事故灾难，也包括重大公共卫生事件和社会安全事件。为了研究方便，本书中的重大灾害限定为重大公共卫生事件和重大自然灾害，有时会直接把重大灾害简称为

① 赵乐际，以习近平新时代中国特色社会主义思想为指导　坚定不移落实党的十九大全面从严治党战略部署——新华社每日电讯。http：//www. xinhuanet. com；2018 年 2 月 13 日 08：27.

灾害或灾难。越来越多的研究者把注意力集中在社会和历史进程中所发生的一些具有巨大危害性的重大灾害以及在重大灾害背景下哪些群体可能面临更高的风险和伤害方面。

（一）社会发展进程中的突发灾害事件

在漫长的人类社会发展历史长河中，各种突发事件就像浪花跃出水面一样频繁出现，各种各样的灾害一直都是人类社会极力回避却又无法回避的重要难题。根据瑞士再保险公司和中国国家气候中心的数据，1980—2020 年全球重大灾害［这项统计以至少造成 1 人死亡或者至少造成 10 万美元（低收入经济体）、30 万美元（下中等收入经济体）、100 万美元（上中等收入经济体）或 300 万美元（高收入经济体）的损失为标准，经济体划分参考世界银行相关标准］发生次数逐年增加，并有加速上升的趋势。2020 年全球发生的重大灾害包括：气候灾害、地质灾害、流行病灾害和水文灾害事件约 980 次（约为 1980 年的 5 倍），总死亡人数超过 100 万人，造成的经济损失超过 5 万亿美元。世界经济论坛发布的《全球风险报告》数据显示，流行病毒、自然灾害和极端天气在 2019 年和 2020 年影响力最大的风险中均排名前三位。灾害不仅包括自然灾害，也包括因为人类疏忽大意而造成的重大流行病灾害。随着各类重大灾害发生的频率加快、强度增加、种类增多、地域扩大，对人类社会的经济影响、文化影响甚至制度影响越来越大，突发事件已经成为地球上司空见惯的常客，我们必须高度重视并勇敢面对和灵活应对它。

许多事实和案例表明，重大灾害后受灾地区将面临严重的经济风险、社会治理风险。2017 年美国波多黎各地区受飓风“玛利亚”袭击，灾害后全岛断水断电长达数月，数百万名岛民因此离开家园，造成极大的社会治理隐患和经济损失。来自日本阪神大地震的经验证据显示，灾后紧急恢复计划和长达十年的重建计划无法治疗人们的心理阴影，也无法阻止地震后 GDP 的下降，灾后十年内当地人的生活水平都难以恢复到灾前水平，各种民事案件和刑事案件迅速增加，社会治安明显恶化。从我国汶川地震的例子中也可以看出，灾后重建之路道阻且长，最初由全国各地支援的恢复重建工作导致汶川地区的经济在短期内迅速复苏，随后则稳定在远低于灾前的水平，GDP 在 5 年后开始上升，人们也开始安居乐业，慢慢淡忘了灾害的伤痛。但是 10 年后，社会经济尚未达到震前水平，文化教育水平也低于地震之前。邓福德（2011）的研究数据表明，中央政府主导、各地方省市配合的重建工作和继续发展工作在速度和质量方面都很高，重建效果取决于强有力的领导机构、明确的行动计划，以及重建工作参与各方的协调一致、力量凝聚和资源整合。然而，短期效果难以持久，如果缺乏中期和远期的可持续援助支持方案，关注热度消退之后，灾后继续发展工作有可能进入静悄悄的“被遗忘阶段”。一些学者认为，重大灾害之后的灾后恢复重建可能会出现社会治理方面的风险，譬如贫富差距拉大、城乡建设不均衡、收入分配不公平和社会保障不到位等，随着时间推移，这种问题有可能导致社会两极分化、城乡脱节的断裂风险发生，引发各种矛盾和冲突，造成社会不稳定甚至大动荡。也许，重大灾害如海啸和飓风等自然灾害，或者新冠疫情这种流行病的暴发等可能短暂地为地区发展提供了独特的机会，并且为受灾地区带来大量的经济援助等，然而，地区发展需要一个持续的长期进程，重大灾害后的社会治理体系建设和经济文化发展都是一个巨大难题。① 以上一系列的国内外经验都表明，重大灾害发生后社会面临巨大挑战和持续不断地重新陷入灾难的社会治理风险。

（二）重大灾害应对与社会治理的中国经验

2003 年的非典疫情、2008 年汶川地震及 2020 年新冠疫情的应对都反映出了中国资源整合、协同合作的强大能力，充分体现了中国集中力量办大事的社会主义制度优势。汶川地震之后，一方有难八方支援的恢复重建制度使得受灾地区的灾后社会治理稳定有序，社会经济持续增长，一切都有条不紊，哀而不伤，表现出了应对重大灾害的高效率。在余震不断的紧急救援阶段，社会整合与动员能力就显得尤为重要，政府的价值取向、行为导向和舆论风向将直接影响灾区的恢复重建工作和社会治理工作。当然，灾区社会的接纳、吸收和调整能力及灾区人民的人文素质也至关重要，直接关系到了灾区的恢复重建工作和社会治理体系建设。

那么，什么是应对重大灾害如自然灾害和公共卫生事件等的关键制度因素？就社会治理而言，重大灾害的灾难情境下可能会面临四个失灵：市场失灵、政府失灵、第三部门失灵及农村基层自治失灵，此时，急需区域治理合作、跨界协作和多中心治理。越来越多的人关注到了重大灾害对社会长远的冲击和结构性影响，各国政府也意识到单一地区和单一部门在应对巨大灾难时的

---

① 王彩云，深化社会管理体制改革创新多元社会治理机制——“大众政治参与和社会平安发展”学术研讨会综述 [J]. 政治学研究，2011 (1)：122-125.

“孤军作战”难以取得成效，“势单力薄”之际，需要以企业为代表的市场力量和民间公益组织为代表的社会力量等更多主体积极参与，并在防灾、减灾、救灾过程中自发磨合，逐渐完成整合并形成合力。这也成为全球灾害管理实践者和学者努力探索和研究的重要议题。欧美国家应对新冠疫情的事实证明，富裕的发达国家在重大灾害应对中未必表现良好，而贫穷落后的发展中国家有可能非常出色地完成防灾、救灾工作。孟加拉国应对洪涝灾害的经验证明，即使一个十分贫穷落后的国家也能够在重大灾害应对中有出色的表现，而许多发达国家在重大灾害应急中却表现得手忙脚乱、毫无章法，如英国在应对“疯牛病”时的表现，当年的疯牛病风波严重损害了英国经济，使英国养牛业面临危机，不仅5亿多英镑的牛肉出口化为泡影，每年还需花费35亿英镑进口牛肉，扩大了英国贸易赤字、恶化了英国贸易平衡。

2019年年底，湖北省在应对新冠疫情重大灾害中，整合全国医疗资源，多地区开展区域治理合作，武汉封城后全国全面动员、其他地区开展对口支援等各种果断举措在应对公共卫生事件方面行之有效；在重大灾害如汶川地震之后的恢复重建时期，对口支援重建（在中央政府协调下，一个省对口帮助某一个受灾的县市重建）、政府主导和社会参与等是汶川地震灾后重建的重要经验，这种经验对重大灾害后灾区的恢复和重建行之有效。在中央政府的协调安排下，其他地区尤其是发达地区的政府与社会力量积极援助灾区或疫区应对突发事件，就如兄弟一样向疫区或灾区伸出援助之手，主动提供大量资金、技术、人力资源等，成为推动疫区或灾区快速恢复社会治理和经济重建的重要力量。一般来说，重大公共卫生事件应对如对口支援湖北疫区的效益成果以重大疫情得到有效缓解和防控为标准，后续社会重建尤其是社会治理体系建设则需要更漫长的时间。但是对于汶川地震这种自然灾害受灾地区的支援成果则以物理层面的恢复重建得以完成为标准，基础设施的恢复和硬件重建工作基本上是在两年内完成的（比原定的3年计划提前了1年），至于社会治理体系的建设则需要中央政府长期指导、社会力量长期参与才能逐渐恢复和日益完善。德国和日本也在重大灾害发生之后采用了类似对口支援的措施，但是支援力度较小、行动规模不大，取得的效果也比较一般。根据文献收集和实地调研数据来看，对于湖北疫区和汶川地震灾区来说，疫情之后需要的是社会治理和经济建设的快速恢复，自然灾害之后需要的则是家园重建和社会重建的经验。湖北新冠疫情发生后，大量民间医务人员和民营医疗机构自发涌入湖北地区，展开救护和医治工作；同样在汶川地震发生后，大量社会力量也成为灾后恢复重建进程中的重要力量。社会结构在经受重大灾害的冲击之后，迅速完成了整合，社会治理体系得以迅速重构，都源于政府与社会力量的携手合作。政府主导与社会力量协同参与是重大灾害之中紧急救援和灾害疫情发生之后恢复重建的指导原则，这一原则使社会力量成为重大灾害后社会治理的重要主体之一，政府与社会的互动合作推动了灾区的恢复重建、继续发展及社会治理体系建设，对于重大灾害受灾地区的经济社会发展具有深远影响。这也是重大灾害后灾区迅速恢复经济建设和社会恢复稳定发展的中国经验。

二、研究概述：现实问题和意义

（一）研究界定

任何重大灾害对人类社会来说都是一场灾难，既可能是自然灾害和公共卫生灾害，也同样属于社会灾害，因此，关于重大灾害的研究既具有强烈的理论价值，也具有较强的实践应用色彩。在关于重大灾害和灾害的社会科学研究中，突发事件的形成和发生，以及随后的救灾应对、政府管理及社会治理等过程都可以视为人类所独有的、具有高度现代化组织性和现代性意义的社会行为和社会事实。重大灾害及其应对所引发的、扩散的中长期社会变迁和社会治理体系建设是灾害（重大灾害）研究的重要方向，2003 年非典疫情发生至今已经将近 20 年，汶川地震也过去了 10 多年，新冠疫情仍然在世界各地肆虐，尚未完全控制住，发生这些重大灾害之后灾区面临的是一场或短暂或长久而剧烈的社会重建试验，会带来一系列社会治理变革，也会积累丰富的社会治理体系建设经验。这些重大灾害被认为是可以推进我国危机管理能力和提升灾害应对中社会治理体系建设能力的重大契机，为重大灾害和灾害研究提供了系列的、具体的微观案例。

重大灾害之后的恢复重建和后续发展工作是一个长期而且复杂的过程，根据突发事件的种类和性质，重建工作既包括硬件设施即物理层面的恢复重建，譬如汶川地震等自然灾害后的恢复重建工作，也包括人们的心理、信心重建和社会治理体系建设，譬如 2003 年非典疫情和新冠疫情等公共卫生事件后的社会重建。不同种类重大灾害后受灾地区的重建工作具有一定的共性，但侧重点又有所不同。因此，需要对研究问题做出明确界定，以便具体问题具体分析，使研究更具有针对性。受个人精力、思想见识和学术水平等限制，笔者无力探讨过于宏大的话题，只能致力于寻找某几个点即问题窗口展开研究，试图管窥重大灾害之中和之后的社会治理变迁和社会治理体系建设，尤其是在社会治理体系建设中的政府主体结构及其运行机制的转变，社会力量的参与方式和参与程度等。在重大灾害应对过程之中和之后的恢复重建期间，举国上下齐心协力的全面动员模式、分地区对口支援的应急方式和社会力量参与社会治理的管理机制，具有中国特色和能体现社会主义制度优势的制度设计，成为推进灾区基础设施恢复重建和社会治理体系建设的重要力量，对受援助地区的社会经济和社会心理都产生了深远的影响，成为助推社会治理变迁和建设的动因之一。任何重大灾害发生之后，社会治理没有包治百病的“万能药”，根据受灾地区经济水平、地理区域、民族文化风俗等不同，社会治理制度是多样的、变化的。任何关于重大灾害后经济恢复、基础设施重建的制度设计，继续发展阶段的社会秩序维持计划、社会治理体系建设计划以及社会治理机制都被纳入选择范围并有可能被选中实施，每种选择都会有利有弊①，都可能存在某种风险和潜在缺陷，问题的关键是在这个过程中治理计划、治理机制被选择的依据和条件是什么？经济恢复和基础设施重建的制度设计在什么情况、什么条件下会发生变迁？重大灾害本身的属性和灾后恢复重建会以何种方式影响社会治理体系的建设和选择呢？

基于此，需要从理论维度回答下列几个问题：

第一，重大灾害和后续的恢复重建导致了什么样的社会后效和社会变迁？

第二，公权力部门与社会力量、市场力量的互动合作是如何推动灾后社会治理体系建设的？

第三，在重大灾害之后社会治理体系建设的进程中，公权力部门与社会力量各自扮演何种角色，表现出什么样的特征？

第四，重大灾害后，社会治理体系建设遵循了什么样的组织制度逻辑？

第五，历史经验对重大灾害背景下社会治理体系建设有什么借鉴意义？

所有这些问题都需要我们通过具体案例进行深入分析和探讨，如要对这些问题进行系统回答，需要一个更加整合的框架来分析重大灾害后社会治理变迁特征和变迁机制。分析重大灾害中和灾害事件后社会治理体系建设的特征及其背后的因果机制，不仅有利于审视重大灾害后社会治理变迁的历程，而且可以为社会治理体系建设提供更好的优化路径。在21世纪以来我国所发生的重大

---

① 陈和，王智．市域社会治理协商民主制度化发展的实践创新［J］．甘肃社会科学，2020（4）：60－67．

灾害中，2003 年的非典疫情，2008 年的汶川地震和 2020 年初的新冠疫情是比较典型的、具有重要影响的重大灾害，这三大事件对我国人民的心理影响较大，事件发生后的社会治理转型、社会治理变迁和社会治理体系建设是不可多得的案例。这三大突发事件的影响面广、后果非常严重、特征也非常明显，称得上是“巨灾”。灾后的经济恢复、秩序重建和继续发展阶段政府的制度设计、社会治理体系都发生了明显变动，考察这三大突发事件之后的社会治理制度变迁和社会治理体系建设，从中我们能够更好地分析各种影响因素和作用机制，吸取教训和总结经验，为重大灾害背景下农村地区的社会治理体系建设提供有益的参考。

（二）研究的创新与贡献

在 2003 年非典疫情、汶川地震和新冠疫情三次重大灾害的果断应对及其后续恢复重建与社会治理过程中，我国的表现可圈可点，获得了世界的认同和赞赏，尽管有少数国家别有用心，对我国采取批评和怀疑的态度，但掩盖不了我国所取得的光辉成绩。在三次重大灾害后的社会治理方面也卓有成效，社会力量参与社会治理工作，既是一种时代进步，也说明社会力量在我国改革开放以后迅速地成长起来了，并成为重大灾害后社会治理的重要参与力量。我国在灾后社会治理的实践上并没有生搬硬套西方模式，而是基于中国国情充分发挥了社会主义制度优势，开展了具有中国特色的灾后社会治理模式。相比我国社会治理的实践成效，我国本土化的话语体系和理论研究体系尚未建立起自身权威，目前一些已有的重大灾害应对和灾后社会治理研究都是在套用西方的概念术语、研究框架和模式、学术方法论等来解释中国的现象和问题，在形成中国特色的研究理论和话语逻辑体系上并没有明显成效。在国际舆论体系中，中国声音也处于弱势地位，在关于灾难应对和疫情处理方面，一些不了解实情的西方舆论甚至对我国持有敌对和负面评论。除此之外，在国际重大灾害后恢复重建与社会治理的相关研究中，“中国案例”经常是由国外学者在引用和讲述，其中混杂着许多负面批评甚至故意抹黑的“糊涂研究”。本书尝试构建一套重大灾害后受灾地区恢复重建与社会治理体系建设的中国话语体系，提炼和归纳出中国重大灾害之中和之后的社会治理体系建设的实践经验，并重点研究重大灾害背景下农村基层社会治理体系应该如何建设。显而易见，构建中国的学术话语体系，在基础理论研究和实践应用中都不能机械地套用西方学术范式，应该对“中国经典案例”进行更为深入的学理分析和学术洞察，提炼经验并在全中国推广，包括探索重大灾害背景下农村基层社会治理体系建设的路径和模式。

本研究讨论的重大灾害之中和之后社会治理变迁主要关注了制度的变迁，并在此基础上探讨了社会治理体系建设。因此，不仅需要对当前社会经济基础和相关文化制度要有一定程度的了解，而且要回顾我国应对重大灾害的传统和历史，将突发事件后灾区的社会治理体系建设和社会经济发展置于政治、市场、民族以及社会的复杂关系网络之中，进一步探寻蕴含在种种关系网络中的组织制度逻辑、历史与现实逻辑以及彼此之间的相互关系，为当下及以后在重大灾害背景下农村基层社会治理体系建设提供有益的历史数据和经验借鉴。本研究的主要贡献与创新体现在理论和实践两个层面：

第一，理论层面，本研究从历史制度主义的理论维度，提出了“政府渐进、选择性赋权—社会力量分层、有序嵌入”的分析框架，为分析重大灾害后社会治理变迁及社会治理体系建设提供了新的理论视角。基于非典疫情和新冠疫情及汶川地震的案例分析，从纵向历时性和横向共时性两个方面，将重大灾害后恢复重建与社会治理分成了物理设施恢复重建和经济社会继续发展两个时期，分析了每个时期的两大制度主体即不同层级政府与社会力量之间的博弈与合作互动关系，两者的互动表现出了政府有选择性地逐步向社会力量赋权，社会力量则分层次、有秩序地嵌入社会治理体系，两者之间相互嵌入甚至在某一特殊时段会有一定程度的有机融合，这种嵌入和融合针对不同层级的地方政府表现为在上一级政府领导下，地方政府公权力机关与社会力量之间的“选择性有序合作”等特征。在此基础上，本研究进一步分析了重大灾害后社会治理制度变迁和农村基层社会治理体系建设的内生动力和外生驱动机制。

第二，实践层面，本研究较为全面地回顾了非典疫情和汶川地震灾后社会治理制度变迁和社会治理体系建设的历程，重点分析了我国在新冠疫情应对之中和之后社会治理方面的经验，有效积累了关于重大灾害后社会治理变迁与社会治理体系建设的宝贵资料，总结了重大灾害之中和之后社会治理的经验，为其他国家和我国今后可能发生的重大灾害的应对和处理提供经验样本和可供借鉴的案例，并提出重大灾害后社会治理制度变迁与农村基层社会治理体系建设的优化模式和路径选择。多年来，我国在重大灾害后非常注重恢复重建和社会治理方面的实践行动，而忽视理论总结和理论研究，导致实践行动领先于理论研究，2019 年至今的新冠疫情正好也成了一个重要的契机：回顾与总结重大灾害后社会治理制度变迁与社会治理体系建设的得与失，重大灾害后受灾地区的恢复重建和社会治理问题方面也需要有“中国声音”及我国自己的理论研究来作为支撑。这种理论研究有助于指导农村地区在遭遇重大灾害后有效开展紧急救援、重建经济和社会治理体系建设等工作。

三、研究方法和数据来源

（一）研究方法

（1）案例研究法。在注重事务过程而非结果的定性研究中，可以借助案例研究法来探索不容易被定义而且在不断变化和发展过程中的且隐藏较深、难以直接观察的问题，这些问题可能难以用现有理论加以分析和解释。显然，与定量研究相比，定性研究在研究新事务、新现象和存在变化的动态过程方面具有实证研究无可比拟的优势。个案研究对于分析和阐释社会发展过程中出现的突发问题和现象具有明显的独特性，对特定个案进行纵向性和共时性剖析有利于研究者进一步回溯和分析这一现象产生过程中的一切影响因素和相关影响机制。影响重大灾害之后社会治理发展变化过程的因素非常多。为了探索重大灾害发生之后社会治理变迁的各种影响因素和影响机制，本研究采取的是一种看似管中窥豹，但具备“以小见大”功能的研究路径：虽然关注重心是重大灾害后社会治理主体结构与运行机制变迁的宏观问题，但实际展现的是灾后社会治理进程中连续发生的具体事件、细节性情景与可直观性行为。在重大灾害后社会治理体系变迁和重建过程中每个阶段所面临的外部现实环境、内部吸收与消化能力、组织文化、地域民族风俗、组织方式、行为风格和政策不断完善的演进过程是一个动态的复杂过程。

本研究采用了有助于总结经验、吸取教训和提炼规律的对单个事例逐一进行动态跟踪、深度分析的案例研究法。无论是2003年非典疫情、还是汶川地震案例直至现在的新冠疫情案例，它们对社会的影响可能延续几十年。鉴于此，本研究还采用纵向案例研究和嵌套式案例研究两种方法。其中，纵向案例研究是对两个或两个以上的发生在不同地点和时间点的研究对象进行历时性跟踪观察；顾名思义，所谓的嵌套式案例研究指在同一个案例研究中存在两个或两个以上的分析单元。把纵向式案例研究法和嵌套式案例研究法进行有机结合，进而形成一种新的研究方法即嵌套式纵向案例研究，两种方法的结合有助于探索社会治理和制度变迁的动态以及整个系统的发生、发展过程，从而有助于确认关键事件发生的时间先后次序，有利于识别事件之间的因果逻辑，从而深入把握事件的内在拓展机理以及对社会治理制度变迁的影响因素和机制。在比较了重大灾害周期理论、公共管理理论和社会治理理论等多种理论之后，本研究从政府与社会关系的视角，并结合历史制度主义的理论范式，构建了“政府渐进、选择性赋权—社会力量分层、有序嵌入”的分析框架。针对研究的具体对象和具体问题，采用了嵌套式纵向案例研究方法，可以将同一案例的多个发展阶段发展成既具独立性又相互联系的多个研究单元。

（2）文献研究法。文献研究法是对大量的文献资料进行整理、分析和归纳，进而提炼出研究主题，并指出已有研究可能存在的缺陷或不足以及有待拓展的空间。国内外文献中关于重大灾害所造成的灾害状况及灾区的社会重建和社会治理体系建设有助于理解当今农村地区实际的社会治理情况，从而为重大灾害后农村基层社会治理体系建设提供借鉴。

（3）关键事件法。首先，梳理重大灾害发生以来各地区社会治理进程中的关键事件，运用从不同渠道收集的数据进行实证分析和交叉验证。然后，对关键事件进行深入分析，刻画出不同阶段重大灾害突发地区政府与社会力量之间的博弈、合作关系，并分析社会力量在嵌入突发事件应对过程中促进了地方政府的社会治理能力提升。接下来，将不同案例的不同阶段进行比较分析。在分析过程中，把研究案例的数据、构念与所搜集的文献资料进行迭代和比较，让关键构念及构念之间的相互逻辑、机理关系和理论模型逐渐变得清晰。最后，根据比较的结果进一步深入重大灾害所在地区调研，收集和补充数据，以达到理论饱和状态。

（4）结构分析和过程分析相结合。重大灾害后社会治理体系建设是多元主体共建、共治、共享，并不断追求社会治理重新恢复和进化到完美状态即达到“善治”状态的过程。重大灾害后社会治理体系建设在本质上就是多元主体之间的权力博弈关系。在对案例研究展开社会治理过程详细分析时，以结构分析为主要研究路径，逐一分析事件突发地区的地方党政组织、非营利组织、社会服务组织、社区居民及其邻里组织等治理主体的资源获取能力、地位权限、组织能力素质，解析各相关主体的错综复杂关系，指出各相关主体应当且能够发挥的职能作用，更加注重社会力量在社会治理制度变迁和社会治理体系建设中的作用。完善政府与社会力量组织之间的责任共担与利益共享机制，强调以制度的健全和治理结构的优化为桥梁与纽带，整合不同主体之间的利益取向和价值取向，提出在重大灾害后构建政府主导下社会多元有序参与、有效合作的社会治理体系建设的新型结构模式。

（二）数据来源

研究过程中，本课题组得到了广东省应急管理厅、湖南对口支援湖北疫情医疗工作组部分工作人员、汶川县政府工作人员和汶川县大同社会工作服务中心等多方面的支持，通过实地考察，人员访谈，资料收集等方式积累了大量翔实的一手资料，为研究重大灾害之中和之后农村基层社会治理体系建设提供了丰富的素材。本书的数据资料，主要来自以下几个方面：

第一是政府及新闻媒体渠道，包括了事发地的各种政府公告、文件；重点媒体的新闻采访报道；重大灾害相关省份各层级地方政府的统计年鉴、政府领导人讲话、工作报告、社会治理建设方案、工作简报和地方新闻等。

第二是实地考察和访谈，课题组访谈了包括广东省中山大学附属三医院的部分工作人员、湖北省孝感市部分领导干部、汶川县居民和社会组织的工作人员等；其中，笔者对重大灾害发生地参与灾后重建与社会治理建设的政府官员、村（居）委会干部、各民间团体和社会组织负责人以及当地居民进行了深入访谈。可以说，受访者均是重大灾害中参与重建和社会治理体系建设过程的亲历者，对受灾地区的经济社会发展情况、社会治理状况、社会结构变迁情况比较清楚、理解深刻；对突发事件受灾地区社会治理体系建设的背景与过程有着全面的把握与深入了解；对社会治理的制度安排和体系建设有着比较多的了解。访谈过程中所得知的感人事迹、信息数据、亲身感受都成了本研究的素材和证据来源。考虑到学术诚信和研究伦理的问题，笔者在文中既公开了具体事实又隐藏了与受访者相关的个人身份信息。

同时，为了更全面地了解重大灾害所在地区居民对于灾后重建和灾后社会治理体系建设状况的认知及评价，笔者在相关地区发放了与主题相关的调查问卷，共发放问卷 1 250 份，回收了 1 080 份，回收率 86.4%，有效问卷 992 份，有效率 91.9%。问卷数据也成了支撑主题研究的重要素材。

四、框架结构与内容简介

本研究共分八章，基本思路如图 1 - 1 所示。

第一章导论，概括性地介绍了研究背景和研究问题的提出，同时交代了研究方法、数据来源和全书的研究思路和框架结构。

第二章是文献综述，先回顾了关于重大灾害中的自然灾害和重大公共卫生

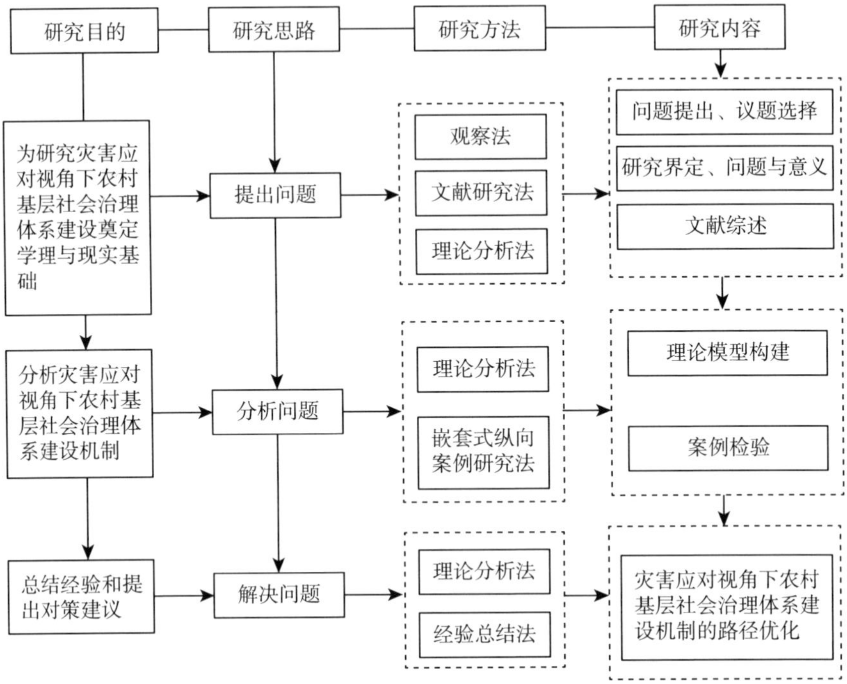

图 1－1　框架结构与基本思路

事件的文献资料，再介绍有关灾后恢复重建、社会制度变迁和灾后社会治理体系建设的研究文献和资料。对相关文献资料进行整理、分析和归纳总结，在此基础上找出本研究的主题。

第三章是结构框架，建立了重大灾害应对之中及之后社会治理制度变迁和社会治理体系建设的分析框架，在介绍相关理论范式的基础上，确立研究主题的逻辑关系，对重大灾害发生地区的社会治理体系建设机制原理和实现条件进行讨论，奠定重大灾害之中及之后灾区恢复重建和社会治理体系建设的理论基础，形成探索灾区社会治理体系建设的创新规律性特征与变化属性的概念模型“政府渐进、选择性赋权—社会力量分层、有序嵌入”，为后续章节实证部分研究提供分析的结构框架。

第四章为重大灾害之中及之后恢复重建时期的社会治理体系建设。对重大灾害后灾区恢复重建阶段的政策制度安排、社会治理、资源获取、组织运作和民间参与进行系统梳理，从制度主义的视角审视了在恢复重建阶段全国动员、对口支援以及事发地地方政府主导与社会力量有序参与的必然性、必要性及可能产生的某些弊端，在此基础上分析恢复重建阶段社会治理体系的特征及体系建设可能带来的社会长期影响。

第五章主要阐述了重大灾害之后灾区在恢复重建阶段及经济社会继续发展时期的社会治理体系的转型与发展。主要聚焦突发事件与恢复重建所导致的社会后效、社会变迁及社会治理体系建设。在灾区社会发展和变迁的过程中，物质文化与科学技术的变迁速度往往快于制度与观念等部分的变化速度，这就产生了一种迟延现象。有的迟延现象可能会延续较长的时间，有时甚至延续数年之久。这种迟延产生的差距即文化堕距。本章节主要研究灾区面对资源锐减、文化堕距以及其他新的社会治理问题，各级政府与社会自治力量之间的关系变迁，以及不同层级的地方政府如何与社会力量实现博弈、互动和合作。

第六章为灾害应对视角下的社会治理变迁：基于“政府渐进、选择性赋权—社会力量分层、有序嵌入”的解释。首先提出了“政府渐进、选择性赋权—社会力量分层、有序嵌入”的理论启示，在此基础上，进一步分析了重大灾害后灾区社会治理变迁及动力机制，在此基础上进一步提出重大灾害后灾区社会治理体系建设的可供选择的优化路径。

第七章为经验结论及现阶段农村基层社会治理现状。总结了本研究的结论，提出了重大灾害后社会治理的中国经验，并指出了可能存在的问题以及下一步研究的方向，接下来介绍了当前农村社会治理的现实状况、存在的问题及存在问题的原因分析。

第八章在本课题研究的成果基础上，提出灾害视角下农村基层社会治理体系建设的基本模式和路径选择。农村基层社会治理体系建设需要以坚持走群众路线为圭臬，尤其是在重大灾害应对背景下，更需要通过农村基层地方政府和基层组织发动广大群众、激发社会力量潜力，不断提高创新农村基层社会治理能力、创新农村基层社会治理机制。

第二章　文献综述

在应对各种重大灾害的过程中，人类对重大灾害也有了越来越深刻的认识和理解，学者们也开始关注并加入关于重大灾害及其所造成的次生灾害研究中，这些研究涉及了自然地理学、灾害学、社会学、公共管理学、心理学以及交叉学科等。本研究在厘清了所涉及的关键概念基础上，对重大灾害与制度变迁、社会变迁、社会治理变迁之间关系的争论进行了梳理，回顾了重大灾害后关于社会治理体系建设的国家主导型、社区中心型和多主体合作参与型的三种解释，并指出可能存在的不足，为下文理论框架的构建提供了基础。

一、概念界定

重大灾害是一个较为宽泛的概念，既包括自然灾害、事故灾难，也包括重大公共卫生事件和重大社会安全事件。本研究主要侧重于对自然灾害（如汶川地震）和公共卫生事件（如 2003 年非典疫情和新冠疫情）两个方面的研究，不涉及重大社会安全事件等。因此，在概念界定中对重大自然灾害和重大公共卫生事件做出了明晰的说明。此外，灾后社会治理变迁涉及了灾害、制度变迁和社会变迁，尤其是在当前的研究中，关于灾害与制度变迁、社会变迁之间的关系仍然存在争论，因此有必要厘清三者之间的关系，尤其是对中国场景的适用性。农村或乡村地区也是一个较为广泛和模糊的概念，需要特别加以说明和界定。

（一）公共卫生事件

公共卫生事件是指突然地，也指很快地发生，造成或者可能造成社会公众健康严重损害的重大传染病疫情、群体性不明原因疾病、重大食物和职业中毒以及其他严重影响公众健康的事件。自 20 世纪下半叶以来，由于受多种不可控因素的影响，全球范围内逐渐出现了一些不利于疾病控制的因素①。日趋严重的环境污染和资源匮乏、原有生物病原体的耐药性变异、新发传染病的出现、经济欠发达地区和国家薄弱的公共卫生服务能力、城市地区人口的过度密集、国家和地区之间交流的日益频繁以及部分地区极端民族主义和宗教势力的增长，使得全球逐渐进入了一个突发公共卫生事件的高发时期，人类的生命安全受到了严重威胁。据世界卫生组织统计，近年来，世界新发现的传染病有多种，如埃博拉出血热、非典疫情、艾滋病、疯牛病等。世界卫生组织在 2005 年专门修订了《国际卫生条例》，以便于利用全球资源来应对突发公共卫生事件。

自美国“9·11”事件以来，短短几年时间里，国内外先后出现了一系列严重的突发公共卫生事件。炭疽恐慌、猪链球菌感染、禽流感等事件接踵而至，让全球各国不得不对突发公共卫生事件工作重视起来。然而，绝大多数国家在防治突发公共卫生事件方面都没有经验，对于如何构建本国突发公共卫生应对系统都不是很清楚。即使是美国，也仅仅是在“9·11”事件后才开始对突发公共卫生事件展开研究。2003 年非典（SARS）疫情发生后，我国政府给予了极大的重视。经过近两年的建设，我国在应对突发公共卫生事件工作方面取得了如下进展：①建立了突发公共卫生事件应急指挥体系；②全面制定了突发公共卫生事件应急预案；③改进了突发公共卫生事件监测信息网络；④加强了疾病预防控制体系建设；⑤加强了应急医疗救治体系建设；⑥加强了卫生执法监督队伍建设；⑦部门协调配合的机制初步形成。2003 年非典疫情的处理为我国应对重大突发公共卫生事件积累了宝贵经验，而后所采取的强有力措施为我国果断应对 2019 年年底开始的新冠疫情奠定了基础。

（二）自然灾害

自然灾害是指给人类生存带来危害或损害人类生活环境的自然现象，包括干旱、高温、低温、寒潮、洪涝、山洪、台风、龙卷风、火焰龙卷风、冰雹、风雹、霜冻、暴雨、暴雪、冻雨、大雾、大风、结冰、霾、雾霾、地震、海啸、泥石流、浮尘、扬沙、沙尘暴、雷电、雷暴、球状闪电、火山喷发等。地球上的自然变异，包括人类活动诱发的自然变异，自然灾害孕育于由大气圈、

① 耿文奎，葛宪民．突发公共卫生事件监测预警及应急救援［M］．北京：人民卫生出版社，2008.

岩石圈、水圈、生物圈共同组成的地球表面环境中，并且无时无刻不在发生。当这种变异给人类社会带来危害时，即构成自然灾害。因为它给人类的生产和生活带来了不同程度的损害，包括以劳动为媒介的人与自然之间，以及与之相关的人与人之间的关系。灾害都有消极的或者破坏的作用。所以说，自然灾害是人与自然矛盾的一种表现形式，具有自然和社会两重属性，是人类过去、现在、将来都会面临的最严峻的挑战之一。

（三）灾后恢复重建

灾后恢复重建不仅仅是建筑物与基础设施的恢复，还是一种社会过程，重点在于对社会和人们生活的重建。这是一个复杂而且长期的过程，涉及了政治、经济和社会的方方面面，如果能建设得更好可能成为一个受灾地区发展的机会，也有可能让受灾地区陷入发展的“沼泽”，再也无法恢复到灾前的水平。因此，灾后重建是一个非常重要的过程，并得到了越来越多学者的关注。

共同的话语对于研究过程中的对话和交流至关重要，因此，研究灾后恢复重建首先有必要厘清相关的概念。目前，关于灾后恢复重建的研究有多个相关概念在同时使用，其中，国际上常用的有“Reconstruction”“Restoration”和“Recovery”，中国学者常用的是“重建”“恢复”或者将两者连起来使用“恢复重建”。几个概念意义相近，在内容上也存在一定的交叉，但是每个概念都有一定的意义与预设，侧重点各有不同（表 2-1）。

表 2-1　恢复与重建的含义比较

概念	侧重点
Reconstruction	强调基础设施等硬件方面重建（主要指物理意义上的有形物体包括房屋、道路和桥梁等）
Restoration	包含了 Reconstruction 的意义，但含义更广更丰富，主要强调尽可能地把所有一切都恢复成灾前的原貌，也指物理层面的恢复
Recovery	在 Reconstruction 含义基础上有所拓展，强调通过灾后的努力建设，灾区经济社会比灾前更进一步，即恢复得更好，既包含了基础设施等硬件的物理重建，也关注了社会治理制度变迁和治理体系的重新建设，具体来说，社会生态更好，社会关系有所改善，灾区居民的生活水平提高，生活质量有所改善，甚至暗示着社会发生了某种程度上的变迁

（续）

概念	侧重点
重建	包含有 Reconstruction 的内涵，大约相当于 Recovery，灾区经济社会得到全面恢复重建，甚至有发展得比灾前更好的意思。同时，还体现整个重建过程的计划性、目的性和可控性
恢复	硬件基础设施基本上得以恢复，经济社会发展程度赶上了灾前的水平，与 Restoration 意思相近
恢复重建	把恢复和重建两个阶段性过程有机结合，既有恢复的含义也有重建的意蕴

在中国的文本研究中，“恢复”表示变成了原来的样子，如恢复社会秩序、恢复生产等；“重建”表示有比原来更好的意思，如重建基础设施、重建学校等。但是，事实上，中国学者更倾向于将两者连起来用，“恢复重建”这一个概念运用最为广泛，在很多应急预案和灾后重建计划中，通常将恢复重建作为灾难管理的一个阶段，包括了物理层面和社会层面的重建。社会灾后重建活动包括提供外部援助、社区参与、住房、公共基础设施重建、地方工业和社区企业恢复、心理健康干预以及恢复自然环境和生态系统等。

在国际研究中，社会学和人类学的学者多选择“Recovery”，这可能与他们关注的社会组织形态、结构弹性、社区生活等问题有关，如达因（Dynes，1989）认为“Reconstruction”是“Recovery”中的一部分，而且是“Recovery”的基础。作为一种社会过程，“Reconstruction”与“Recovery”两者关系紧密，可以说很多恢复重建案例的失败就是因为无法正确理解或者处理这两者之间的关系。尼格（Nigg，1995）直接指出灾后恢复重建是复杂的、多面的和非线性的，是一个社会过程而不是技术过程，重建应该关注更多的是人们的生活而不是建筑物和基础设施。与此同时，重建也是一个不同群体和组织之间的互动和决策过程，家庭、组织、商业部门以及更为广泛的社会要素都包括在内。

在实践层面，从指导和接受灾后重建人的立场来看，恢复重建的定义可能有根本不同。例如，一份关于海地太子港地震灾后恢复进展的报告曾提出了一个不同观点：“在一个经历了政变、侵略和疾病的震后城市中，重建要么发展强劲要么停滞，这取决于你与谁交谈以及他们的议程是什么”。关于灾后恢复重建，政府与幸存者的观点也存在一定程度的差异：从政府视角，灾后恢复重建指的是灾后为恢复和改善灾前生活条件和受影响社区环境而采取的决定和行动。灾后恢复重建提供了一个独特的机会，在所有部门引入改进的安全措施，并加强、重建、恢复脆弱或受损的社会、物理、经济和环境要素和条件。一项关键任务是对重要地方机构可能造成的任何损害进行恢复重建，特别是地方政府。许多政府将需要外部援助来支持复苏，但这既不以干涉其权力为代价，也不以接受不适当的援助来降低地方能力为代价。总之，各国政府需要足够的资源和支持、有效的计划、良好的管理和强有力的领导能力，但最重要的是要对未来有一个清晰的愿景。民众，即被治理者需要对政府有信任感，而且最好由民主参与、透明度和良好的人权记录来培养这种信任感。

从幸存者视角，家庭生活的恢复是关键目标。受灾家庭需要有国家和政府等组织为他们提供安全的学校和足够的医疗设施，以及他们生活所依赖的基本道路和服务的基础设施。幸存者需要的是“家园”，而不仅仅是“房屋”，是未来能够远离危险的安全设施，以及修复或重建珍贵的文化遗产。通常情况下，除非有安全隐患，否则他们需要尽可能靠近自己家的原始位置重建家园。快速恢复生计是一种重要手段，使他们能够为自己的恢复提供部分资金。幸存者对政府的信心取决于公平和在分配援助物资时不存在腐败现象，因此，需要确保幸存者有机会参与做出影响其恢复的决定，以及参与恢复重建过程。总之，幸存者需要尊严、尊重、就业、安全、实际帮助和恢复身份的能力。他们不需要依赖、慷慨、家长主义、政治姿态或者虚假承诺。

(四) 制度变迁与社会变迁

制度指包括人类制定的用来规范人际互动关系的限制的任何形式[①]。制度又分为正式制度和非正式制度。正式制度包括政治（司法）规则、经济规则以及任何形式的契约；非正式制度包括习俗、传统、道德伦理、意识形态等可以统称为“文化”的那些东西。诺斯（North，1990）认为，“制度的主要角色是通过建立一个对人类交互活动稳定（但不需要有效）的结构来减少不确定性。”

制度变迁“一般是对构成制度框架的规则、准则和实施组合的边际调整”。坎贝尔（Campbell，2001）将制度变迁理解为“某一种制度的重要维度在给定时间范围内发生或没有发生变化的程度”。“随着时间的推移，无效率的制度将被剔除，存活下来的都将是那些有效率的制度。这样，经济、政治、文化和社

---

① 朱富强．法经济学在立法中的应用审视［J］．北方法学，2007（5）．

会组织将能逐渐演化出更有效率的组织。”

目前，文献对于中国当代制度变迁的讨论主要集中在以下四个方面：

第一，林毅夫（1994）基于中国的国情，提出了诱致性制度变迁和强制性制度变迁。从强制性制度变迁向诱致性制度变迁转变，杨瑞龙（1998）认为中间还有个过渡的阶段是“中间扩散性制度变迁方式”。杨雪冬（2011）和李晓燕（2018）等人认为，强制性制度变迁和诱导性制度变迁被认为是目前中国治理变迁的最重要逻辑。

第二，路径依赖是制度变迁研究者普遍使用的一个概念。如燕继荣（2010）认为，路径依赖使得制度可持续，加强社会资本投资有利于社区治理创新；吕爱权（2003）认为，我国制度变迁存在三重历史路径依赖：一是数千年以来传统社会所形成的制度集合导致的路径依赖；二是中华人民共和国成立以来社会主义制度所形成的路径依赖；三是改革开放后我国的渐进式改革道路所形成的路径依赖。

第三，弗兰克·鲍姆加特纳（Frank R. Baumgartne）和布赖恩·琼斯（Bryan D. Jones）提出的“间断—平衡理论”得到了广泛的认可。近年来，一些国内学者也开始引入“间断—平衡理论”分析了公共交通、社会救助、大气污染防治、教育扩张等方面的政策，可见，该理论对理解我国政策变迁具有一定的适用性。

第四，马克思将国家整合到了制度变迁里，这也常用来解释中国的制度变迁。诺斯在《经济史中的结构与变迁》中提出：“在详细描述长期变迁的各种现存理论中，马克思的分析框架是最有说服力的。”如洪名勇（2012）利用马克思制度模型分析了中华人民共和国成立以来的农地制度变迁。社会变迁指社会整体结构的变化或社会局部变化，包括社会制度、社会结构和社会组织的变化，人口和社会环境的变化，人们价值观、行为规范、道德和习俗等方面的变化。从形式上，可以划分为：急剧的社会变迁与缓慢的社会变迁，进步的社会变迁与倒退的社会变迁等。引发社会变迁的各种力量是社会变革的因素。这些因素可以是社会内部的、群体内部的，例如在正常社会过程中起作用的因素，如模仿和适应；或者它们可以是社会外的“刺激”因素，如来自没有群体的，又如，偶然的、无关的或戏剧性的事件。后者的征服可能是一种外来元素的突然入侵，或者是环境的迅速变化。

制度贯穿社会生活的各个领域，规定着社会基本结构的性质，是调适社会系统、维持社会良性运行的一种重要手段。一个社会的变迁，总是伴随着一系列的结构性调整与创新。在一个社会中，社会问题的出现和人类需要的满足，既是制度发生作用的机会，也是制度面临检验和引发变迁的内在驱动力。作为社会制度的一种，社会福利制度的功能在于预防及解决特定的社会问题，并通过国家或政府的公共行动来满足人类需要，实现社会秩序和社会关系的生产与再生产。从古代社会到现代社会，通过某种特定的制度建构，国家及其行动者有目的地实现社会目标和价值理念是制度变迁的重要原因。

（五）社会治理与社会治理变迁

世界银行对于“治理”的概念界定得到了最为广泛的认可，强调了法治、自治、参与、协商、协同和民主等六个方面，这为社会治理提供了丰富的想象。20世纪末，西方学者进一步丰富了“治理”的含义，强调要弱化政治权力的作用，降低甚至可以去除政治权威，他们主张政府应该放权于社会，通过多主体、多中心的参与，实现政府和治理的多元化。到目前为止，西方治理理论虽然已经形成了很多流派，但大部分是基于社会中心主义和公民个人本位提出的，主要的主张也基本是一致的，就是要弱化或者去除政治权威，强化多中心的社会自我治理。因此，政府分权和社会自治是西方学术话语语境中“治理”的核心内容。王浦劬教授（2014）认为，西方国家的治理理论，从本质上来说就是以理性经济人为基础的社会自我治理理论。

在中国语境下，“治理”通常被理解为“治国理政”，这与中国的历史直接相关，中国历来强调的是统治者对于国家和社会事务的处理。正因如此，“社会治理”也可以理解为“治理社会”，也就是特定的威权主体对社会进行管理。关于社会治理概念的界定，学者们的表述很多，但是对于社会治理的范畴已经形成了共识：都强调社会治理与政府的行政管理和市场的工商管理存在明显的区别，是相对独立的存在，社会治理更加关注的是社会组织、社会事务。随着国家与社会发生变迁，市场与社会主体的成长，逐渐与政府形成了一定的边界，主体之间也存在很多的互动，其中就有政府治理和社会自治的互动；随着社会治理得到越来越多的关注，并逐渐形成了自己的话语体系和社会建设活动；政府组织主导，吸纳社会组织等多方面治理主体参与。社会治理是国家治理体系的重要组成部分，治理主体包括了党委、政府、社会组织和居民等；治理活动涉及的社会关系相对复杂；治理活动涉及的内容通常是公民的社会生活和社会活动。

社会治理变迁是指社会治理的理念、价值、主体、目的、对象、手段等方面发生转变。社会治理构成了应对社会变迁的反向运动的力量，因此，社会治理变迁可以理解为应对社会变迁及变迁过程中不断产生的新的社会问题做出相应的制度调整。

（六）社会协同治理

协同治理的研究兴起于 20 世纪 70 年代，作为现代社会治理的基本趋势，协同治理力图让公民社会、经济组织、第三部门都积极参与到公共事务治理中来，对包括政府在内的社会治理主体进行新的角色定位。社会协同治理就是政府主导或引导下的社会治理实践过程，是社会治理模式发展的必经阶段和必然产物。具体而言，就是指在治理过程中，采取协商会话、平等参与、合作共赢的模式，对包括政府、企业、社会组织、公民在内的各个子系统的资源或力量进行有效整合，同时强调将公共利益作为联结纽带，运用现有的法律法规、伦理道德来规范实践行为，从而打造一个全面高效的社会治理系统，并促使整个组织系统有序地、可持续性地运作起来，以此产生出单个组织并不具备的新功能，进而在共同治理社会公共事务过程中最大限度地去增进和维护社会公共利益，特别强调多元主体的合作。

结合当前中国社会现实来说，社会协同治理是指通过广泛的以公民个体和民间组织为代表的社会力量协助政府，与政府合作开展社会治理工作，从而实现社会稳定的善治状态，促进社会充满活力、和谐有序地稳步发展。

（七）农村地区

农村是相对于城市而言的，具有比较自然的乡村景观和相对落后的经济条件，指以从事手工业、农业生产为主的农民聚居地。农村地区是相对于城市地区的称谓，具有一定的广泛性和模糊性，主要指远离工业和商业中心的农业区，有集镇、村落，以自然经济属性的农业产业为主，包括各种农场（种植水稻、小麦）、林场、园艺和蔬菜生产地等，但也包含畜牧场、养殖场以及少量低档的作坊式手工业等。跟人口集中、规则布局的城镇比较，农村地区人口相对稀少，呈散落、无规则居住。改革开放以前，我国大部分的人口居住在农村，属于农民。农村生活相对悠闲、节奏慢，生活压力小。

从上述定义可以看出，从严格意义上来说，农村地区不包含县城，但县级城市主要管辖农村地区，居住着大量进入县城务工的农民，与农村有着千丝万缕的联系。因此，本书把县城视为农村地区，以便于从整体上阐述农村治理。

二、关于重大灾害的国内外文献研究

国外针对突发重大灾害的研究，是在美国“9·11”恐怖事件之后才被正式提出。之前众多相关研究主要是针对突发事件、危机或意外事故，众多国际组织和学者从危机管理、突发事件管理理论及实践的角度进行了众多尝试，福斯特、罗森塔尔、巴顿、芬克、米托夫和罗伯特希斯等学者提出了一系列理论模型。可以说，危机管理和突发事件方面的理论已相当成熟。

2000年美国“9·11”恐怖事件后，以美国为首的西方发达国家开始着手对重大灾害进行研究。进入21世纪后，随着一系列重大灾害的发生，如美国炭疽恐慌、日本神户大地震、印尼海啸、东南亚禽流感疫情和2003年非典疫情等，国外对于重大灾害尤其是公共卫生事件的研究逐渐掀起一个高潮。将2000—2005年的众多研究进行概括，可以分为五个方面：①借鉴危机管理理论和风险管理理论，结合突发事件的特点，进行突发事件监测预警和应急理论方面的研究；②结合具体医疗卫生机构，如医院、公共卫生体系等，就这些机构对突发公共卫生事件或自然灾害准备和响应能力进行研究；③从应急财务预算角度出发，进行公共应急费用预算理论和实践的研究；④进行公共事务管理体系重大灾害应对能力评价机制的研究；⑤针对具体重大灾害，如病毒性传染病、地震、火灾、恐怖袭击事件等进行系统研究。总体上来说，当前国外公共应急部门和学者们对于重大突发事件的研究尚处于一个持续探索和不断完善的过程。

2003年的非典疫情和2008年的汶川地震激发了学者们对重大灾害的危害及灾后社会治理的研究，按照研究内容不同，可以分为以下几类：

（1）借鉴现有成熟的危机理论和突发事件理论，对重大灾害的应对策略提出了各自见解。此类研究中较有代表性的是管理学、心理学和社会学领域的学者。以崔和平教授为首的清华大学公共危机管理课题组，从公共危机管理的角度着手，综述了当前成熟的应对各种重大灾害的公共危机管理理论，并结合中国改革开放和社会转型期间所面临的种种公共危机，从组织行为分析和决策过程分析两个方面阐述了我国危机管理体系的构建。并采用上述理论，对国内外近几年发生的典型突发事件进行案例研究，为我国未来的重大突发危机事件管理工作提出了建议。《学习时报》编辑部在2003年非典疫情流行之时，迅速组织专家学者对重大公共卫生事件的应对管理进行研究，但其研究范围不止于突发重大公共卫生事件的范畴，主要针对范围更广的重大灾害所引起的各种社会危机。整个研究对重大灾害危机管理中的组织行为分析、突发公共卫生事件的应急管理、国家相关部门的重大灾害应对管理机制和重大灾害应对管理案例分析，共四种重大灾害应对管理或危机管理进行了专门的分类研究。其中部分内容也涉及了重大灾害之中及之后社会治理体系建设的模式优化和路径选择，并对社会力量参与重大灾害应对工作（如参与抗击非典疫情）中的作用进行了评估和评价。阎梁和翟昆对重大灾害危机理论、重大灾害的定义和特点、重大灾害的范围、类型和演进趋势、重大灾害处理机制、重大灾害危机处理中政府和政府官员的职责、民间组织的职责、社会公众的责任和义务、媒体的舆论导向等进行了详细分析，并将重大灾害分为外部不可抗力因素所致的事件和人为可控因素所致的事件，结合国内外近 30 年发生的典型案例进行了深入剖析。郭济等学者对重大灾害中公共管理部门应急管理的基本概念和框架、公共管理部门应急管理的特点，重大灾害中应急管理法律制度、政府公共机构的预警系统、应急反应机制和公共危机决策机制、应急信息管理系统流程、政府应急管理的后勤保障、应急管理中政府部门与社会力量的合作互助、政府工作人员应急管理培训等分别做了介绍。专门针对重大自然灾害应急管理、重大交通事故应急管理、突发公共卫生事件应急管理、突发群体性社会事件应急管理、突发公共安全事件应急管理等不同专题进行了阐述。何有中等编著的《重大灾害危机管理和社会治理》一书分四部分对重大灾害危机管理进行了介绍：第一部分，理论基础篇。包括重大灾害公共危机的形成、公共危机应对管理的意义、突发事件紧急状态下权力与责任及权利和义务的平衡、政府危机管理的基本框架、社会力量参与突发事件危机应对的基本程序；第二部分，危机管理实务篇，主要包括对外国政府应对重大灾害危机管理的概述、我国政府对公共突发事件的危机管理、重大灾害应对的个案分析等；第三部分，分类篇，对重大灾害进行分类描述，包括战争危机管理、公共卫生事件危机管理、社会骚乱危机管理、自然灾害危机管理；第四部分，社会治理篇，主要针对重大灾害之中及之后的社会治理制度变迁和社会治理体系建设进行研究。

（2）对如何构建应急体系以便迅速、及时应对重大灾害进行思考，并且提出了许多重要建议。关于应急体系建设的研究数量较多，相当一部分学者把重大灾害应对过程中暴露出的问题和国外的经验性做法结合起来，在此基础上提出了自己的建议。其中较有代表性的研究是由学者曹广文提出的应急管理系统建设，即重大灾害应急反应系统的硬件和软件基础建设，他认为只有应急管理系统在平时得到较好的建设和维护，才能在重大灾害发生时发挥出应急管理功能。谭晓东等人较为笼统地概述了重大突发性事件的预防和控制策略，冯启明等人则对构建重大灾害危机管理系统进行了理论分析和探讨。王保真、黄淑琼等人就重大灾害应急机制建设展开研究。当然，也有其他研究者对应急体系建设提出了不同的见解和看法，但基本上也都是从个人角度对重大灾害应对体系建设的泛泛而谈。

此外，也有一部分学者如傅华和吴承平等从纯理论角度对重大灾害与整个公共管理工作的关系进行了探讨性研究，就如何提升公共管理部门的应急管理能力、做好重大灾害的预防工作和危机应对速度等方面提出了建议。

（3）关于重大灾害应对工作过程中具体问题的研究。此类研究属于微观方面的研究，主要集中在两个方面：一个方面是学者们对突发事件应急管理部门的工作范围、工作流程以及相关部门工作人员在突发事件处理中的职责探讨。其中代表性成果有何卫东对重大突发性事件的性质、范围、严重性程度与应急处理的研究，何晓梅对重大灾害应对中政府部门、社会组织和个人责任的分析，孙洁等人对重大灾害应急处理中监察监督机构职责的研究，肖世军等人对红十字会在重大灾害应急处理体系中地位的研究，孙翔对突发公共事件中医疗卫生部门作用探讨的研究，肖正海等人对政府党政部门在维护公共安全中权威核心作用探讨的研究，王继东等人对监察监督体系在突发事件中发挥何种职能的若干思考的研究，刘晓明等人关于基层社区在应对突发性灾难事件中的角色职能及对策研究，陈伟等人对基层村镇机构在重大灾害中作用的研究，张培应的县级突发事件应急对策研究等。另一个方面是学者们对重大灾害应对过程中如何处理具体问题的研究。此类代表成果有王子杨对建立重大突发灾害事件应急处理物资储备机制探讨的研究；项海青、汪宁对重大灾害中对构建灾民救助机制启示的研究，石大海等人对建立生物恐怖袭击和突发化学实验事故医疗应急救援系统设想的研究，花菊香关于重大灾害的应对策略探讨，针对跨区域跨部门合作模式、社会力量介入模式的研究。

（4）关于突发事件监测和预警方面的研究。在突发事件监测和预警方面，学者们主要集中在对现有突发事件监测和预警系统的进一步完善升级方面。以钟南山教授为主的广州呼吸病研究课题组，在科技部、卫生部和广东省应急办的支持下，对非典感染者症状监测及其在应对病毒传染等突发事件中的作用进行了研究，并研制出了一套初步的突发公共卫生事件预警系统。著名的地震科学家胡聿贤院士带领年轻的科学家们致力于对我国地震监测和预警系统的长期研究，在地震工程理论与实践方面取得了巨大成就，管若青、常宪平等众多学者也对构建我国重大灾害监测和预警系统提出了许多宝贵意见。

尽管国内外学者和科学家对突发事件的预防和应对工作进行了大量研究，但仍然存在许多不足，目前全球对于重大灾害尤其是自然灾害和公共卫生事件方面的应对并不完善，尚处于被动防御和应对的阶段，应对手段非常有限。当然，每一个国家的重大灾害应对体系都处于不断完善和持续升级中。每个国家都面临的艰巨的任务是如何结合成熟的突发事件危机和应急管理理论，结合各自国情，研究建设适合本国国情的重大灾害监测和预警系统，探索重大灾害应对工作的有效方法。对全世界而言，需要联合国组织出面，组织和倡导所有成员国整合资源，协调立场，共同应对病毒传染和巨大自然灾害等突发事件。就我国而言，关于如何应对重大灾害如地震、洪涝、传染病等，学者和科学家们正在从不同角度开展长期而艰巨的研究工作并取得了重大成就，为整个国家的重大灾害处理工作和应急管理工作做出重大贡献。成绩固然可喜，瑕疵犹存，我国应对重大灾害方面的应急管理实践和理论还存在很多不足。尽管我国依靠社会主义制度优势，通过一些公共行政手段可以减缓自然灾害的损失并提高恢复重建工作的速度和效率，也能较快地应对和控制非洲猪瘟、禽流感、2003年非典疫情和新冠疫情等重大公共卫生事件，但现有的应急工作速度和效率还有很大的提升空间。在我国，每一年由于重大灾害所造成的灾害损失，应对和处理突发事件后社会治理体系建设的直接成本与间接成本都是天文数字①，如何有效预警、监测和应对重大灾害依然任重道远、道阻且长。

三、关于社会治理的文献综述

（一）国外研究综述

国外学者关于重大灾害背景下的社会治理研究不是很多，主要集中在非灾害状态下的社会治理，他们从基本方法策略、主要矛盾问题、主要经验启示等方面来分析和阐述社会治理。

1. 西方国家社会治理的基本方法策略

西方发达资本主义国家的发达不仅体现在经济和科技方面，他们在社会治

① 谢晓通，普书贞．突发重大疫情下地方政府行为逻辑的分析［J］．领导科学论坛，2020（19）：37－49.

理理念、社会治理方法策略和社会治理体系建设方面也非常先进，有许多东西是值得发展中国家学习和借鉴的。从欧美国家社会治理的方法策略与精神理念维度去观察和分析，不难发现，他们主要从治理原则底线、监管体系服务和市场经济手段等三方面着手进行公共管理和社会治理，形成良好的社会秩序和卓越的社会治理效果。

首先是“多元主体、社会参与、利益相关者合作共治模式”。这种社会治理模式强调“参与式治理”，由多元主体共享，如拥有公权力的政府机关，民间非营利组织以及公众个体等。政府、市场和社会这三个主体是平等的、合作的伙伴关系，而非管理与被管理的关系。主体之间通过博弈、谈判等方式形成合作关系来解决问题，而非简单粗暴的公共政策权威管理方式。例如，在美国就存在各种不同类型的民间组织，它们不以营利为目标，而是以服务社会、服务公众为组织宗旨。政府通过经费补贴、免税或税收减免以及购买公共服务来支持这些民间组织的存在和发展，并赋予它们参与各种社会活动和社会治理的资格和权力，从而形成政府与社会力量互为补充、互为竞争的效果。加拿大地广人稀，部分地方政府下辖地域范围宽，单靠政府力量难以有效管理，因此非常注重培养基层社区的自理自治能力，充分鼓励发挥社区在社会公共事务中的治理功能。加拿大有专门的公共政策规定在校中学生和大学生必须每年参加一定时间的社区服务，学生以志愿者身份参加社区服务，为民众提供各种志愿者服务，服务时间和服务质量可以折算成学分，只有学分达标后才算完成学业并准予毕业，以此培养大学生的公共服务能力和服务精神。

其次西方国家的社会治理非常注重人本精神，他们认为只有通过“以人为本”的社会治理方式，才能彻底解决一些社会顽疾，并达到“标本兼治”的效果。尊重不同利益相关者组织的价值诉求，允许利益集团代表不同的利益群体发出不同的声音，通过利益团体之间的公平竞争进行有效的利益分配和有效的利益协调，通过利益协调机制来维护利益的多元化分配，从而维护社会稳定。通过这种利益协调机制，可以塑造和培养合理的社会阶层以及多元的社会结构。基于人本精神的民间团体都致力于提高自身的社会服务能力，从而为有需要的公众提供专业、合格、高效率的社会工作服务。英国作为一个老牌的欧洲资本主义国家，其社会治理水平较为成熟，英国的社会工作涉及教育帮扶、司法援助、养老关怀等社会生活的诸多领域。英国拥有专业的社会服务工作者，这些社工都毕业于高等院校，接受过专门教育培训，因此他们的职业化程度很高，所有从业者都持牌上岗，拥有含金量较高的社会工作职业资格证书并具有较强的社会服务水平，社会服务工作也是一门收入颇丰和受人尊重的职业。

最后，西方发达国家比较崇尚法治，同时也不缺人本精神，因此法治作为依法治理的刚性盾牌结合“人本精神”和道德教化的柔性管理，真正做到恩威并施与刚柔共济。西方发达国家的公民都有较强的法治意识，而国家也具备相对完整的法律体系及专业的社会管理结构和公正健全的第三方监督机制。同时，国家也非常重视文化领域的文明建设、意识形态教育、宗教教义宣传和道德教化等软约束力的作用，用宗教、道德手段规范公民行为，达到社会治理的高层次境界。譬如德国和法国就非常重视培养中小学生的国家荣誉感，培养未来国民的共同信念和普世价值观，以此提高公民素质和社会凝聚力，有利于提升社会治理的整体水平。

2. 西方国家社会治理机制存在的问题

在欧美西方发达资本主义国家中，如今的科层制政府实际上来源于古老时代的行业性自治单位。在历史上，政府作为经济社会的守夜人，原则上不干预市场经济和社会自治，因此，西方国家的当代社会治理机制有其独特的历史文化背景。在美国脱离英联邦独立建国的初期，各级民政部门官员以权谋私的现象比较普遍，克扣赈灾款，贪污社会救济金的腐败行为盛行于社会，成为令政府头痛的社会治理问题。虽然经过历代美国政府的法治肃贪和整顿治理，现代美国官员腐败的现象基本根绝，但也出现了新的社会治理问题。在此之前，许多美国企业如福特、通用等公司奉行亚当·斯密的分工原则，纷纷建立起层级制的现代企业组织制度，这种组织制度具有良好的管理效应并为企业带来高效益。因此，联邦政府决定引入和学习这种企业组织制度，首先在联邦邮政部门试行这种等级制，然后在教育、卫生、医疗等公共部门逐渐推广，进而司法和警察部门也开始效仿，最终在整个美国建立了一个庞大的、威权的、非个性化的官僚层级体系。根据“帕金森定律”，官僚机构具有自我繁殖和持续膨胀的规律。由于社会的发展，政府管理事务的范围日益扩张，政府工作人员日益增多，也在一定程度上促进了政府机构的官僚主义。进入 20 世纪 80 年代，西方社会兴起新公共管理运动，试图改良甚至完全放弃科层制的官僚主义，效仿企业，引入市场竞争机制，建立高效率、有竞争力的政府机构，以改善公共管理和社会治理的效果。新公共管理运动确实为西方国家吹来了清风、带来了时代革新，针对官僚制度进行了很大程度的改革，但过度的“管理分工”和“权力制衡”，也让政府内部之间的横向合作失去了某种动力，从而形成了各自的

“一亩三分地”，这导致政府结构分散，公共服务难以整合，社会治理效率大打折扣。

3. 西方国家社会治理的主要启示

“小政府，大社会”是西方国家的政治理念，他们崇尚“小而美”的政府，即政府扮演“守夜人”角色，这就意味着政府应该尽可能减少对市场和社会的干预。经过历史岁月的洗涤和长期实践的锤炼，西方国家的社会治理体系似乎形成了一种普遍性、特色性并被其他国家学习和借鉴的社会治理模式。但实际上，这种治理模式也只是初成雏形，并且随时代、社会多元化的发展与变迁而不断发生变化、改良和变异，同时也面临着一系列挑战。随着全球化的愈发汹涌，各种价值需求与价值矛盾不断涌现，西方国家的社会治理形势也愈发复杂。新公共管理改革运动的出现，在一定程度上为西方国家的社会治理提出了一条改革新路径，为问题的解决提供了新渠道和新办法。正是依据新公共管理理论，21 世纪的西方国家借助“政府—法制体系”优势很大程度上改善了社会治理状况。西方国家社会治理状况的改善得益于“两高一低”的社会治理策略，即提高政府部门行政效率，借助社会力量提高治理专业性，通过专业化降低社会管理总成本。

显然，依据新公共管理理论而得以改善的西方国家所采取的社会治理策略依然离不开“协同治理”老药方，“治理主体多元、社会有效参与、共同努力、有效竞争”即政府为主导、社会力量参与协助的协同治理模式仍然是西方国家社会治理的基石，政府采取多种方式大力培育社会力量，让更多的社会力量通过公平竞争的方式参与到社会治理工作中来。通过竞争获得参与社会治理资格的社会组织往往具有优良资质，它们在彼此竞争的同时也很注重建立合作关系。政府则通过建立健全保障制度，完善法律和经济补贴方式引导社会组织保持竞争合作的双重关系，从而提升社会治理能力，提高社会治理效率。例如在美国，从事社会治理的管理组织之间有明确的职责分工、专业分工和地域分配，政府经费是根据各组织所负责的地域、专业领域以及社会管理的整体状况来拨付，因此，社会组织之间虽然有一定的竞争，但总体上还是相互配合和支持的。美国社会治理组织之间既有资源竞争、利益博弈又能相互协作的经验做法值得我们学习，对构建我国多元参与，协同治理的农村社会治理体系建设具有一定的借鉴意义。①

---

① 汪燕．美国基层社会治理的启示［J］．浙江经济，2018（14）：38－38．

（二）国内研究综述

1. 社会治理的历史沿革

中国传统的社会治理结构由上层政府治理（集权制的中央政府及其下辖地方政府机构的行政管理）和基层部族治理（广大农村地区部族式乡贤精英的自治管理）两部分组成。在这个传统的治理结构中，上层和基层两个部分实际上形成了两个在明面上存在隶属关系，实际上互不干扰的社会治理领域。某种程度上，部族乡贤并不完全服从政府管理，村镇寨落的部族更具有实际管辖权。虽然官方制度上并不愿意面对，也不承认这种分裂治理的局面，但事实上，地域割据和分裂治理是普遍的历史社会现象。

中华人民共和国成立以后，社会出现了变革和重组，各种各样的“单位”出现了，公民个体必须依附于形形色色的“单位”才能生存，这些“单位”就是一个个从事政府行政、工业生产和农业耕作的组织。理论上来说，每一个“单位”都是独立法人，是独立的行为主体，但实际上都受到上级单位的垂直管理。因此，社会个体仍然是由政府以直接或间接的方式来管理和约束，这个时期行政体制是纵向的、自上而下的层级管理制度，社会治理模式非常单一，由人民政府一手包办，社会组织没有任何自主生存和独立发展的空间。例如，在人民公社时期，人民公社下辖十几个生产大队，每个生产大队又管理几个生产队，每个生产队则由若干社员组成。显然，人民公社是我国 1958 年至 1984 年时期的社会基层单位，1958 年第一个人民公社在河南诞生，首先在遂平县卫星集体农庄试点，在原 21 个农业社的基础上，又并入 6 个社，共 27 个农业社、9 360 户农户参加。7 月初，正式成立了嵖岈山卫星人民公社。初步制定了《嵖岈山卫星人民公社试行章程（草稿）》。规定各农业社的一切生产资料和公共财产转为公社所有，由公社统一核算、统一分配；社员分配实行工资制和口粮供给制相结合。人民公社由工、农、商、学、兵几部分组成，统一组织生产，生产资料统一分配，成年劳动力的劳动报酬实行各尽所能、多劳多得、不劳不得的按劳分配原则，老少病残则另由政府统一分配口粮。人民公社下辖的各级单位，都接受国家的计划指导，没有独立生产的权力，一切生产计划都必须严格执行国家政策和指令。在这种社会主义模式下，公社社员个体只是国家机器的一颗螺丝钉，固定在某一处，无法参与社会治理工作，也无法发挥任何作用来促进社会治理变好或变差。每个人都按照政府指令和计划，完成相应的生产任务或政治任务。国家成立之初，社会动荡因素太多，这种集中管理的社会管理模式取得了巨大成效，使动荡的国家迅速稳定下来，维持基层社会秩序的稳定，正所谓乱世用重典，沉疴下猛药，大乱之后必有大治。国家计划管理这种模式一直延续到20世纪70年代末80年代初改革开放初期，在这种管理模式下，人民公社制度、二元化户籍制度等严格约束社会个体的自由流动，虽然有效地实施了国家计划，但限制了个体主观能动性的发挥，阻碍了经济社会的快速发展。随着改革开放的时代潮流呼啸而至，渴望自由的社会个体加速流动，二元化户籍制度对社会个体的约束功能逐渐弱化，多元价值观日益得到社会认可。自由的社会个体可以根据自己的意愿离开原辖区的“单位”自谋职业，职工下海经商、农民外出务工的趋势一发不可收，原有的“单位”失去存在的意义，从而逐渐解体。这一切对原有的社会管理体制和社会治理体系都产生了巨大的冲击，随着人口流动加剧，以“单位”为中心的社会治理体系逐渐失去效能，“单位”治理机制难以适应新时代的新治理任务。面对这种情况，有人对改革开放提出了质疑，部分学者呼吁政府依循过去的社会治理经验，再度限制个体流动，将社会个体“管”起来。譬如，有人提出用“网格化管理”和“空间定位管理”进行社会治理，强调通过健全地方组织建设，从而实现所谓的“固定化、秩序化”社会治理。然而，时代列车不可能开倒车，旧的社会治理模式必然一去不复返，必须为更加科学、理性和民主的社会治理方式开道让路。

历史经验表明，随着经济快速增长，社会日益多元化，各种社会矛盾、社会问题也日渐凸显，如果再沿用管理落后、效率不高的原有社会治理体系，必然会导致矛盾激化，甚至危及社会稳定，导致经济严重衰退。无论是学术界还是政界，都逐渐意识到原有的社会治理体系需要与时俱进，面对现实，勇于革新以适应新的时代。追求固守家园、故土难离的时代已经过去。现代公民追求更高质量的生活、更加稳定的社会环境，更加自由开放的社会文化，更多选择的职业生活。因此，旧的治理模式无法满足公民的社会需求，无法推动社会的全面进步，并且对中国社会的稳定和进一步发展形成了巨大的阻碍，新时代的新问题新矛盾也呼唤新的社会治理模式，以便解决接踵而至的社会问题。自从党的十八大提出要“创新社会治理、夯实平安之基”的时代要求以来，我国基层的社会治理体系更加完善，社会大局保持稳定，基层社区活力迸发。党的十九大提出了“治理能力现代化”的新要求，提倡加强基层治理，基层作为国家治理的基础性环节，既是城乡居民社会生活共同体的“微细胞”，也是城乡社会网络的“微单元”。党的十九大报告指出，社会主要矛盾已经由“人民日益增长的物质文化需要同落后的社会生产之间的矛盾”转化为“人民日益增长的美好生活需要和不平衡不充分的发展之间的矛盾”，并且指出，人民群众对美好生活的需要日益广泛，不仅对物质文化生活提出了更高要求，而且在民主、法治、公平、正义、安全、环境等方面的要求日益增长。为了有效回应这些新需要，解决社会的新矛盾，党的十九大报告在加强和创新社会治理领域，提出要建立共建共治共享的社会治理格局，并且提出了社会治理的制度建设、提高“四化”水平和加强四个体系建设。显然，我国官方已经用“社会治理”来代替“社会管理”，反映国家现在高度重视社会治理体系建设。虽然从中央政府到地方政府的基层管理部门直至公民个体都已经意识到原有的社会管理模式需要创新，但并不代表我国的社会治理理念已经完全统一、毫无争议了，创新社会治理仍处于初级阶段和探索发展阶段，社会不同阶层、不同利益群体仍存在治理理念方面的争议和理论上的争论。目前来说，有的学者认为我国要完全学习西方国家的社会治理经验，照搬西方的社会治理模式；也有学者如徐小州认为要更符合国际惯例，治理主体更多元，增加多重治理渠道，鼓励社会力量参与社会治理，增加民主与平等的要素，赋权民间组织参与社会治理；王浦劬则指出要坚持在党委领导下，明确政府责任，鼓励社会力量协同参与。高晓明认为，应该以公共的整体模式参与社会治理，中国特色社会管理制度中应该增加更多法治元素，充分利用国家政治权力和政府治理权力来平衡社会各阶层的利益矛盾冲突。

2. 多方参与、协同治理

我国社会治理体系在不断建设和完善，治理理念也在不断变化和创新，早在 2004 年，党的十六届四中全会就提出了“社会协同管理”的基本方针，要求在取得经济快速发展的同时要注重社会主义和谐社会的构建，2006 年党的十六届六中全会正式通过《关于构建社会主义和谐社会若干重大问题的决定》，强调社会治理的最终落脚点是社会团结、和谐与稳定；到 2010 年，党的十七届五中全会提出全面提升社会管理能力，建设社会管理体系，创新社会管理机制；再到 2012 年召开的党的十八大要求进一步形成“社会协同”。2017 年的“十三五”规划提出了加强和创新社会治理，建立共创共享的社会治理格局，党的十九大则在此基础上增加了“共治”，更加充分地体现了社会治理的核心思想，社会治理一词开始频繁出现在报纸、网络和各种杂志上。可见，多年来国家也一直在分析和探讨社会管理的机制、路径，组织专家学者分析、探讨和研究，最终全面、系统地提出创新社会治理的概念内涵，鼓励社会各方利益主体发挥智慧和力量，共同参与社会治理、协同治理社会。而在学术界，学者们也在热心专注和研究社会治理的协同模式，徐倩（2015）在《包容性治理：社会治理的新思路》一文中提出，社会治理需要包容精神，海纳百川有容乃大，既要继承中国传统的社会治理经验，也需要借鉴西方国家的社会治理理论和实践，以满足我国的社会治理现代化需求，也提出了我国在社会主义建设过程中所积累的治理实践经验，同样对当今和以后的社会主义建设和社会治理具有借鉴价值。而王伟、张海洋于2016年撰写的《协同治理：我国社会体制改革创新的理论参照》则为社会治理的协同合作模式提供了理论参考依据，对协同治理的进一步完善具有参考价值。又如黄耀冬（2017）撰写的《城镇化进程中的社会保障制度改革问题研究》则从国家治理体制的完善角度来探讨社会治理多元主体的思想统一、协同合作、资源整合和包容开放。

笔者梳理与社会协同治理相关的文献资料，并进行分类整理，可以看出，学者们主要从两个方面来研究和分析协同性的社会治理机制。首先，民间组织、公众等社会力量与地方政府合作进行社会管理是协同性治理的基本前提，因此，正确引导民间组织、公众等社会力量积极有序参与社会治理，可以减轻政府压力，提高治理效率；其次，在法治基础上构建完善、良好的协同治理制度机制，通过制度机制来促进各系统高效合作，进而形成良性社会治理。可以说，完善的制度机制是协同性社会治理的保障，“没有规矩不成方圆”，不同利益主体参与社会治理，主体之间的协同是需要相关制度、法治来约束和监督的。我国的社会治理现状呈现出以下几个特征：

第一，能够与政府携手合作的社会力量总体上比较薄弱，参与社会治理的能力有待进一步提升。有资格参与协同治理的社会力量主要是拥有一定经济实力和社会资源的公益性民间社会组织。这些民间组织主要指部分公众为了实现某种共同目标，彼此协调、资源互补、互助合作，联合起来所形成的一种社会团体，也可以称之为社会组织。这些民间组织有鲜明的社会立场和社会特征，如：有特定的非营利性目标、组织成员之间志趣相投、成员数量和身份特征相对比较固定、具有完善的组织制度、遵循一定的行动程序和规范、具有社会包容性和开放性等。社会（民间）组织主要包括三种类型，一是具有半官方性质并接受政府财政资助的社会团体（例如：妇联、残联）；二是原则上不以营利为目标的非企业民办机构或行业协会（例如：律师协会、社工机构、民办高校、民办养老院等）；三是基金会（例如：红十字基金会、中国扶贫基金会、残疾人福利基金会和中华环境保护基金会等），这些基金会并非政府机构或者政府组织的衍生体，只是重要的社会团体在基层社会的延伸。目前来说，社会（民间）组织的社会治理功能较弱，参与社会治理的经济实力和组织能力整体上比较薄弱，一方面是因为我国具有强政府、弱社会的传统，这些社会组织缺乏成长的肥沃土壤，因此，它们在我国尚处于发展阶段、尚未成熟。当前，我国尚未出台专门针对社会组织的专项法律，社会组织主要依据国务院的《民办非企业单位登记管理暂行条例》和《社会团体登记管理条例》，以及地方政府出台的一些其他法规来开展工作。出台这些条例的主要目的是规范社会组织的成立门槛和运行程序。一般来说，社会组织的成立条件非常严格，准入门槛较高，在一定程度上能够保证社会组织的高资质和强实力，但也在一定程度上限制了社会力量的迅速发展。社会组织一旦成立，政府对其基本上不再过问，对社会组织的管理水平、业务能力、经济实力等知之甚少。譬如说，创办一家残疾儿童福利机构，必须有固定场地、资金来源说明等，经县级以上民政局审核、批准成立之后，每年就只需要提交材料参与评审即可，民政局除了根据国家政策给予其少量资金帮助外，不会对这家机构提供服务能力培训，也不会对其服务水平进行鉴定。只有当地的残联、妇联可能会对其经营过程进行监督，或者对其服务水平进行评审，并评定出某种等级。可见，一方面，社会组织可能因缺乏法律依据和强有力的政策支持而难以参与某些方面的社会治理，纵使有幸参与了某些社会治理，也会遭遇角色困境、功能定位不准等问题。另一方面，社会组织本身也存在一些问题，诸如服务水平、专业能力有待提升，参与社会服务的意愿也有待加强，因为社会组织参与社会治理的一个重要定位就是服务提供者。由于政府对社会组织的支持程度较低，社会组织的服务能力提升、专业水平提高都受到某些束缚，这就更需要社会组织强化自我管理意识、自我提升意愿。但许多社会组织存在自强意识不够，内部管理制度不够健全尤其是财务管理制度不够完善、专业技术服务人员缺乏等问题，导致社会信任度和期待度不高，进一步影响了社会组织参与社会治理的机会。所以，我国社会力量的发展尚处于起步阶段，急需政府扶持、社会包容，其发展、成长、完善和壮大之路依然很长。

第二，政府与社会力量相互信任、相互合作的良性互动机制还有待完善。在过去，受政府威权的历史传统影响，我国的各级政府缺少服务意识，习惯于站在高位，用管理者或资源分配者角色去统治社会而非治理社会，“统治”“管理”“治理”是三种不同层面的概念。治理、管理与统治之间最本质性的区别就是，统治带有威权性质，是政府本身驾驭社会的一种方式，统治主体只能是政府本身；管理主体也是来自政府部门，但管理社会的手段则相对温和一些，稍微带有一丝民主色彩；而治理是民主社会的常用术语，治理主体并非一定来自政府机关，也可以来自社会组织及民间的行业协会。所以，社会治理的主体不仅可以是拥有公权力的公共机关，也可以是社会性质的私人机构，还可以是政府部门和社会组织之间的互助合作，与社会统治截然不同，与社会管理也有所区别。可以说，社会治理指的是政治色彩浓厚的国家机构与公民民主社会的合作、政府部门与社会组织的合作、公共机构与私人机构的合作，强调的是一种合作互助关系。社会治理的主体都是利益相关者，利益相关者之间的合作是自愿的，而非强制的。当然，治理与接受治理则是强制与自愿的结合。

著名政治学家俞可平认为，改革开放以来，中国正在形成一种别具特色的政治模式，这种政治模式最明显的特征，就是通过增量改革来逐渐推进中国的民主治理，扩大公民的政治权益。治理是一个比统治更宽泛更民主的概念，不管是国有或民营企业、高校，还是基层的街道、村级社区等，如果要维持正常而有序的运行，可以没有政府统治，但却不能没有相关机构的有效治理①。另外，王浦劬指出，统治和治理在权力运行向度上和主体合作方式上存在很大的差异性，例如在政府统治的公共权力模式中，权力运行向度从上级到下级，合作方式是下级无条件服从上级。“统治”是依靠政府的政权机器和政治权威，单向度地由上级向下级发号施令、上级政府制定并向下级政府宣布实施政策等，对国家政治、经济事务及其他公共事务采取单一向度的威权管理模式，不容下级政府有任何质疑和协商。治理则象征着民主协商、平等互动，治理提倡通过平等协商、集体合作和互助互动的方式，建立一种利益相关者伙伴关系，在此基础上确立共同理念、目标并围绕目标实施对社会公共事务的柔性管理，是一种强调纵向、横向及全方位互动的多维度管理过程。近 20 年来，党中央国务院已经全面、系统地提出改变公共事务管理方式，创新社会治理机制。推进社会治理体系建设和社会治理创新工作需要全国上下、各级政府和各类型社会组织及一切社会力量按照党中央的统一决策部署，齐心协力，大力推进。但各级地方政府对社会治理仍处于不断探索之中，极少数政府官员尚不能完全转变观念，虽然口头上高喊“人民公仆”，实际工作中依然是“家长”作风，他们的思想还停留在“威权统治”的年代，舍不得下放权力，手握资源，一副舍

① 任晓月．论地方政府在农村环境治理中的责任［D］．武汉：武汉科技大学，2013.

我其谁的统治者思维，这导致政府和社会力量难以平等互动、共同致力于社会治理。如果政府和社会力量之间缺乏有效沟通，社会力量无法在社会事务管理中定位自己的角色，社会力量就难以发挥力量来协助政府解决社会管理实践中所遇到的问题。另外，我国公共事务管理中区域合作和跨界合作尚不够深入广泛，协同性社会治理离不开区域合作，离不开同一区域中跨部门合作，不同地区及同一地区不同部门之间的合作具有催化作用，可以催发社会治理的高效率和社会治理的机制创新，并且有利于提高人们对社会治理的认知、理解和期待，进而提升政府和社会组织更高层次的社会治理水平。

最后，社会力量培育和协同治理模式形成都缺乏完善的制度保障。就当前来说，我国社会组织已经开始发展，但社会力量整体上不够强大，难以高效率地与政府形成协同关系。虽然，政府与社会力量之间的协同合作关系已经开始形成，但作用的发挥还有待加强。随着时代发展、社会转型、结构多元化已经开始，协同治理的基本前提条件已经具备。正因为社会力量发展尚未成熟，政府和社会力量虽然形成了协同关系，但二者之间的互动机制还不能发挥良性效应，严格意义上还不是一种真正的社会治理机制，所以需要构建一套完善制度来保障政府和社会力量之间的协同机制走向完美，发挥高水平的效应，进而形成真正意义上的社会协同治理。一是要建立、健全孵化和培育社会力量的相关制度，保障社会力量日益发展，并能朝着良好有序的正确方向发展；二是建立、健全能保障政府与社会力量协同合作的相关制度，促进政府和社会力量之间相互信任、平等合作，共同为社会事务管理发挥力量；三是建立、健全协同治理制度，以保障多元化主体参与社会治理，协同治理模式日益完善。王浦劬还指出，善治是政府与公民齐心协力对社会公共事务和社会公共生活的共同管理，是一种新型的“政民”和“政社”合作关系，国家与公民社会的良好合作无疑是社会治理模式发展的最高境界。

现代国家中，无论处于哪个地域、无论奉行哪种社会意识形态制度、也无论自身的发展阶段和发展程度（无论是发展中国家还是发达国家），每个政府都希望有更好的社会治理效果、更好的社会治理体系和更好的社会秩序。我国是社会主义国家，但还处于社会主义的初级阶段，就当前的发展情况来说，社会协同治理有利于社会稳定团结，有利于社会主义建设大业，是促进社会善治和社会进步的必然路径。我国党和政府的执政理念正在不断创新、探索和完善社会协同治理模式，必将更好地体现和发挥社会主义社会的优越性，使社会更加稳定，人们生活更加美好幸福。

四、重大灾害推动社会变迁之争论

重大灾害往往会给人类社会带来灾难和灾害，而这种由重大灾害所造成的灾害是否会引起或推动社会变迁，目前还存在较大争议。社会科学研究中关于灾害与社会变迁的内容比较多，而且关于重大灾害是不是推动社会变迁的关键因素之一，学者之间存在一些分歧。在人类学和社会学视域下，重大灾害常常被认为是来源于社会人口群结构脆弱性条件下自然领域或技术领域的破坏性因子，或二者的结合。社会治理体系建设必然涉及社会治理变迁，后者则涉及了重大灾害所造成的社会灾害、制度变迁和社会变迁三个因素，尤其是，重大灾害所造成的灾难是否与制度变迁和社会变迁存在某种必然的逻辑关系尚不明朗。因此，有必要分析、探讨这三个因素之间的机理关系，以及三者之间的机理关系是否适用于中国场景。目前灾害社会科学研究者关于突发事件灾难是否会推动社会变迁，以何种方式推动社会变迁以及可能推动哪些方面的社会变迁也没有形成定论。

（一）灾难性的重大灾害必然推动社会变迁

基于对 1917 年加拿大哈利法克斯爆炸的经验观察，普林斯在他的博士论文《巨灾与社会变迁》中指出：灾难不仅不会终结历史，反而是社会变迁的导火线。以普林斯为代表的社会科学家认为，重大灾害所形成的灾难能够推动社会变迁，并且用一系列案例来证明这一说法的合理性。普林斯最早的研究就是探索分析加拿大哈利法克斯爆炸是如何导致社会变迁的，他认为哈利法克斯爆炸这一灾难性的突发事件引起了当地社会的结构、文化和生活等方面都产生了明显的变化。日本学者广濑弘忠（1984）在《为了生存的灾害学》一书中指出，犹如日本频繁发生地震、海啸等重大灾害，导致日本非常重视灾害教育，并在这一方面取得了瞩目成就。日本灾害多发的现实对国民性格、政治制度、经济状况和社会文化等诸多方面都造成了巨大的影响。贝茨（Bates，1982）对 1976 年的危地马拉地震灾后社会变迁与发展进行了长期的跟踪研究，得出的重要结论是：灾后重建是社会变化的一部分，灾后人们整体心理调适和行为习惯的变化也属于社会变化。灾后重建的各种项目可能带来经济的爆发性增长及其他方面的创造性，对于社会发展进程会造成长期影响。从长期来看，重大灾害形成灾难之后的恢复重建可能加速现有的社会发展进程、孕育出新的社会发展模式，也可能对社会发展产生负面影响，在整个过程中人类介入的性质起了关键性的作用。因此，面对灾难性的重大灾害，人类社会的各种经济干预、文化干预和制度干预是导致社会变迁的决定性原因。

事实上，已经有许多案例足以证明重大灾害形成的灾难在一定程度上能够推进社会变迁。例如，1911 年，纽约三角内衣工厂火灾（下文简称“三角火灾”）是美国纽约市历史上最大的工业灾难，火灾导致 146 名服装工人被烧死或因被迫跳楼致死，被认为是“改变美国”的兴邦之难。“三角火灾”使得这一时期美国社会治理的重要议题聚焦于社会分化问题，极大地推动了政府、市场与社会三方力量的激烈博弈和重新调整，引发了一场重建社会治理体系、凝聚社会共识、关注社会底层、重构阶层价值观的革新运动。“三角火灾”推动美国政府出台了一系列关于人道主义的法律制度，使得福利机构、司法系统和社会组织三者间展开密切合作，成为 20 世纪上半叶美国社会治理变革的起点。2020 年 5 月，美国明尼阿波利斯市黑人男子乔治·弗洛伊德，因遭遇警察暴力而死亡。此事随后点燃了美国本就如火药桶一般的种族矛盾，导致当地乃至美国多个地方都出现了大规模反种族主义和警察暴力的抗议，一些地方还出现了暴乱和打砸抢事件。这一突发事件引起了美国各地甚至全世界重新对“种族歧视”和“社会不平等”问题的关注，也必将推动美国社会治理的进一步变迁。在一些关于美国“9·11”恐怖事件的研究中，一些美国学者认为，在重大灾害发生之后，由于紧急救援和各种集体努力必然造成某种程度的社会恐惧和失序，但紧急状态下也会迅速建立起一种应急规范和应急秩序管理。在杨洪亮（2017）对日本自然灾害尤其是地震频繁出现所造成的社会变迁趋势研究中，他发现，对于重大灾难性突发事件应对经验的总结推进了日本灾害教育体制的日益完善，以及防灾减灾应急能力的日益提升。陈业新（2011）用多年时间收集了皖北地区明、清两代的文举、武举数量，并对这两个时代进士、举人的结构变化进行分析，以此作为观察窗口来分析明清时期皖北地区社会变迁情况，进而研究灾害环境与社会变迁之间的机理关系。研究结论是，自然灾害频发的皖北地区，由于经济发展落后于其他地区，导致民众整体处于贫困状态。中国古话说“富人学文，穷人习武”，受此影响，皖北地区明清时代的文事衰微，文举数量稀少，但习武气氛较浓，所以武举数量明显多于文举。这也是社会发生重大变迁的标志。在受到重大灾害的巨大灾难冲击之后，“社会—生态”系统将在原有系统的基础上发生一定程度的变化，虽然还会受历史发展惯性的影响，但会偏离原有轨道。中国 2003 年的非典疫情，促使中国政府对公共卫生事件更加重视，并开始认识到发动社会力量应对重大灾害的重要性，为中国后面成功应对禽流感、非洲猪瘟及新冠疫情等公共卫生事件积累了丰富的经验，提高了人们对传染病的防范意识。王嘉禾（2018）认为汶川地震就导致了社会变迁即社会发展在一定程度上偏离了原来的发展轨道，并且造成了明显的后果，可以从三个维度来理解这种现象：第一，从宏观层面来看社会变迁，汶川地震推动了我国公益事业和非营利组织的快速成长和发展，导致人们把2018年称为“中国公益元年”，认为汶川地震成了国内“第三领域”自发成长的一个标志性重大灾害。事实上，根据本研究的观察，无论是2003年非典疫情还是汶川地震及新冠疫情等重大灾害都推进了中国应急管理制度的变迁，尤其是在灾中应对、灾后救援和社会力量参与方面的社会变迁非常明显。第二，从中观层面来看社区形态和功能类型等维度的社会变迁，重大灾害使山区高地的少数民族由原来的分散杂居慢慢地变成了社区聚居，显然，社区功能类型发生了质的改变。这种把散居的少数民族通过搬迁形成社区聚居，除了政府倡导外，还需要有慈善组织和企业的大力援助。而处于较低海拔的汉族聚居区更趋向城镇化大型社区搬迁，原有的小型社区形态也发生了巨大的改变。第三，从微观层面来看灾民的行为调适，主要包括了广大灾民及时展开自救工作，因灾致残群体也不是一味地“等、靠、要”，而是积极地开始自强自立，包括修复创伤的心灵，失独家庭实现再育意愿，传染病感染者进行自我隔离和自我治疗等，以及突发事件中及灾后恢复重建过程中催生地方精英不断涌现等。

一些研究认为，可以根据重大灾害与社会变动之间的相互作用来确定灾害的破坏范围之大小和影响严重之程度，也能反映出社会对于重大灾害所造成灾难后果的承受能力。根据突发事件对社会的破坏程度以及对社会制度变迁过程影响作用的大小把这些事件分为超巨大事件、巨大事件、重大灾害和小事件等四类。其中，能够对国际政治经济秩序带来重大影响的事件被称为超巨大事件；对某一国家的经济社会发展形势产生重大影响的事件，可以称之为巨大事件；对具体的国家政治制度的制定和出台，或重大政策的构建和变迁产生重大影响的事件被称为重大灾害，比如：2003年非典疫情、汶川地震、非洲猪瘟等；一些偶然性的但引发了重要制度和政策调整或重大社会舆论影响的突发事件被称为小事件，例如：孙某某在收容所被殴打致死（促使城市收容制度被废除），邓某某刺死官员案件（导致关于正当防卫的大讨论）、彭某案（导致人们对倒地老人该不该出手帮助的讨论和反思）、雷某案（随后出台《关于深化公安执法规范化建设的意见》）等。现有研究中有很多对于重大灾害推进公共管理制度变迁的研究，如2003年非典疫情、汶川地震等常被视为中国公共管理制度尤其是应急管理体制变迁的关键节点。这些事件的发生虽然具有突发性和偶然性，然而，偶然中有必然，偶然的突发事件中潜藏着必然规律。

由此可见，重大灾害（本研究中主要指自然灾害和重大公共卫生事件，不包括重大政治事件和社会安全事件）会从多个维度推动社会变迁，例如政治政策调整、经济发展快慢、社会风俗文化变化、人口增长速度、法律制度等方面。一般来说，政治与法律变迁主要包括权力结构的改变与权力关系、法律、政策等方面的变化；经济变迁主要涵盖了经济部门构成、经济活动类型、行业产业结构、公共财政投入、税收变化等[①]；人口变迁主要包括了人口的规模和结构（年龄、性别、职业等方面）、人口流动频率、移民居住方式等；社会结构方面则表现为社会阶层分化、参与主体多元化、社会组织发展、社会力量成长和群体结构关系等方面发生了变迁；居民生活变迁包括了农户生计方式、城市居民收入、群众出行方式、生活幸福感、社区归属感、对社会治安和公共秩序的满意度、对政府的信任度等方面的变迁。

（二）重大灾害与社会变迁无必然联系

当然，对同一事物或现象会存在不同的见解和看法。一些研究者认为，重大灾害所导致的灾害与社会变迁并无必然的逻辑关系，并不一定会引起社会变迁。尼格与蒂尔尼等（Nigg and Tierney，1993）是持这种观点的代表人物，他们对当前研究中关于社会变迁内容的匮乏与不系统性进行了检视与思考。他们认为重大灾害研究的主流学者集中在西方发达国家，这些国家关于重大灾害研究的资助都是短周期的，所支持的研究也不太关注灾后变迁。他们也认为一个国家的政治稳定与富足程度，对重大灾害的应急反应速度，救济和治疗性社区的出现，以及灾后援助的效果等都可能影响社会的稳定性，也有助于维持或恢复到灾前的情况。他们的结论是：无论是西方发达国家的社会还是这些国家对突发事件灾害的研究都被指向了确保社会变迁及社会制度变迁的最小化。之所以这样，可能是因为研究者没有找到重大灾害导致社会变迁的证据，因为西方发达国家都是比较富足稳定的社会，灾害在这些国家中所引起的社会变迁比较小，因此研究者是在最不可能看见变迁的社会中去寻找变迁。他们也认为，对于社会变迁概念的界定模糊以及研究背景的影响，都是导致学界对于重大灾

① 东方早报网．中国现代化离不开四位“先生”[J]．东方早报网，2015（3）．

害推动社会变迁作用认识不足的重要原因。昆兰特里和达因（Quarantelli and Dynes，1977）认为灾难性的重大灾害可能会导致个人层面和社会层面都发生剧烈的变迁，但是，重大灾害既可能导致人们凝聚共识，同样也可能使人们产生分歧。因此，重大灾害既可能有利于社会的稳定，也可能导致社会变迁，一切皆有可能，从这一点来看，重大灾害和社会变迁之间是一种随机关系，但并不存在必然的联系。20 世纪 80 年代，越来越多的学者质疑重大灾害可以推动社会变迁的说法。贝茨和皮科克（Bates and Peacock，1987）认为：重大灾害所带来的灾害可能会导致社会变迁，也可能不会带来社会变迁，这在很大程度上取决于灾害的影响范围、严重程度、所涉地域，以及灾区获得外界援助的多少、灾后恢复的时间、灾区政府的管理效率等多方面因素。因此，重大灾害是否一定推动社会变迁并无定论，还存在争议。德拉贝克（Drabek，1986）在 *Human System Responses to Disaster* 一书中指出，对于大部分由重大灾害所引起的灾难来说，在整个人类社会长期发展的历史长河中，这些所谓的重大灾难只是“小插曲”而已，它们对当时的经济、文化、政治可能造成一定的影响，但在社会发展的大背景下，这些影响是微不足道的，难以导致社会变迁，或者影响到社会发展的轨道。因为大部分的城镇街道或农村社区都具有很高的抗压性和韧性，灾难只能给他们带来暂时的影响，但并不会改变他们社会系统的发展惯性，也不会受到长期的影响。

进入 21 世纪后，部分学者在分析和探讨重大灾害是否导致社会变迁过程中，他们得到了新的灵感和研究思路：社会发展惯性、文化连续性和历史继承性。研究者发现，一旦重大灾害在某地区发生，受灾地区的人们非常关注在恢复重建过程中各种主要项目是否具有连续性、是否能够恢复过去的社会原貌，这就是一种历史继承性和文化连续性，要求研究者要对这种惯性、连续性和继承性所带来的社会稳定性作出回应。米雷缇（Mileti，1999）认为，灾后恢复重建项目与灾前原貌的连贯性和复旧程度有利于社区居民的精神文化回归和心理创伤的恢复。因此，大部分社区总是倾向于重建与灾难前一模一样的东西，至少在形式上有连贯性。肖古霞（2018）的实证研究表明，人们在灾前和灾后的文化习俗、行为模式、思维方式会表现出连续性，并不会因为重大灾害而有所改变。人类在突发危机状态中可能表现出与以往不同的行为，但这只是对危机的临时适应性，一旦环境恢复正常，他们的行为模式也将回归原有状态。正因为这样，即使是社会发生了某种变迁，也不能排除它是临时的、不可延续的，或者说它只是继承了灾前的发展趋势但改变了表面形式而已。基于大量关于灾后历史继承性、文化连续性和社会发展惯性的研究，美国特拉华大学灾难研究中心认为：重大灾害并没有直接导致社会发生重大变迁，而可能是强化继承和延续促进了灾前的存在方式，充其量是在继承中有所创新，延续中有所变化，但这一切并不是主流。灾难研究中心把这一结论定为重大灾害发生后灾区恢复研究的主要方向性议题。因此，当其他学者们致力于研究重大灾害以何种方式导致社会变迁和变迁程度的时候，美国特拉华大学灾难研究中心找到了文化连续性、历史继承性和社会发展惯性。但是，吉尔伯特（Gilbert，1992）却认为，社会发展在常规状态下是“有组织的无序”，在危机状态下则呈现出“无组织的有序”，两者都与组织性有重大关系，只是表现形式有所不同，但区别不太显著。因此，对于历史继承性、文化连续性和社会发展惯性的分析也是一个充满不确定性和挑战性的议题。

从当前研究来看，一些学者对于重大灾害暴发后的灾区重建历史继承性、文化连续性和社会发展惯性方面进行了探讨并取得了卓越成效。但是，多数研究依然探讨重大灾害所带来的灾难性影响，围绕灾后社区的条件脆弱性、文化抗压性、社会韧性以及社会力量参与重建等概念展开。事实上，这些概念的含义也会相互覆盖，彼此之间也存在一些交叉的内容和意义，即这几个概念都在不同维度或领域强调了行为与结构的继承性、连续性和惯性，将重大灾害应对和灾后管理视为一个不间断的连续过程，任何个人都喜欢沿用过去的思维习惯、行为模式和生活习惯，在灾难中适应现实，逐渐习惯具有威胁性和风险性的外部环境。譬如，在2003年非典疫情及新冠疫情防控期间，大家不得不在外出时戴口罩，但时间一长，虽然还有被感染的风险，但人们已经开始放弃口罩，少数人即使在传染病毒盛行时也不愿意戴口罩。在汶川地震之后，大多数灾区居民已经对经常发生的小型地震、泥石流和洪水等自然灾害习以为常，并不觉得有太大的风险，对自己的生活也没有造成特别的影响。面对可怕的突发事件，人们依然保持家庭责任、工作习惯和公民义务，从而使原有的文化风俗、社会结构仍然得以延续，这是历史继承性、文化连续性和社会发展惯性的作用。

包永军（2015）回顾了2014年及之前国外关于重大灾害的研究历史得出结论，关于重大灾害导致社会变迁的案例在世界各地都不多见。如果强行推出重大灾害必然引致社会变迁的观点，必须对社会变迁、制度变迁等系列概念作出清晰界定，必须明确社会变迁和制度变迁可能涉及的主体角色、时间长度、空间范围等方面，而且还必须对世界各地在不同时间发生的不同性质、种类的重大灾害进行横向分析和纵向比较，并且超越个别具体案例与直观定性研究的局限性，辅之以实证研究，才可能形成关于重大灾害与社会变迁之间逻辑机理关系的理论观点以及更具有说服力和普适性的理论范式。但要达到这个高度，非常难。

五、重大灾害后社会治理变迁的解释

作为国家治理体系中的重要组成部分，要认识和理解社会治理变迁和社会治理体系建设就无法回避政府、市场和社会三者之间的关系。一些学者认为，社会变迁理论和制度变迁理论在一定程度上能够解释政府、市场和社会三者之间的关系及社会变迁的内在逻辑。用社会治理三大主体间的关系来解释重大灾害后社会治理变迁和制度变迁及社会治理体系建设，则可以把社会治理变迁和社会治理体系建设归纳为政府主导型、社区中心型和合作参与型三种。

（一）政府主导型

虽然重大灾害应急管理的概念由模糊到清晰，其内涵也不断深化，人们对它的理解也越来越深刻，但依然见仁见智，不同的学者对其有各自的见解。社会主流意见认为：重大灾害应急管理是政府管理的重要组成部分和重要职能。因此，重大灾害的应对及灾后的恢复重建和社会治理都是政府职责，政府部门被视为灾后恢复重建与社会治理过程中的主要参与主体，也是最重要的不可或缺的组织者和参与者。此外，部分学者认为“重大灾害管理就是指平时对重大灾害的预防、事件发生后的组织动员、财政支援及应急管理”；还有学者认为“重大灾害发生后提供持续的专业人员救助、急救物资和经济援助”是突发事件应急管理的核心内容。从中国对重大灾害应对和灾后社会治理的历史来看，中央政府及地方政府的“开仓赈粮”是救济灾区灾民最直接、最重要的方式，而民间的自发募捐则是辅助手段。1911 年，东三省肺鼠疫暴发，仅东北地区就死了 6 万余人，当时的清政府耗银 1 000 余万两，设立民政部防疫局、京师卫生警察队和奉天万国鼠疫研究会等，同时全国各地民间医师有 1 000 余人自发前往东三省帮助防疫治病。1998 年长江流域发生特大洪水，政府调用大量中国人民解放军参与抗洪救灾，各地方政府通过“一对一”的对口帮扶方式支持洪灾地区的灾后恢复重建与社会治理。可见，重大灾害应急管理及防灾救灾减灾被理所当然地认为是各级政府的重要职能。在我国的官方话语中，重大灾害应急管理是每一级地方政府的职责，是打造共建共治共享社会治理格局的重要内容，对重大灾害应对不力的政府官员实行政治追责制。2013 年 7 月 15 日上午，中华人民共和国中央人民政府官方网站，公布了《芦山地震灾后恢复重建总体规划》。这是首次把灾后重建工作列入政府的社会治理规划之中。重大灾害后灾区社会治理的转型和社会变迁，不仅受到政权政体、民众意识、文化价值观、政策制度、权力体制等诸多要素影响，而且还受到具体决策者职业素质及决策时的环境和特征等因素的影响。此外，灾区恢复和重建过程中一些偶发事件也会发挥影响作用。

在灾后社会治理问题上，西方国家的民众普遍认为地方政府的支持很重要，但并非决定性因素，社会捐助者推动的重建资源供应才是最重要的。我国的被调查对象则一致认同政府在灾后治理中发挥决定性作用，政府立法和公共政策是最重要的。相比之下，在 2004 年美国的飓风灾害中，飓风风暴影响最严重的地区是纽约、佛罗里达、南卡罗来纳州和一些其他附近的地区。这场飓风造成的损失达到了 54.78 亿美元。联邦政府积极参与灾区的救援工作和灾后治理工作，并未受到灾区民众的欢迎。尽管联邦政府与民间社会组织、地方政府和当地社区进行了多方沟通、协商，但联邦政府制定的关于飓风灾区重建行动的“蓝图”总计划在地方和社区受到了冷遇。联邦政府的总计划被地方和社区重建机构搁置一旁，取而代之的是一种注重发挥社会组织力量，为社会力量提供参与重建及社会治理的方案。灾区愿意接受联邦政府提供的粮食、现金和基建材料等物质支持，但不希望联邦政府参与到当地的具体重建工作和社会治理工作中来。可见，民众意识、民主元素和文化价值观等因素对重大灾害的应对及灾后社会治理工作有着巨大的影响作用。

事实上，认为应该由政府主导重大灾害后社会治理的还是占多数，毕竟政府具有很多其他主体无法具备的优势，虽然也有它自身的弊端。陈亚平（2012）考察了清朝雍正王朝重大灾害的应对情况。雍正十年，江南沿海遭遇特大潮灾，对地区经济与社会生活造成了巨大的负面影响，危及清政府财赋中心区域的社会稳定。清政府动员各级官员积极赈灾，在主持救灾的过程中，清晰地认识和利用了省区间粮食供求变化规律，适时调控粮食供给，以维持灾区粮价稳定，具有较强的应对灾害破坏、落实赈济措施的作用。这次灾赈中的政府表现说明，在 18 世纪前期，国家是灾后救济的主要力量，也只有一个强势的中央政府和各级地方政府的有效组织，才能实现如此长期的大规模粮食调控目标。陈亚平认为，强有力的国家政府是任何重大灾害灾后救济的主导力量，尤其是在经济不发达、科技落后的18世纪，需要集权制并拥有绝对权威的中央政府来统筹安排，各级地方政府在中央政府的协调和组织下，实现了救援物资的大规模调控，实现了社会的有效治理。除此之外，政府的公共财政支持和跨地域对口支援都被认为是保障灾后重建质量和社会治理效率的关键因素。重大灾害发生后，灾民需要救济，更需要就业岗位，因此，重大灾害后，地方政府创造和提供就业机会比直接财政经济补贴更能赢得民心，政府采取大兴土木、投资基础设施建设等措施能有效解决经济发展问题，促进受灾地区人们的充分就业，帮助其恢复生计稳定。在重大灾害后的基层社会治理中，地方政府通过价值观培育，引导人们对道德和信仰的内心认同，激励灾区人民自立自强有利于维护灾后社会稳定和社会治理。这也是国家政治传统和社会治理方式的内在延续。我国的封建社会时期经常通过官府赏赐某种道德封号、举行孔庙致祭、修葺圣贤庙宇等方式向民众灌输宗教信仰，并利用民间信神拜佛的道德信仰维系国家信仰，实现国家和社会信仰的融合沟通，成为维系社会治理、维持社会稳定和巩固国家秩序体系的重要因素。“修德应灾”和“积德行善”具有较高的民众认可度，在积德行善、福泽后代的价值观念下，广大民众自发、主动参与到重大灾害后的救援、募捐与恢复重建活动中，充分体现了民间社会守望相助、共克时艰的朴素理念，这也成为重大灾害后灾区社会群众互帮互助、自强自立、和衷共济、勠力同心的心理基础，有助于化解社会矛盾和维护社会治理。2003年非典疫情防控期间及之后，广东省和其他重灾区省市广泛开展精神文明建设、卫生社区创建活动等，对于提高公众对传染病毒认知、稳定社会心理、稳定社会秩序、促进社会和谐具有重要作用，是突发公共卫生事件后社会治理创新的重要手段。

鲁宾（Rubin，1985）认为，重大灾害之后受灾地区百废待兴、事务繁杂、矛盾突出，超越单一区域和单一政府职能部门能够应对的范围，因此，有必要采取跨区域合作和跨部门合作以提高灾区恢复重建的效益和社会治理水平。一些国内外的重要案例也说明，中央和地方政府合作，不同地方政府之间合作，同一级政府的不同部门合作，政府与社会力量都有助于重大灾害的应对处理和灾后恢复重建工作的开展。美国灾害研究专家弗隆（Furlong，1998）认为，联邦政府与地方州市政府有着不同的分工，扮演不同的角色。联邦应急管理署代表联邦政府，在重大灾害应急管理过程中扮演着规划者和协调者的角色，主要职责是对联邦政府应对各类重大灾害的能力进行规划，对各地救济援助的行动进行协调，同时也向受灾地区提供经济支持和应急指导，把联邦政府和其他方面的救灾物资转移给灾区政府和民众个体，协助地方应急管理局维护社会秩序和社会治理。在2011年的东日本大地震的灾后恢复重建进程中，日本各地区兴起了广域协作，即中央政府和其他地方政府合作援助东北地区各市灾后救济及恢复重建，取得了显著效果。在整个救援与重建过程中，广域协作发挥了重要作用，协作内容涉及了人力和物资援助、医疗卫生合作、经济支持和公共垃圾处理等多个领域。通过观察，日本为应对重大灾害而发动的广域协作，其成功的关键很大程度上取决于纵向协作（中央与地方各级政府之间）与横向协作（各地方政府之间）的顺利实施。广域协作有点类似于中国在应对重大灾害中的对口支援，虽然涉及的范围和规模以及组织严密程度存在一定差异，但其功能基本相似。

（二）社区中心型

2015年3月18日，第三届世界减灾大会在日本仙台落下帷幕，大会评估了《2005—2015年行动纲领：加强国家和社区的抗灾能力》的执行情况，通过了2015年后全球减灾领域新的行动框架——《2015—2030年仙台减轻灾害风险框架》（以下简称《仙台框架》）。[①] 该框架预期了未来15年全球减灾工作的成果和目标，明确了7项具体目标、13项原则和4项优先行动事项，对于我国综合减灾理念创新、战略优化、规划实施和监督评价等具有驱动作用和借鉴价值。《仙台框架》指出：通过基层社区参与社会治理等途径，结合灾区民众生计改善计划，加强对支持性政策和社会治理机制的设计和实施，向民众提供基本医疗服务……以减少和消除贫困，争取持久解决灾区发展和灾民生计问题，增强受灾程度严重地区的扶持力度和权能并向他们提供可持续性援助，凸显地方社区的社会治理功能。重大灾害后灾区恢复重建方面的研究者认为，要恢复灾区群众的社会关系网络，应该加强社区凝聚能力和治理能力，并发挥受灾群体的主观能动性。只有高水平的社区参与才具备真实的社会群众基础，才能实现最佳的并凸显灾区民众主体价值的恢复重建结果。帕克和米勒（Park and Miller，2006）强调，重大灾害之后灾区的社会经济状况和地域政治条件决定了当地基层社区治理功能的脆弱性，社区功能脆弱则在一定程度上影响了灾民自立自强克服灾害影响的能力。灾区经济复苏的能力取决于灾区当地的资源丰富程度。基本规律是，当地资源越少，经济复苏越慢，毕竟依赖外部援助

① 刘朋．链接：历次亚洲减灾部长级大会回顾［J］．中国减灾，2016（23）：38－39.

难以持续支撑地方经济发展。当地自有资源越丰富，越能支撑当地经济发展，灾区社会越能快速走向自我持续成长，直至恢复正常发展。他们的研究强调了当地自身资源的重要性，但也不否认外部支援和社会支持对于重建家园和恢复社区生活的重要性。自有资源是内因性驱动力，外部支持是外在驱动力，短期内，外部支持不可或缺，但就长期而言则靠自有资源支撑。苏里文（Sullivan，2003）指出了社区协助上级政府，主动参与灾后恢复有利于促进社区民众的心理治疗和精神恢复，指出社区参与可以改变社区民众在恢复和重建过程中的地位，从被动的、被支配的卒子，变成主动奉献和建设自己家园的主力军。这是化被动治疗为主动治疗，属于一种积极的心理观和积极的自强自立行为。谭（Tan，2009）建议，重大灾害发生后，灾区恢复与重建应该包括社会情感支持，它把灾区民众的身体安全及生存需要与社区关系及社会情感应对联系起来，为个体生存提供社会意义。

社会资本也是重大灾害后社区治理研究的重要维度之一。社会资本是相对于物质资本和人力资本的一种无形资源，以社会关系中的信任、规范和网络为载体，既包括社会关系中的制度、规范和网络化等组织结构特征，又包括公民所拥有的信任、威望、社会声誉等人格网络特征。社会资本的概念内涵表明，任何一个人的家庭、亲戚、朋友和同事等都能成为在重大灾害危机中可资利用的一种重要财富或资产。在当前的重大灾害研究中，已经从社会资本维度来研究灾区人们如何更好地利用一切可用资源来自救，以满足灾难中的紧急需要，社会关系网络也是一种帮助自己渡过危机的重要资源。那些拥有雄厚社会资本，譬如说有丰富的人脉资源或加入了某种行业组织的人更有能力面对突发事件后的贫穷和脆弱性，有更多解决争端的途径，有更多可利用的新机会。社会资本中包括有形资产和无形资产，有形资产主要包括突发事件应对和救援设备如感染了某种病毒能够迅速获得医治等，也包括各种信息技术和可以支持应对危机的现金货币；无形资本主要包括灾民可资借用的人力资本，即涉及帮助灾民的个体或组织的能力素质，包括他们的危机应对能力、技能水平、社会地位和教育程度等。班科夫（Bankoff，2007）和奥尔德里希（Aldrich，2011）等人在研究重大灾害应急管理中，也注意到了社会资本在灾难危机应对和灾区恢复重建中的重要性。刘和平（2020）重点分析了在新冠疫情防控期间的武汉及湖北其他城市，处于隔离状态的市民如何充分利用社会资本资源及互联网购买防疫用品、生活必需品和保持与外界的沟通、交流；社会资本丰富的病毒感染者充分利用社会资源来保证自己能获得及时和有效的救治，但缺乏社会资本的人则只能完全依赖政府和志愿者，有时可能会延误最佳治疗时机。这些研究显示，公民团体、行业协会、大家庭成员、亲戚、同事、朋友、邻居和民间社会组织都是重要的社会资本，他们在重大灾害如地震和传染病等病毒性灾害期间根据自身的能力、自己的利益角度积极参与灾情应对和援助工作。社会资本的差异会影响重大灾害应对的效率和灾后恢复重建的速度。这可以用来解释为什么有些社区在重大灾害后能够迅速恢复重建并进一步发展，而有些社区则在获得外部支援后，却没有获得可持续发展。

有证据表明，从突发事件应急管理和危难情况中组织合作的角度来看，具有分散、民主决策权的社区结构通过使用相互信任和行为规范的社会网络，在突发事件的救灾与重建过程中可能具有更好的应急管理能力和更高的社会治理水平。戴恩斯（Dynes，2005）认为，社区平时是民众休闲、娱乐和社交的场所，在突发事件发生时则是应对灾害和救危扶难的场所，这种社会基层单位蕴藏着丰裕的社会资本，关键时刻可加以有效利用来应对各种类型的突发事件。戴恩斯的研究探讨了社区如何通过传统节假日或具有重大纪念意义的特定日期来举行各种公民聚集活动，以此增进社区民众的彼此熟识和感情，培养他们的社区意识和集体责任感，从而积累和凝聚各种社会资本。这种集体责任感和社区意识有助于增加民众凝聚力，在重大灾害或灾难发生时有助于增强社区的应对和防范能力，并在一定程度上降低灾害风险，并成为救灾减灾各阶段的可行基础。此外，完善现有社区网络，强化当前社会结构，保证重大灾害的应对过程中信息渠道畅通，信息交流更加便利，提升在既定权力和制度范围内社区决策的能力与效率，这对于及时应对重大灾害和降低灾害损失至关重要。拉赫曼（Rahman，1999）认为，具有较高物质水平和社会资本及人力资源丰富的社区更能防范和应对重大灾害，具备更高应急管理能力和社会治理能力。但是，也不能对基层社区形成过度依赖和抱过多希望，社区灾情应对也不总是高效率。也有一些案例证明，以社区为中心的突发事件应急管理和灾后社会治理表现糟糕，甚至陷入了受灾地区发展停滞不前的困境。关于受灾社区经济社会发展陷入困境的原因，一些学者认为是民主程度不够，社区成员缺乏主体资格来主导重建的进程，难以有效发挥地方资源、地域文化和知识的作用来推动灾区的恢复重建和持续发展。鉴于此，部分学者主张国家应该深化改革，推进民主建设，为基层社区民众增权，激励他们发挥力量，充分参与到受灾社区的重建和治理进程中来。秦红增（2003）也主张政府推动基层制度建设，为社区弱势群体赋权，鼓励他们参与社区建设，增强社区的社会治理能力，从而推动整个社会的可持续发展。

（三）合作参与型

重大灾害之后的灾区社会治理是复杂、充满不确定性、矛盾重重的缓慢而漫长的过程。面对灾难性的重大灾害，涉灾区域广、受灾群众多，无论效率多高、能力多强的政府也难以满足各方受灾民众的各样需求，正所谓“众口难调”，纵使政府有三头六臂，也难免会有不满意的地方、不满意的群体，这就是某些方面的政府失灵。此时，需要私人部门和社会力量来弥补这种不足，从各个领域和各个角度来协助政府完成救灾及社会治理工作，民众需求和政府失灵为私人部门及社会组织赢得生存和发展空间。因此，政府不应该排斥社会组织，无论是在重大灾害应对中还是灾后社会治理中都应该接纳甚至主动寻求社会组织和民间力量的合作性参与。无论是在2003年非典疫情防控期间、还是新冠疫情防控期间，有大量的志愿者、民间医护人员自发组成的各种社会组织涌入疫情严重的武汉、广州、北京、杭州等地区，参与医疗救援和社会治理工作。社会组织义务参与救助资金募集、救灾物资运输、患者转移治疗，为被隔离群众展开志愿服务、心理疏导和治疗支持等方面服务，为疫情应对和防控工作做出了重大贡献。在2008年的汶川地震期间，全国各地的志愿者和社会组织以各种方式参与救灾减灾工作，广大群众以捐款捐物的方式奉献微薄力量，一些热血青年和志愿者冒着余震危险直接进入汶川等受灾严重地区参与救援工作和社会秩序维护工作。在震后的恢复重建阶段，一些民营企业采用产业支援、产业合作等参与形式来支持受灾地区的经济社会发展，显示出了市场力量的重要作用。周如南等人（2017）选取了新故乡文教基金会参与我国台湾地区灾后重建的案例，以及非营利组织参与汶川地震后社区重建与社会治理的案例，通过案例分析和比较研究，讨论了重大灾害后非营利组织参与救援和社会治理的差异性。他们认为，非营利组织在汶川地震灾后参与恢复重建过程中的作用主要体现在社会转型方面，具体来说，是促进了社会力量参与社会治理的官民合作机制形成，并且使这种合作机制得以发扬壮大和推广，推动了重大灾害发生后多元主体参与灾区重建和社会治理格局的形成。

在重大灾害发生后，为了实现灾区的全面恢复和重建，全体利益相关者通力合作、协调行动，为灾区提供各种援助，这些利益相关者包括各级各类政府部门即官方力量、非政府组织、基层社区组织、普通民众、各类专家和学者等，统称为社会力量。在重大灾害之后的灾区恢复重建及社会治理过程中，政府机构、行业企业、民众家庭和基层社区等广阔多元的社会要素都参与到了合作互动和协同决策过程当中。显然，灾区的恢复重建和社会治理是在不同的利益相关者群体和组织之间的合作互动与协同决策过程中得以完成的，其中涉及了普通家庭、社会组织、医疗卫生部门，商业企业等广阔多元的社会要素和社会资源。

许多学者研究了政府与不同利益相关者之间的合作，共同应对重大灾害及灾后重建和社会治理。多元主体之间整合资源、开展有效合作，以确保基层社区具有抵抗和防范突发事件等意外灾害的能力。戴维森、约翰逊和利扎拉尔德（Davidson，Johnson and Lizarralde；2007）研究了受灾群众、非政府组织、政府机构、项目承包商和企业在灾后住房和基础设施重建项目决策和管理中各自所扮演的角色及角色之间的合作。陈侯平（2019）等人提出了基于灾区重建及社会治理的协同管理和规划模式，其中包括基层社区管理者、学者和专家、地方政府、社会组织、民营企业等都是社区在灾后重建活动中各种项目的重要利益相关者。然而，由于灾区管理制度和管理程序存在一定程度的混乱，自然环境恶劣和社会环境非常复杂，重建项目任务具有多重性，因此，灾后特殊环境下利益相关者多元协作既面临着前所未有的机遇，同时也面临巨大的挑战，任何一项挑战都可能导致合作关系的中途终止或合作无效，从而对灾区群众的生存、生活与生产产生诸多负面影响。例如，在新冠疫情暴发期间，美国民众发现，联邦政府与州政府之间存在政策和行动不一致，社会组织与政府部门之间缺乏协调，医疗机构与病毒感染者之间也存在诸多矛盾，众多利益主体之间缺乏有效协调，这些都极大地阻碍了疫情防控和防治。在社会治理层面，社会组织参与的合作治理模式具有民主防错优势，但有时会影响效率，集权制权威主义治理模式具有效率优势，但容易导致专权式错误，造成重大损失，总之，各有千秋也各有利弊。各种社会力量协调政府参与社会治理，对基于相对隔离封闭的传统社区民主自治管理模式构成影响，也对计划体制下的单一威权治理模式形成挑战。

在重大灾害后灾区的社会治理进程中，主要表现之一是不同利益相关者之间立场的分歧及社会治理高度的不稳定性，各利益主体之间可能存在各种利益分歧甚至各样的矛盾冲突，参与主体多元化和利益不一致性直接作用于社会治理的最后结果，但是作为主要参与主体即政府的凝聚能力、决策能力和管理能力应该发挥主体决定性作用。因此，为了确保重大灾害后灾区恢复重建和社会治理活动的成功，当多方利益相关者的合作参与已经被确定为所有灾后社区救灾减灾模式和社会治理模式，利益相关者之间应该凝聚共识、弥合分歧、协调立场，制定协同合作办法来进行灾后恢复重建及社会治理。有研究指出，“各级政府机构之间、公共部门和社会组织机构之间的合作伙伴关系，以及援救组织和灾区群众之间的相互信任关系”对于灾区的救灾减灾、恢复重建和社会治理非常重要。调查问卷和深度访谈结果还表明，政府、社会组织和灾区民众之间的信任和协调，不同专业人员之间的互动合作、不同利益群体之间的相互妥协和配合等被认为是重大灾害后灾区恢复重建与社会治理最有效的模式之一。约翰（John，2011）认为，重大灾害后灾区的破坏和损失往往会吸引各种社会组织提供资源和服务以支持灾区重建和社会治理。约翰从博弈论的角度分析了灾后恢复重建和治理过程中利益相关者之间可能出现的各种关系动态，利用多元参与主体之间的博弈互动和相互作用，在突发事件后应急管理的最后阶段不同主体之间一定会达成协议并提高工作效率，这为提高多元主体合作参与救灾的工作效率提供了新的研究视角。

六、研究评述

大体而言，社会治理研究是社会发展研究中一个较为奇特的次领域，虽然起点较早，但关于社会治理尤其是关于重大灾害背景下社会治理体系建设的研究非常少。从国外的文献综述来看，关于重大灾害能否推动社会变迁和社会治理体系建设尚存争议，没有形成有效的研究共识。既然无法达成研究共识，重大灾害与社会治理的主题在国外研究中则难以形成体系。不仅如此，很多研究者认为“重大灾害背景下的社会治理体系建设”以及与之相关的“社会变迁”都是很难理论化、系统化的概念，虽然已经有少数外国学者试图从制度变迁理论来研究突发事件对社会变迁的推动作用，从路径依赖理论和政治经济理论等视角来研究社会变迁对社会治理体系建设的影响，但很少有学者把重大灾害与社会治理体系建设放在一起来进行捆绑式研究，因为无论是关于突发事件和社会变迁的理论，还是社会治理的理论本身就比较抽象，所以能做的成熟研究着实有限。这也成为国外学术界有效推进重大灾害与社会治理体系建设之间关系研究的阻碍因素。从国内的文献综述来看，重大灾害（包括自然灾害事件和公共卫生事件）能够推动社会变迁进而推动社会治理建设，基本上已经成为一种共识。因此，本研究尤为关注重大灾害后灾区恢复重建过程中可能产生的社会变迁和制度变迁，并导致社会治理体系重建。无论重大灾害是否必然导致社会变迁和制度变迁，事件所造成的灾难确实带来了许多社会问题，尤其是重大灾害中的减灾救灾活动及灾后的恢复重建工作都会与各类社会问题缠绕在一起，社会治理体系建设必然成为灾后恢复重建过程中无法回避的问题。围绕重大灾害之后灾区恢复经济和基础设施重建的研究方法和研究视角很多，但是关注受灾地区社会、经济、文化可持续发展，灾后可能产生制度变迁进而导致社会治理体系重建的研究非常罕见，这恰恰又是最重要也是被当前研究者忽略的重要内容。

在重大灾害所导致的灾害研究领域引入社会治理理念拓展了人们对重大灾害应对及灾后恢复重建的理解，为建立一种“社会善治结构”以降低灾区社会脆弱性，提高重大灾害所导致灾害的应对韧性和承受能力提供了新思路。但是，社会变迁和社会治理变迁本身就表现出多样性、动态性、丰富性、历时性和复杂性等多方面的特征，应对不同类型不同程度的突发事件需要不同的应对机制，譬如说应对突发的自然灾害和应对突发的公共卫生事件或突发的政治事件需要采取不同的应对机制；应对类似的突发事件，不同应对机制带来的结果可能只存在少许差异，但也能带来截然不同的结果；即使是类似的突发事件，类似的应对机制，在不同的社会文化背景或地域背景下也可能产生不同的效果。中国目前正处于深化改革和社会转型时期，社会治理制度和社会治理模式也处于不断转型、创新和发展的阶段，许多因素都能够对社会治理制度产生影响，重大灾害对社会治理制度和社会治理模式产生巨大影响。后续研究应该将重大灾害之后灾区社会变迁、社会治理变迁中的各种复杂因素逐一分析和理顺，尽可能组合并还原出重大灾害后灾区社会变迁与社会治理变迁的全貌，寻找社会变迁与社会治理变迁规律，引入新理论、采用新方法、发掘新的经验证据，总结出我国重大灾害之后灾区社会治理的经验，探讨重大灾害后农村基层社会治理体系建设的新模式和新路径，并提出具有建设性的对策建议。这也是本课题研究之初衷。具体来说：

第一，重大灾害后灾区的恢复重建是一个复杂的社会工程，尤其是重大公共卫生事件后灾区需要恢复信心，重建健康的社会心理和社会秩序；即使是自然灾害类的重大灾害，也并不是单纯地恢复原有的建筑物及基础设施，更重要的是灾区人们的生活重建和基层社区重建，也必然涉及社会治理变迁和社会治理体系建设。无论是以病毒传染为特征的重大公共卫生事件还是巨大的自然灾害（如中国汶川地震和日本神户地震）事件的影响会持续一段漫长岁月。以田野工作为基础的人类学和灾害社会学会以更恢宏的视野和更细腻的手法去研究重大灾害对受灾地区造成的长期效应。实地调查和深度访谈等研究方法的使用，对于探索重大灾害发生后灾区的恢复与重建以及灾区的微观社会组织变化与调适都表现出了较强适用性。在重大灾害研究中，在揭示社会文化系统与自然环境之间长期的协调或者矛盾关系中，考古学与人类学结合的研究方法表现出了明显的优势。灾害社会学探索了重大灾害与人类社会发展之间相互影响、相互作用的机理过程、运行特点和作用规律，尤其是灾害与人、灾害与社会、灾害与社会治理变迁之间的关系。作为灾难社会学创始人之一的昆兰特里（Quarantelli），他认为目前关于重大灾害的研究良莠不齐、鱼龙混杂，定性的经验研究很多，但是基于精确数据和实验分析的实证研究比较少。重大灾害后灾害情境下社会结构重建和社会治理变迁是灾害社会学关注的重要内容之一，目前我国出现了一些关于“社会脆弱性”和“社会建构主义”的研究，关注更多的是重大灾害后灾区危机的社会协同；也同样关注防灾、救灾、减灾的民间组织和志愿者社工参与等议题。

第二，早期研究主要集中在对重大灾害的预防性准备工作、事件发生后的应急管理即救灾和减灾工作，对于重大灾害发生后灾区的恢复重建研究也大多局限于建筑物及基础设施的重建过程，尤其是灾后初期的物理性恢复重建，却较少关注民众心理重建、人们生活重建、社会文化重建和社会治理体系重建。关于灾后社会变迁以及与社会治理变革之间关系的研究也稍显不足，未能很好地总结出在重大灾害应对之中和之后的社会治理体系建设方面的经验，尤其未能充分反映中国特色的危机应对能力和社会治理方面的中国政治制度优势。从历代封建王朝的“被动荒政”到当今应对重大灾害的灾害防治体系和防治能力现代化，都体现出了重大灾害频发的地域属性以及灾害治理能力具有明显的“国家制度”属性，这些都属于公共管理学科研究和关注的领域。从公共管理视角，需要思考重大灾害是否会导致制度变迁，而制度变迁是否属于社会变迁的一部分？对于重大灾害推动社会变迁进而推动灾后社会治理体系重建，应当从公共管理学科视角给出什么样的合理解释？社会制度变迁与社会适应是理解重大灾害后灾区社会治理效果的重要方面。科学合理、行之有效的社会治理体系建设，对于每个国家和地区应对重大灾害和灾后社会治理都具有重要意义。突发事件后灾区社会治理体系建设的重要性主要体现在两个方面，一是完善的社会治理体系会影响救援物资和资源的分配，从根本上决定了灾区恢复重建的效果；二是社会治理体系建设影响了整个国家灾害治理体系和治理主体的灾害治理行为。因此，社会治理体系建设理应成为重大灾害后灾区恢复重建及灾害治理的重要内容，这也是本课题研究的努力方向。

第三，当前研究都强调重大灾害应对过程中的“多元主体参与、协同合作治理”逻辑。但是，“多元主体参与”象征着问题的复杂化，“协同合作治理”说明了问题的多样化。面对重大灾害后灾区复杂的社会治理问题，国家主导型和社会力量参与型各有优势，也各有不足，难以做出绝对的单一选择。因此“多元主体参与、协同合作治理”似乎成为化解重大灾害后灾区社会治理难题，提高社会治理绩效的必然路径选择。从重大灾害后灾区灾害治理的角度来看，灾害治理模式和治理路径都是多样化的，可以选择的。如果从治理主体和治理制度视角来理解，治理主体既包括了国家公共机关也包括了民间社会组织；治理制度方面既有官方正式制度安排，也有各种非正式制度安排。目前看来，“多元主体参与、协同合作治理”的基本框架是以国家为主导，社会力量协助参与，但有时候各主体的边界具有模糊性，并未做出明确划分，这使得多元主体之间关系具有复杂性，难以完全、准确判断，导致许多矛盾和问题的产生。国家和政府在社会治理中的主导性达到多大程度？对社会组织参与社会治理赋予多少权限？怎样协调不同利益主体之间的利益矛盾和意见分歧才能使社会治理的多元主体都能表现出活力并发挥各自积极性有序地参与到社会治理进程中？哪些社会事务必须由政府部门完成，哪些社会事务可以交由行业组织、私营企业等社会力量来完成？在参与社会治理的过程中，国家和政府如何与社会力量形成有效的互动而非资源争夺？这一切都值得专家学者努力思考和探索。

在重大灾害应对及之后的灾区恢复重建与社会治理方面，我国表现出了强大的政治优势和制度优势，尤其是在新冠疫情的防控工作中，相对于西方发达国家的表现，中国取得了亮眼的治理效果，也获得世界卫生组织和其他国家的赞同与认可。然而，重大灾害后灾区社会治理的逻辑不是简单的、直观的和线性的，灾后社会治理具有高度复杂性，这就为少数国家对中国的恶意污蔑、栽赃和攻击提供了可钻的空子。灾后社会治理需要多种政策制度和治理措施的有机融合，呈现出多管齐下的立体化治理。因此，为了深化认识和精准把握灾后社会治理逻辑，有必要建构我国本土化的话语体系，摆脱西方国家的单一理论范式：一方面，中国的社会变迁、社会治理与中国的历史文化息息相关，重大灾害之后在灾区恢复重建过程中的“大破大立”使得我国社会发展和社会变迁速度非常快，因此西方学术界对我国在这方面的学术认知并不充分。另一方面，中国的民间组织和社会力量迅速而且大规模地进入重大灾害发生后的受灾地区开展救援工作，政府与社会力量之间的关系有了新变化和新融合，再依赖于旧有政策制度来实现“政府与社会力量”之间的整合并不现实，政府与社会组织互动以及二者关系变迁也要求政策制度进行与时俱进的调整变化。要让西方及其他国家学者充分认识和理解中国“家长式”与“民主式”相结合的社会治理体系在重大灾害后灾区社会恢复重建中所发挥的重大作用，实现灾区经济快速恢复和发展的同时保持社会稳定有序背后的制度逻辑，我国本土化的话语体系建构依然任重道远。

第三章　灾害后灾区社会治理的分析框架

本章首先讨论了政府与社会关系视角的优势与局限性，及它与重大灾害后灾区社会治理研究的契合度。然后，借鉴历史制度主义的理论范式，将社会制度变迁作为逻辑主线贯穿于整个研究中，尝试着对重大灾害后灾区恢复重建与灾后社会治理体系建设的研究任务进行细分和具体化。并在此基础上构建了“政府渐进、选择性赋权—社会力量分层、有序嵌入”的理论框架，对重大灾害后灾区社会治理体系建设的机制原理和影响因素进行分析和探讨，奠定重大灾害后灾区恢复重建与社会治理体系建设的理论基础，形成探索重大灾害后灾区社会治理体系建设的规律性特征及变化属性之概念模型。

一、政府与社会关系的研究视角

先有目标，后有视角，再有问题立场。因此，在选择了课题目标之后，就需要选择研究视角，然后才能分析问题和解决问题。任何社会都不可能是独立存在的异空间，它存在于各种复杂的关系网络之中，研究社会治理体系建设首先得分析和讨论国家与社会之间的关系。社会治理是国家治理体系中的重要组成部分，研究社会治理体系建设离不开对国家、市场和社会三者之间关系的分析和理顺。一些学者认为，社会制度变迁理论可以在一定程度上解释国家、市场和社会三者之间的内在关系，及这种关系变迁的逻辑机理。因此，社会制度变迁理论理所当然地成了本课题研究重大灾害后灾区恢复重建过程中社会治理体系建设的基础理论之一。国家与社会关系的研究视角充分考虑了国家资源和要素本身的流动性及其分配的能动性。研究单一地区的社会治理体系建设，如果不将其纳入国家与市场及社会关系的理论框架中来分析，很容易陷入整体性“同质化”困境，即原本不同特征灾区的社会治理体系在建设和发展过程中其内在本质特征将逐渐趋于一致，失去其个性化和独特性。但是，把灾区的社会治理体系建设放到政府与社会关系的范畴中来研究，就可以全面考虑不同地区资源和要素的流动性及其分配的能动性，从而避免“同质化”困境，更符合本研究的需求。

（一）国家与社会关系视角的局限

关于国家与社会关系，许多学者由于立场不同而持有不一样的看法，正所谓“仁者见仁智者见智”。其中比较有代表性的是马克思，他认为自治的市民社会应该与专政的国家机器相分离，市民社会是“直接从生产和交往中发展起来的带有自治性质的社会组织”，市民社会的核心要义是“一种物质交往关系”或者“一种生产关系”。社会在发展过程中产生了各种利益冲突和矛盾，从而产生了对某种管理机构的需要，公民社会自身创立一个机关来维护社会秩序，协调各种利益分歧并保护大家的共同利益，免遭内部侵蚀和外部侵犯，这种机关就是国家政权，后面慢慢地由管理性质的柔性机构演变成一种暴力的专政工具。马克思主义认为，国家“是整个社会的正式代表，是社会在一个有形组织中的集中表现”，国家的社会管理职能和为民众服务的功能是国家合法性的根源之一，它的一切合法权力来自人民的赋权。因此，履行公权力的国家部门及其工作人员的合法性也是通过履行社会公共职能、服务公民大众得以建立起来的，而非天生具有的或神授的。国家内部职能的主要任务是维护社会稳定和实行社会控制，为本国经济、政治和文化发展提供相对安全、稳定的环境，根据职能性质不同可以划分为政治控制职能和社会管理职能两种。根据社会的发展阶段和发展水平差异，国家政治职能与社会职能所发挥的广度、深度及权力的执行方式都不一样。国家的两种职能相辅相成、互为依托，柔性的社会管理职能需要以刚性的政治控制职能为前提，而政治职能是从社会职能中延伸出来的，必须以社会管理职能为基础。可以说，国家只有实现了有效的柔性社会管理职能，暴力的刚性政治统治才能够存在并得以持续。

“国家与社会关系”分析框架来源于新公共管理运动，首先由西方学者用于公共管理研究。直到 20 世纪 90 年代，经由我国学者邓正来、张静等人的翻译和引介，开始舶入国内，并逐渐为国内学者所接受和运用，从而成为国内社会科学领域的主流理论分析框架。进入 21 世纪后，该分析框架被广泛运用于中国农村村寨治理、城市街道社区治理、公民社会组织治理等研究当中。这些纷繁复杂的各种研究，大体上可以把社会治理分为国家主导论、社会主导论及国家与社会互动合作论三种取向。在这三种取向中，都隐藏一个潜在假设，即国家与社会是彼此分开的、隔离的，二者之间互不相干、有明确的界限。这种假设，本质上体现了"国家"与"社会"二元对立的先验性僵化思维，在具体的研究中就导致了学者们把国家结构与社会结构对立起来，孤立地和片面地分开来分析二者的影响力。

邓正来对"国家与社会关系"分析框架有着清醒的理性认识，在引入这一分析框架时，他就客观地指出了该框架的局限性和可能存在的一些瑕疵。具体来说，这种局限性或瑕疵主要体现在两方面：一是立于国家与社会视角来分析问题的时候，人们容易受到整体性思维的干扰，在分析国家与社会之间关系的时候很自然地就会把国家和社会合作视为一个独立的完整主体，无形中就陷入了"整体性同质化"的陷阱之中；二是人们在研究具体问题时，往往把宏观层面的国家与社会概念随意地简化为较低层次的微观对应主体。因此，通过一些个案研究来获得的暂时性具体结论（譬如说汶川地震推动了汶川县的制度变迁和社会变迁），是否可以上升到国家与社会的层面具有争议性，很可能会陷入自相矛盾的悖论性困境。现实中，国家与社会关系的分析框架也慢慢地受到了部分学者的质疑，虽然目前还不太明显，但这种质疑确实存在，而且越来越多。德国哲学家哈贝马斯（Habermas）在 1962 年提出了"公共领域"，他认为，公共领域首先可以理解为一个由私人集合而成的公众领域，但私人随即就要求这一受上层控制的公共领域反对公共权力机关自身，以便就基本上属于私人但仍然具有公共性质的商品交换和社会劳动领域中的一般交换规则等问题同公共权力机关展开讨论。哈贝马斯的公共领域具有三个构成要素：即公众、公共意见或公共舆论、公众媒介和公共场所；有四种类型：代表型公共领域、资产阶级公共领域、平民公共领域以及公共领域的福利国家大众民主模式。这种"公共领域"虽然可能受到来自国家和社会两方面的影响，但在一定程度上可以避免在具体的问题研究中把研究对象简约到国家或者社会[①]。马卫红、桂勇等人（2008）认为，被纳入"国家与社会关系"分析框架的研究对象应该是整体的而非分化的、可能是二元的但绝不应该是多元的。因此，这种理论分析框架对于认知和解释相对微观的政治制度变迁和社会变迁可能并不具有明显优势。肖瑛（2014）认为，"国家与社会关系"分析框架难以解释我国重大灾害后灾区社会变迁的复杂机制，他提出了"制度与生活关系"的理论分析框架，

---

① 刘艳梅．三农问题的瓶颈制约与农业可持续发展——兼论农村能源建设问题［J］．江汉论坛，2006（3）：33-36．

他认为成文的正式制度与人们松散的日常生活是两种截然不同的秩序观，制度能够规约和重塑生活，而生活主体也会因制度而在行为方式方面发生变化。制度与生活视角的建构和运用，旨在通过对制度实践中正式制度代理人与生活主体互动的复杂机制的洞察，一方面分析我国正式制度变迁的实际逻辑和方向，另一方面找寻民情变动的机理，以期把握我国现代国家建设的总体性脉络。但是，事实上“制度与生活关系”的分析框架也有很强的“结构化”理论色彩，不过是把具体的日常生活实践与社会结构变迁联接起来，因此它只能算作是用于替代“结构化”理论的一个不常用的非正式视角。

在“国家与社会关系”的理论分析框架及其延展内容即外延部分，国家既是一个极其宏大的抽象概念，也是被用于研究社会政治生活的一个基本单位。但是，国家代表一个民族或多个民族的构成主体，从它的构成角度来说，任何一个现代意义的国家都由大众人口、疆土领域、独立主权和单一政府四个要素有机组成。如果将国家视为一个整体的分析单位来加以研究，则在事实上只关注国家的整体性却忽略了国家四个构成要素的能动性。这与本课题中关于重大灾害背景下受灾地区社会治理体系建设研究的契合度不高。

（二）“政府与社会关系”分析视角的优势

本研究的主题是重大灾害后受灾地区的社会治理变迁和社会治理体系建设，将这一研究主题纳入政府与社会关系的理论框架中分析，很容易陷入邓正来所提到的“整体性同质化”和自相矛盾的悖论性困境，并因此而失去受灾地区的唯一性特征。雷米克（Elizabeth Remick，2004）热衷于中国研究，他认为，中国的政权机构具有自身特征，在看似高度集权的中央机构之下，还有许多层级不一、区域大小悬殊的“地方性政权”。这些地方性政权之间无论从独立性程度、人口多少、面积大小来看，千差万别，研究一下广东省与澳门特别行政区之间的比较，新疆维吾尔自治区与上海市的差别等，就不得不感叹地方政权间差别之大了。“地方性政权”除诸如少数民族特权、经济特区和高度自治等地方特殊保护以外，也存在其他各种制度性的利益需要保护，此外，各级地方官员也有个人利益和制度利益需要争取。这些各种各样的利益保护极有可能导致地方政府与中央政府之间以及地方政府与地方政府之间的利益要求存在冲突，甚至地方政府与辖区的民众利益需求也可能存在一些矛盾和分歧。因此，地方性政权之间的差异及利益保护需求不仅可能造成国家和社会之间的关系发生非根本性但非常重要的变动，而且会影响中央政府的统一决策和治理能力。

党的十八届三中全会通过《中共中央关于全面深化改革若干重大问题的决定》（以下简称《决定》），将全面深化改革的总目标确定为：国家治理能力和社会治理体系的现代化。显而易见，政府治理能力和社会治理体系建设在《决定》中成为重点阐述的改革内容。王浦劬教授（2014）认为，国家治理是全局性、总体性的宏观治理，政府治理和社会治理显然是针对地方政府而言，是国家治理的分支范畴和亚领域。在我国的政治话语体系中，国家治理与政府治理及社会治理三者之间有共同的本质特性，即中国共产党领导下的治国理政，无论是政府还是社会，必须在党的绝对领导下开展公共事务管理工作。一直以来，掌握公权力的政府与市场社会之间的关系都是现代国家和社会治理体系建设中的重要议题之一。理论界沉淀了大量关于政府与社会关系的文献材料，实践界则积累了大量关于政府与社会关系的经验总结材料，概括起来这些材料无非从三个层面反映了政府与社会的关系：一是宏观层面，在 20 世纪 80 年代主要的讨论焦点是市民社会，到了 90 年代则重点讨论了社团主义（用来描述国家和社会不同部分的体制化关系）在中国的适用性；二是微观层面，主要探讨的是公权力政府与市场社会之间复杂多元的博弈、互动和合作关系；三是中观层面，主要讨论党和政府制定的各种政策以及这些政策对社会治理的影响。虽然，这三个层面的讨论很难形成共识性的框架，但也为社会治理体系建设提供了一定的理论借鉴。

为了方便收集数据并使研究更加聚焦和细化，本书选取地方政府作为相对具体的研究对象，从地方政府和社会关系互构的视角去研究重大灾害之后灾区的社会治理转型和社会治理体系建设。无论是 2003 年的非典疫情还是 2008 年的汶川地震，或者新冠疫情等重大灾害之中及之后，中央政府、事发地政府和对口支援地政府在疫情、灾情应对之中及之后的灾区恢复重建与社会治理过程中发挥了主导性、决定性作用[①]。在疫情或灾情结束后相当长一段时间内，疫区、灾区都致力于恢复重建（不仅仅是自然灾害中被毁坏的物理设施之恢复与重建，也包括疫区、灾区的社会文化、社会心理之恢复与重建）。在社会重建任务完成之后，中央政府及对口支援地政府逐渐退出，这对于疫区、灾区的社会治理变迁和社会治理体系建设在一定程度上还是产生了某些影响。另一方

① 施莺莺，王晓宁，魏澜，等．重大突发公共卫生事件（新型冠状病毒肺炎流行）下心理干预对改善医务人员慢性颈腰痛的疗效研究［J］．实用骨科杂志，2020，26（11）：992－995.

面，疫区和灾区受到了国内外广泛的关注，来自国内外的各种社会力量自发参与疫区、灾区的救援、重建和治理进程，各种救济物资也大量输入灾区、疫区，支援灾区和疫区人们抗灾抗疫。虽然在灾后社会重建完成后，大部分支援开始退出，但他们的各种义举必然会深深地影响到灾区、疫区的社会变迁和社会治理。可以说，无论是中央政府还是对口支援地政府及社会力量对于灾区、疫区的社会治理进程都产生了一系列直接或间接的持续影响。基于此，本研究选取政府和社会关系的视角来分析重大灾害后灾区的社会治理转型、变迁，并进而研究重大灾害背景下贵州社会治理体系建设。

二、历史制度主义的理论范式

历史制度主义的基本思想是西方学者在对政治系统论、结构功能主义、理性选择制度主义、社会学制度主义以及旧制度研究等理论的批判和继承过程中形成的。一方面，它有选择地继承了传统制度主义研究的一些理论和方法，如重视历史的价值，结构对行为特有的塑造功能，归纳法等；另一方面，又汲取了行为主义革命时期乃至后行为主义时期的最新研究成果。“集团理论”“结构—功能主义”“回归国家学派”“组织理论”“学习理论”“符号互动理论”“历史社会学”等诸多理论都是历史制度主义赖以生长的土壤和养料。在研究方法上，历史制度主义在改造传统制度研究那种律法尊重主义、结构主义、整体主义、历史主义、规范分析基础上，兼收并蓄了行为主义时期动态的、量化的、模型化的科学化研究结果，这成为新、旧历史制度主义区分的一个显著标志。更为重要的是，历史制度主义还被赋予理性选择制度主义和社会学制度主义整合者身份。如果说社会学制度主义走的是“适当性逻辑”，理性选择制度主义偏爱的则是“算计逻辑”。一个是宏观视角下文化模式对行为的塑造和建构，一个是微观层面上正式规则对行为和利益的认知与追逐。历史制度主义的显著特征在于，在文化模式（只见森林不见树木）和微观行为（只见树木不见森林）间取了一个中间值，形成了一种不同于二者的以历史为基础的结构性大事件分析法。

（一）制度变迁与长期制度分析

历史制度主义强调重大灾害对社会变迁和制度变迁具有重大的影响，认为重大灾害通过影响社会变迁和制度变迁来影响灾区的社会治理体系建设，这种影响作用会持续较长的一段时期，无法被忽视。公共政策是制度的表现，可以尝试从公共政策分析的维度观察和分析制度变迁。相比宽泛的制度变迁，公共政策变迁更为微观具体，因此，在后续研究过程中，学者们非常注重探讨和分析重大灾害后各级政府公共政策的变化或演进。

1. 政策变迁与政策分析

所谓制度变迁是指新制度（或新制度结构）产生、替代或改变旧制度的动态过程。作为替代过程，制度变迁是一种效率更高的新制度替代原制度①；作为转换过程，制度变迁是一种更有效率的制度生产过程；作为交换过程，制度变迁是制度的交易过程。与制度变迁相类似，政策变迁也同样强调“新”理念的萌芽产生、传播扩散和稳定化的发展过程，只是政策变迁更多表现在政策的范式、理念、目标、议程、工具和内容等多方面的演绎变化。政策变迁可能是因为某种特殊环境或其他原因而出现突然性的变化，表现为政策创新；也可能出于适应社会发展和环境变化而连续、累进、缓慢变化，也就是由量变累积到质变，表现为政策修订，每一次的政策变化可能仅仅是进行了适当的微小变化。对于政策变迁的原因，有许多种说法，但一般认为政策变迁是因为一些利益集团为了使自身政治利益或经济利益最大化而向政府游说而驱动的。在这个过程中，利益集团偏好和注意力的改变是驱动政策发生转变的重要原因，当然这种改变也并不总是突然发生的，也需要一个过程，很多时候需要引起公众舆论关注，有时候需要有大量专家、学者、议员（人大代表、政协委员等）的政策倡议，而这是一个积累和沉淀的过程，可能持续很长一段时间。当然，对于决策者个人来说，由于信息获取渠道受限，而且信息解读的能力各有不同，因此，决策者做出短期或者临时决策是相对容易的，也是可能的，这些临时决策往往比较轻易被改变，具有多变性。即使是利益集团偏好、注意力转变或者信息变化可能引起政策的不稳定性、无规律性，但长期来看任何一个组织的政策变迁必然有其应该遵循的规律和依据。

为了帮助组织的决策者能够做出稳定的、符合利益相关者长期利益的抉择，制定出符合大众利益、有前瞻性、系统性、科学性和高效性的政策，学者们试图通过长期政策分析模型，用实证分析的方式来解决这一棘手问题。关于稳定、高效和科学的长期政策分析模型，学者们做出了各种尝试后，指出长期

① Melisew Dejene，Tesfaye Semela，The ‘Problem Represented To Be’ in the Social Protection Policy Regimes of Ethiopia [J]. Forum for Development Studies，2020，47 (3).

政策分析需要探索稳健性决策的科学方法，设计一个好的政策，使它能随着时间和空间的推移而具有持续适应性，以适应未来时空环境的实际发展变化。所有开发的策略中，相比较而言，稳健性策略最能经受环境变化和时间变化的考验，在未来最有可能持续有效。稳健性策略的关键在于各种情形下都足够好、都能符合满意原则，而非某一特定范围内、特定条件下的最优原则。因此，它是这样一种策略，未来无论发生什么样的变化，足以保证实现最低限度的预期目标。库恩对科学发展持历史阶段论，认为每一个科学发展阶段都有其特殊的内在结构，而体现这种结构的模型即“范式”。通过一个具体的科学理论为范例，表示一个科学发展阶段的模式，如亚里士多德的物理学之于古代科学，托勒密的天文学之于中世纪科学，伽利略的动力学之于近代科学的初级阶段，微粒光学之于近代科学的发达时期，爱因斯坦的相对论之于当代科学。根据霍尔（Hall，1986）提出的“政策范式”，一个政策范式是与政策活动者紧密相关的智识构造，其本质是相关政策活动者熟知政策制定者所追求的广泛目标的一系列观念，了解政策制定者感知问题的方式以及解决问题的办法种类等，并以此为依据对政策制定者施加某种影响。

2. 历史制度主义与制度变迁的内在机制

历史制度主义，也称为“比较历史分析”，是具体分析方法的一种，即运用发展、变化的观点分析客观事物和社会现象的方法。客观事物是发展变化的，分析事物要把它发展的不同阶段加以联系和比较，才能弄清其实质，揭示其发展趋势。有些矛盾或问题的出现，总是有它的历史根源，在分析和解决某些问题的时候，只有追根溯源，弄清它的来龙去脉，才能提出符合实际的解决办法。“比较历史分析”，是新历史制度主义的主要流派之一（其他流派还包括理性选择制度主义和社会学制度主义），在制度和政策变迁分析中占有非常重要的位置。进入 21 世纪以来，历史制度主义经常被用于解释某一个国家或地区政治社会稳定时期的制度变迁问题。历史制度主义认为“制度”是政治和经济领域形塑组织与组织间关系、个人与个人间关系的正式规则、顺从程序和管理标准化的惯例，也为社会治理奠定制度基础。历史制度主义理论其实是建立在吉登斯（Giddens）的“结构—行动”二元化理论基础上的，因此，结构、历史与利益行为之间的互为依赖关系被认为是历史制度主义理论框架的核心元素。但是更深入分析，历史制度主义认为在路径依赖、文化惯性和制度学习效应的作用下，组织决策者也可以反过来推动制度的变迁，进而影响社会变迁。这样不仅强调了文化制度或结构性因素对行为决策者的影响，又关照了行为决策者选择及三者之间互动关系对于制度变迁的影响作用。相比宏观层面的结构和微观层面的个体或集体行动，历史制度主义更加关注的是中观层面的制度，更加关注集体行为、利益团体组织结构、网络关系对于政治结构和社会治理结构的作用。历史制度主义不仅融合了宏观结构分析和法律分析用于分析制度变迁和变迁中的社会治理结构，而且融合了微观心理分析和行为分析用于分析集体行动和政策网络。总体来看，关键事件、脉络情境、制度、行为决策者、因果机制、制度模糊性等是历史制度主义者们分析制度变迁和社会变迁的主要概念。

制度在历史制度主义者视野下具有“二重性”，一方面是制度作用理论，将制度视为一种具有主动性的自变量；另一方面是制度变迁理论，将制度作为只具有被动性的因变量。历史制度主义分析是以解决现实问题为目标导向的制度分析，其中经典的理论有制度生成理论（强调制度产生的背景、方式等）、路径依赖理论（对某一种固定路径形成了依赖并难以摆脱）、间断—平衡理论（强调事务的发展是渐变与突变、连续与间断的统一）以及渐进转型理论（强调制度产生和演变的缓慢累积性）等。[①] 可以用图 3-1 来表示。

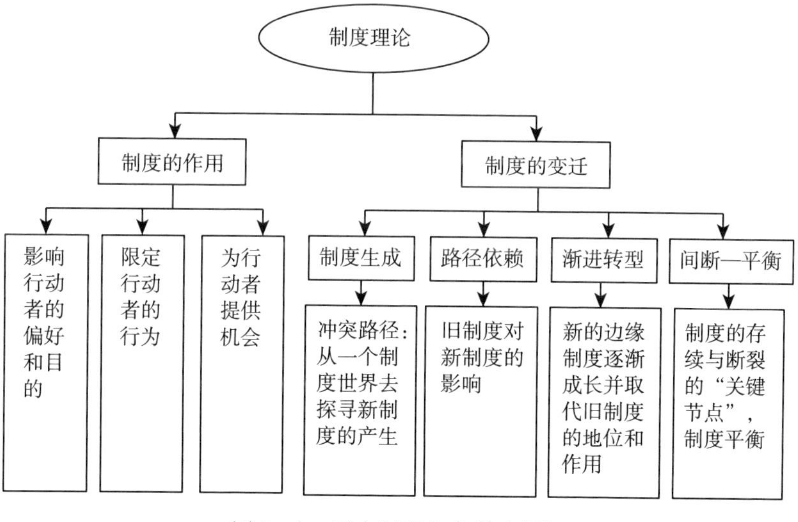

图 3-1　历史制度主义理论框架

① 王小飞，闫丽雯. 政府教育智库服务教育决策的路径依赖与突破 [J]. 中国高教研究，2020 (11)：38-42.

制度生成理论认为制度的产生需要有渊源和基础，不认同理性主义所主张的可以抛开历史而通过人为方式来精心设计一套制度。制度生成理论所关注的是在历史视野下原有制度为新制度的产生奠定基础，并对新制度形成惯性影响作用。因此，制度生成理论主要涉及了三个变量：旧制度、行动者和历史环境。新制度的生成概率主要取决于三个变量的组合情况：其一是在旧制度体系下行动者的社会声望、改变现状的动机及彼此之间的冲突变化情况；其二是历史环境是否给行动者带来改变现状的机会及成功的可能性大小。因此，一些学者根据上述变量组合把制度生成总结为三种可能的路径：第一，在各种内外因素作用下，面对各种压力和挑战，不同行动者会因立场不同而结合成不同的派系或利益集团，不同利益集团之间会形成博弈和互动，若干股力量相互之间可能发生激烈冲突，最终可能通过击败对手或相互妥协并形成新的制度；第二，在旧制度依然发挥作用，没有面临任何压力和危机，但处于不利地位的利益集团的行动者有可能寻找机会挑战现有的统治阶级，挑起矛盾冲突，在冲突中不断寻找机会，创造出有利于本利益集团的制度体系；第三，外部新观念的输入或由于社会发展而产生了新的观念，这些新观念会引导部分行动者审时度势，思考自身利益集团的未来利益和潜在利益，从而推动力量的碰撞，形成新的组合，改变原有立场和态度，导致新制度的形成。

路径依赖理论指的是人类社会中的技术演进或制度变迁均有类似于物理学中的惯性，即一旦进入某一路径就可能对这种路径产生依赖。一旦人们做了某种选择，就好比走上了一条不归之路，惯性的力量会使这一选择不断自我强化，不会轻易走出去。在本书中，路径依赖理论是指由于制度惯性，新旧制度的变迁和交替会受到影响甚至阻碍，即社会大众已经习惯于旧制度，使旧制度难以被改变；此外，既得利益集团也不愿意旧制度被取代，他们不愿意改变原有制度，千方百计阻碍新制度的产生。具体针对历史制度主义的路径依赖现象，是由著名制度经济学家诺斯在《经济史中的结构与变迁》（*Structure and Change in Economic History*）一书中提出的，诺斯认为，一项新的制度之所以出现，是因为人们对它的预期收益超过了预期成本，制度变迁的实质则是一种效率更高的制度对低效率旧制度的代替过程。制度变迁中会有两种力量规范制度变迁的路线：“一种是报酬递增；另一种是由显著的交易费用所确定的不完全市场，从而产生路径依赖。”人们过去的选择决定他们现在的选择，路径依赖可能因为初始的正确选择使得制度创新带来的规模报酬不断增加，形成制度对经济效率的支撑，从而进入良性循环，导致长期的经济增长。也有可能进入一种“锁定式路径依赖”，制度变迁的初始阶段虽然带来了规模报酬递增，但是在市场不完全、组织无效的情况下，在制度变迁过程中，会产生一些与这种制度共存共荣的组织和利益集团，这些组织和利益集团就不会继续进行制度的变迁而使得这种无效的不完全的制度持续下去，从而使得制度变迁进入到一种低能或者是无效的状态。显然，诺斯的这一路径依赖分析理论，对于正在进行重大制度变革的中国具有极为重要的启迪借鉴作用。

制度依赖可以分为两种：其一是广义概念，它是指历史上发生的一切事件都会对后期所出现的一系列事情产生某种程度上的影响；其二是狭义概念，它是指一个国家和地区原有制度遵循某种固定的运行轨迹，一旦作出调整就会产生较高成本，旧制度在相当长的时期内会对新制度进行抵制，使新制度难以一帆风顺。由于规模经济、经验效应、协同效应、适应性过程效应以及既得利益集团抵制等因素的存在，会导致旧体制沿着原有的方向不断自我固化和持续存在，并与新制度形成冲突。锡伦和斯崔克（Thelen and Streeck，2005）提出了制度渐进转型理论，根据制度变迁过程的渐进累积性与飞跃突变性，以及制度变迁结果是否具有连续性两个维度划分出了四种制度变迁类型，如图 3－2 所示：①回归式制度生成；②适应式制度生成；③渐进式制度转型；④崩溃式制度更替。施特雷克和锡伦（Streeck and Thelen，2005）进一步将渐进式制度转型划分为五种类型：“替代”“堆叠”“漂移”“转换”和“衰竭”。“替代”是指按照离散机制，原有主导制度由于某些内部原因和外部因素的双重影响难以适应组织发展的需要，组织只能用另一套替代制度逐渐取代原有制度以适应内部管理和外部环境，从而发生制度变迁。“堆叠”是指按照差异性成长机制，新生边缘制度适应社会发展环境从而逐渐成长，进而从边缘走向中心，最终彻底取代旧制度的地位和功能，从而实现制度变迁。“漂移”是指按照合作性中断机制，在内、外部因素双重作用下，组织不得不主动中断制度的持续性功能，通过与其他利益相关者合作、互动、协商来实现制度变迁以适应组织发展需要和外部环境变化。“转换”是指按照合理调整机制，在组织新目标的指导下重新调整和部署原有制度的某些功能结构和内容条款来适应新的外部环境，其原因主要是原有制度设计有某种缺陷，如缺乏战略远见、制度本身功能不明确清晰、违背了重要利益团体意志等，相关利益团体要求推翻原有制度、重新制定新制度，从而实现制度转换。“衰竭”是指根据损耗原理，制度的原有功能逐渐丧失，无法适应组织战略需求和环境变化，或如果继续维持制度运作，会对组织产生负面作用或严重影响公司利润回报与战略性拓展。历史制度主义认为，制度变迁过程中必然会涉及权力斗争或资源分配，而资源分配在制度变迁中发挥关键作用。因此，无论制度发生何种变化，不管是跳跃式突变还是连续性渐变，都是由于不同利益集团之间力量碰撞和较量的结果，因此，利益集团之间的力量较量才是制度变迁的真正原因和驱动机制。各种利益集团主体在特定经济、政治体系中与既存制度之间的关系互动是渐进性制度变迁的根本原因，形成了制度变迁的演化过程和逻辑机理，并在一定程度上决定了制度变迁的方向和路径，而制度自身所固有的某种缺陷性、模糊性则为制度渐进变迁提供了各种可能的机会。

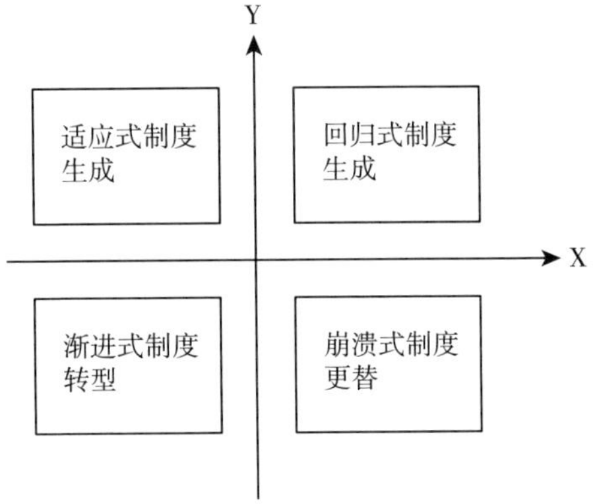

图 3-2　制度变迁的维度

1972 年古尔德（Stephen Jay Gould，1941—2002）和埃尔德里奇（Niles Eldredge，1943—　）在《间断平衡：代替种系发生渐进主义》中强调：生物的进化是渐变与突变、连续与间断的统一。认为进化之所以发生，是由于其他物种或亚种偶然地闯进了边缘并打破了占支配地位的循环圈，从而使在进化分支中占支配地位的种群在自己的环境中失稳，出现向处在边缘的物种或亚种的进化性飞跃。后来 Baumgartner 借鉴生物学的间断平衡提出了政策制度变迁的间断平衡理论：政策变迁既不是渐变，也不是突变，而是渐变与突变交替进行的过程。长时间的政策停滞之后，就会产生危机。间断—平衡理论认为，大部分政策都会有一个生命周期，在这个生命周期中，稳定与变迁经历着量变到质变的过程，稳定与变迁相伴相生，这一过程被称之为间断—平衡现象，它很好地解释了社会制度的变迁。为了对政策间断与政策稳定这两个概念进行整合，并进一步做出合理解释，间断—平衡理论又提出了政策替换机制的逻辑框架（图 3-3）。

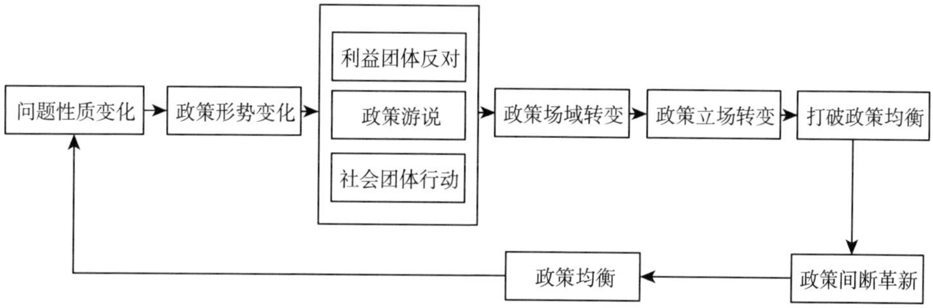

图 3-3　政策替换机制的逻辑框架

根据间断—平衡理论，由于某些问题的性质发生了变化，导致政策形势（政策所面临的外部环境）也有所变化，譬如说对某些利益集团的反对并对议会议员及政治家进行政策游说，甚至煽动社会团体采取游行示威等行动，从而推动政策议程的改变、对新政策的讨论和设立，进而形成政策变迁，有时候，他们也会阻止某项政策进入议会议程，阻碍政策变迁。马洪尼和锡伦（Mahoney and Thelen，2010）提出了关键节点理论，他们认为，比较历史分析理论与其他理论的根本区别就在于是否接受关键节点（关键事件）的研究取向，以及是否分析路径选择的过程和路径依赖的结果。关键节点理论认为，制度变迁的原因来自外部环境变化即外生性原因。布莱恩·琼斯（Brian Jones）认为社会文化氛围的变化、人们价值观的改变和政策制度的结构变化及其他外部因素形成合力推动社会变迁，进而推动了制度的变迁。其中，媒体舆论和各种小道消息（甚至谣言）都有可能引起国民情绪的变化，国民情绪变化在一定时期之后就可能引起公众价值观的变化。利益集团、社会组织、国会、党派和联邦制度间的力量对比则是引起制度结构变化的主要原因。政策范式是间断—平衡理论中的重要概念之一，它能够更加简单、直接地解释政策形势的不断变化，在政策形势变化过程中的政策变迁。政治过程是一种政策稳定、渐进变化、政策取代和替换的规律性变迁过程，当然，有时候政治过程也会出现突然性的重大变化，从而导致政策制度的突然中断和被取代，社会出现重大变迁。

（二）历史制度主义理论范式在中国的适用性

中国是一个具有高度包容性的国度，既能主动吸收西方文明，也不会死搬硬套、良莠不分，真正做到取其精华，去其糟粕。因此，我们既不能以民族主义为借口而一味排斥西方理论，也不能盲目崇拜西方理论而弃中国文化于不顾。作为当前西方前沿理论新制度主义三大流派之一的历史制度主义，自有它的高明之处，只要能适合于研究中国问题，就应该加以合理运用。事实上，历史制度主义理论范式被引入中国不久，但很多学者已经利用它对发生在我国的一些事情、现象展开研究和分析，巧用西方理论解决中国本土问题，主要包括了突发事件的预防和应对，食品和药品安全监管、社会治理、国家发展战略、城市街道办事处和农村基层村镇的制度变迁、运动式突发治理转向长期长效和常态化治理的制度变迁机制等。这说明源于西方的历史制度主义理论范式可以适用于中国，在分析、研究和解决中国问题上具有一定的理论适用性和实践应用性。基层政权建设和社区治理专家、南开大学教授马得勇（2018）认为，历史制度主义理论范式完全适用于分析我国的制度变迁、政策变迁及社会变迁，理由如下：第一，资源争夺与利益联盟在任何国家或地区都不可避免，中国同样存在不同社会政治力量和利益团体，他们要么推动制度创新和政策变迁，要么就起相反作用，阻碍社会进步和政策变迁；第二，任何国家或地区都既存在制度稳定性，也存在制度变化性（包括跳跃性的突变与温和累积性的渐变）。中国在20世纪70年代末80年代初开始改革开放，当时的许多政策制度变迁在一定程度上呈现出跳跃性突变，随着改革开放的深入和成熟，政策制度总体上表现为温和累积性的渐进变迁，当然，总体渐进中也存在一些突变。无论是历史制度主义主张的渐进性制度变迁，还是间断—平衡理论的基本理念和逻辑都能够适用于分析中国政治历史和政策现实；第三，任何国家或地区都存在政策制度的弹性和模糊性，正式规则和非正式规则并存，既适用于西方国家的政策制度体系，同样也适用于中国的政策制度体系。

鉴于上述事实分析和文献研究，本书尝试着立于前人学者研究基础上，把历史制度主义理论范式用于研究重大灾害之中和之后的社会治理体系建设这一具体的中国命题。在此之前，笔者一直关注我国的结构性矛盾、社会变迁与社会治理体系建设、中华人民共和国成立以来社会治理变迁以及21世纪以来的突发事件应急管理制度变迁等问题。笔者认为，用历史制度主义来分析我国的制度变迁、社会变迁和社会治理都是应该的，也是必然的，具有高度适用性。那么，这个理论范式能否适用于重大灾害背景下的社会治理体系建设这一主题呢？

要探讨理论适用性问题，首先必须尊重客观事实和科学规律，认清理论适用性的本质精神，理解理论范式的核心要义及其适用范围和领域。对于借用历史制度主义理论范式来研究重大灾害背景下的社会治理体系建设这一主题，主要有以下几点理由：

第一，21 世纪头 10 年，中国发生非典疫情公共卫生事件和汶川地震自然灾害事件，这两个重大灾害被认为是导致中国公益组织成长的关键事件，也是中国社会治理模式变迁及社会治理体系建设的关键节点。本研究关注的是重大灾害之中及之后灾区长期的社会治理变迁和社会治理体系建设，这与历史制度主义理论范式所主张的“通过回溯事件发生的历史轨迹来揭示过去对现在具有重要影响”的历史观不谋而合。

第二，历史制度主义遵循“历史向度”的研究模式与本研究“追溯历史、面向未来”的意旨具有较高契合度。无论是 2003 年非典疫情、汶川地震，还是新冠疫情，在它们的疫情和灾情救援过程中，全国集中力量实施对口支援，并帮助疫区、灾区进行恢复重建工作（包括自然灾害后的基础设施重建和疫情之后的社会心理重建）等都体现了我国国家治理的一贯模式，也在事实上表现了这是中国社会治理制度的路径依赖。在重大灾害后灾区社会治理的进程中，政策制度变迁也难免会受到原有文化和制度的惯性影响。

第三，“国家回归”“行动者回归”是历史制度主义的重要内容，与本研究的“国家动员”、政府管理及社会治理主体研究高度吻合。在重大疫情应对中，全国医疗工作人员对口支援疫区，在其后的社会重建中，各地区都派出专门的心理专家对疫区人民进行心理辅导、支援灾区的社会文化重建，成为影响社会变迁的重要行动者。汶川地震自然灾害发生后，灾区救援和重建进程中，政府主导、社会力量协助，双方的互动合作，对于灾区的政治、经济、社会、文化等各个方面都产生了显著影响，成为影响制度变迁的重要行动者。

第四，在重大灾害后灾区恢复重建过程中，创新精神文明活动、卫生社区建设活动以及地域民族文化建设也是灾后社会治理的重要内容，同样与历史制度主义理论分析框架中非正式规则的内容高度契合。

第五，本书的研究对象即“灾区制度变迁和社会治理体系建设”高度契合于历史制度主义中的“重新发现制度”，都体现出了围绕制度建设，从制度与利益偏好、制度与利益行为等方面剖析制度产生和发展的逻辑机理。

第六，历史制度主义中制度的“二重性”与本书的研究模式和研究路径高度契合。历史制度主义中，制度一方面被视为自变量，遵循制度—行为—结果的路径来研究制度对于框架内行为的迎合；另一方面制度又被视为因变量，遵循行为—制度—结果的路径来研究在某一较长时期内影响制度变迁的一切因素以及制度变迁的全过程。

三、政府赋权—社会嵌入

重大灾害后灾区社会治理转型和社会治理体系变迁（包括社会治理体系建设）实际上都属于制度变迁的范畴，其结果不仅受到一国内部因素的影响，包括国体、政体、意识形态、历史条件、文化传统、民族构成、权力制衡体制、经济体制、资源分配体制等诸多要素的影响，当然也会受到政策过程和民意基础的深刻影响；同时还会受到诸多外部因素的影响，包括国际环境、国际经济体制和市场基础等多方面因素的影响。政策过程也受到决策环境、决策特征、施政环境的深刻影响。运用政府与社会关系范式分析重大灾害后灾区社会治理变迁和社会治理体系建设时，政府是指在灾后社会治理进程中所涉及的从中央到地方各级政府，既包括灾区各级地方政府，也包括参与援建的各级地方政府。“社会”可以说是一个十分广泛而抽象的名词，但在本书中专指社会力量，在概念意义上与政府相对应，可以泛指一切非政府的民间团体和社会组织，包括能够参与和作用于经济社会发展、社会治理的各种功能单元，具体包括自然人和法人（社会组织、非政府组织、金融机构、党群社团、非营利组织、行业企业等）。因此，政府与社会的关系实际上是指政府与社会力量（非政府力量）的关系①。当然，只是停留在这个层面的认识远远不够，难以深入分析重大灾害后社会治理体系建设的研究主题。美国华盛顿大学的乔尔·米格代尔教授提出了“有限国家”的主张，他认为国家与社会之间应该达到一种平衡，这种平衡需要通过具有公众自主性特征的国家对社会力量在一定程度上进行扶持、吸纳和控制来实现。他提出的“社会中的国家”理论突破了传统的国家观，打破了国家和社会的界限并将二者的互动纳入分析，提出了国家与社会相互赋权和相互形构的概念，对学界产生了重要影响。在社会治理的进程中“政府渐进、选择性赋权”和“社会力量分层、有序嵌入”仍然是阐述政府与社会关系的两个重要维度。因此，本书选择从政府以渐进方式有选择性地赋权和社会力量分层次、有秩序地嵌入社会治理的视

① 邓集文．政府嵌入与社会增能：包容性治理实现的双重路径［J］．郑州大学学报（哲学社会科学版），2020，53（6）：6-11，122.

角，对政府与社会力量间的关系进行阐释，进一步探索两者之间关系的“暗箱”结构。

（一）渐进、选择性赋权

赋权是一种参与的过程，是将决策的责任和资源控制权授予或转移到那些即将受益的人的手中。从广义上来说，赋权是选择和行动自由的扩展。它意味着增加对影响生活的资源和决策的权力和支配能力。当人们真正进行选择时，他们就能增加对其生活的支配能力。在这里，赋权指的是政府通过一定程序赋予社会组织在一些领域中具有某些权力，使社会组织能够独立自主地完成社会治理的任务，或者协助政府部门参与部分公共事务管理和公共资源分配。政府也会在一定程度上采取一些措施来促进社会力量成熟成长，使其有能力满足社会治理需求，或者与政府合作完成治理任务。在政府与社会的关系中，政府在理论上处于强势地位，但受政策和资源限制，在一些领域里政府部门没有社会组织灵活，也没有社会组织的专业高度，出现政府失灵的现象，此时就需要社会力量参与协助。因此，在政府完全失灵或部分失灵的领域中，政府部门会与社会力量分享合法性财政资源，充分赋权，支持社会力量来完成社会治理。这样，不仅达到了加强政府利用财政资源对社会力量控制的目的，而且能够在一定程度上增加社会力量充分的自主权，起到一加一大于二的赋权合作之效果。但是，由于地方政府在向社会力量赋权过程中需要承担较大的风险并承担一定的政治责任，因此，为了防止出现某种社会危机和社会风险，改革措施与赋权程度并不会一次性放开，而是采取“摸着石头过河”的方式有选择性地、渐进性地赋予权力。我国政府向社会力量赋权的过程也是一个改革创新的过程，只能是也必然是采取循序渐进的方式。以地方政府向社会力量购买公共产品和公共服务为例，政府的购买行为既具有市场化特征但也必然带有行政化色彩，表现出以政府需求为导向兼顾社会效益。尤其是购买公共产品时一方面秉持公平原则和市场规则，另一方面也会考虑地方利益；在社会治理方面，政府既要大胆赋权，也要适度监督，以防社会资源落入私人腰包。因为“渐进赋权”也并不代表政府完全放弃了对社会力量的监督、控制和功能指导，政府仍然会有选择性地、不同程度地介入社会领域，以协同合作模式来影响社会力量的社会治理。横向的政府部门权威与利益矛盾会使政府赋权的同时又与社会力量有一定程度上的力量博弈；纵向的多层级政府结构交错也会影响赋权的充分性和社会力量行使社会治理权的独立自主性，从而可能导致碎片化的治理结构。现行中国政治体系中流行“政治锦标赛”模式，作为一种政府治理的模式，它是指上级政府对多个下级政府部门行政长官设计的一种晋升竞争，竞争优胜者将获得晋升，而竞赛标准由上级政府决定，它可以是 GDP 增长率，也可以是其他可度量的指标。在“政治锦标赛”的竞争环境中，地方政府会以地方政绩、地方利益为重，所采取的行动会在大方向无错误的前提下，与中央政府保持“弹性一致”，灵活运用政策，这就为社会力量的生存和成长创造了部分空间，为社会力量发光发热、参与社会治理提供了一些机会。①

（二）分层次、有序地嵌入

政府与社会力量之间的嵌入是双重和双向的，而非单维度和单方向的。社会力量分层次、部分嵌入原属于政府部门职责的公共事务管理，社会组织为了生存和发展，为了获取更多机会和更多资源，主动寻求政府的支持与合作，从政策制度和合法性层面获得社会治理方面的权利，并借此展示自身治理能力和潜在实力，获取更多社会资源和社会声誉，为今后寻求更多政府合作奠定基础。政府以授予权利和赋予资源等间接方法对社会组织进行政治性嵌入、组织性嵌入、功能性嵌入和结构性嵌入，从而对社会组织实现“嵌入式”管理或“嵌入性”监督，指导和帮助社会组织成长壮大，增强它们的社会治理能力，使社会治理更加多元，社会秩序更加稳定。与此同时，基于政府部门价值工具性的公共管理逻辑，政府将自身政策意志与社会目标嵌入到社会力量中，以达成社会治理的长远目标，并改善社会治理模式，完善民主治理功能。但是，不同层级政府与社会组织的互动合作会遵循不一样的模式和逻辑，其中的差异性非常大：金字塔最高端的中央政府从宏观战略层面实施顶层设计，决定了重大灾害后社会力量在受灾地区存在和发展的基本格局，形塑了社会组织未来发展的基本方向，如确立“政府主导式”的社会力量参与灾区恢复重建原则；实施对口支援的地方政府在中央政府宏观指导下和战略框架内对受灾地区进行经济援助和社会治理援助，在“政治锦标赛”的激励下、在政治表现和出政绩的压力下，一般会选择与第三方的社会力量合作，争取快速、高效地完成对口支援地区的恢复重建任务；对于重大灾害发生后的灾区地方政府来说，一方面有上级政府的指导性框架，另一方面也有灾民的民意期盼，它们会受到更多、更大

① 丁波．驻村帮扶下村庄治理主体结构和行动逻辑——基于 T 县两村的实证研究［J］．西北农林科技大学学报（社会科学版），2019，19（4）：61－68.

的压力型考核，迫切需要与各方面社会力量达成互动合作，从而为社会组织或社会力量的发展提供友好环境。社会力量或社会组织在中央政府及各地方各层级政府的监管和引导下，通过游说政府决策者、呼吁人大或政协组织、为灾区百姓提供公益服务、咨询服务等方式寻找一切可能的发展策略与空间。与此同时，社会力量或社会组织主要是对于不同层级的地方政府采取具有差异性的嵌入方式，社会力量还不至于直接寻求与中央政府合作，对上层地方政府上陈各种倡导、政策建议必要时采取向决策者诉苦的方式，或者游说重要政府官员的方式；对基层地方政府一般采取感情公关、加强联络、提供专业服务等方式嵌入。这种嵌入过程在政府向社会力量购买各种公共服务时体现出绚丽多姿的多样性，一些承接政府购买公共服务的社会组织本身就有官方渊源或政府背景，表现出显著的逆向嵌入，即政府触角深深嵌入到社会力量之中，而这种逆向嵌入也极大限度地强化了政府与社会组织的关系。通过政府部门与社会组织之间的双向嵌入模式，政府与社会力量的治理能力都得到较大程度的提升，由原来的单向赋权（即政府向社会组织赋权）变成了“双向赋权”（政府与社会组织之间互为赋权）。基于此，本研究引入“有序、分层嵌入”的参与方式来解释重大灾害后灾区社会治理进程中社会力量所选择的路径和策略，社会力量通过不同渠道、不同方式与策略进入不同层面的社会治理结构中。

（三）关键事件节点

公共政策变迁既是正式制度变迁的起点也是制度变迁的基本模式之一。公共政策总是针对特定受众与特定社会问题，在政策过程讨论的程序窗口中，各种候选政策问题都被纳入议程，然后进行各种辩论和筛选，最终确定哪些政策问题需要制定专门的公共政策加以解决，这就是推动政策变迁的基础条件。关键事件节点可能会引致政府注意力转向或转移，一些重要热点事件会临时改变政府的政策议程，从而推进相关公共政策发生变迁。在中国的公共政策制定过程中，一些能够引起社会舆论关注的社会热点、大众公共关心的民生问题都有可能迅速转化为政策问题，进入政府视野，并被纳入议事日程，从而进入政策议程。从历史制度主义视角，重大灾害后灾区的社会治理变迁及社会治理体系建设过程可以理解为不同的关键事件节点与在不同情境下行动者之间的各种联系。目前，一些研究者从不同角度将突发事件后灾区恢复重建工作中的不同阶段作为节点划分的标志性事件。比如，俞晓晶（2010）建立了两阶段分析模型，她认为从对灾区或疫区的对口支援到长效合作来看，对口支援的重点在于改善灾区的物理建筑等基础设施以及市场环境，长效合作的目标则在于提升灾区的社会治理能力和自我发展能力，可以划归为继续发展阶段。Dunford 和 Li 的证据表明，国家主导下的恢复重建在重大灾害后灾区建设中发挥关键性作用，譬如说，汶川灾区的重建工作速度快、质量高。重建效果取决于中央政府具有明确的宏观计划，以及参与其中援建的地方政府、受援地地方政府及社会力量的高效协调和高度整合。然而，也有人提出，援建激情过后，如果缺乏中长期的持续支持方案，重大灾害后的灾区继续发展与社会治理体系建设有可能进入“被遗忘”阶段。翟进和张海波（2015）以可持续支持为概念框架，分析了中国汶川地震灾后恢复重建过程中对口支援政策的长期效果，这要归功于我国的制度优势。

（四）分析框架：渐进、选择性赋权—分层、有序嵌入

政策制度在历史制度主义视角下具有二重性，并且在具体分析过程中又分为纵向历时性和横向共时性两个维度，因此，本书的整个分析框架是建立在历史制度主义基础之上的。一方面，历史制度主义认为政策制度是自变量，可以通过制度—行为—结果路径，从横向的共时性层面去研究在某一具体时间段内，政策制度对组织决策者行为的影响，以及二者之间的互动，进而造成的政策结果；另一方面，历史制度主义又将制度视为因变量，通过行为—制度—结果路径，从纵向历时性层面研究不同关键事件节点的情境（如重要政策制度的出台）中政府与社会组织之间的博弈、互动、合作关系。“渐进、选择性赋权”和“分层、有序嵌入”不仅纵向跟踪和分析了历时层面的制度行动者（主要是政府与社会力量）之间的关系变化，而且在横向共时层面分析和研究了制度行动者之间的博弈、互动、合作关系（图 3-4）。既将政府的公共管理结构置于过往历史中，从纵向历时性层面观察社会结构变迁、制度结构变迁的动态过程；又从横向共时性层面去探索、研究政府公共治理结构对于社会治理变迁的影响和作用，从而将政府的公共治理结构与社会治理转型及社会治理体系建设有机结合起来。

具体来说，任何一种政策制度都可以追溯其相应的历史脉络和制度产生时所处的特殊时空情境。重大灾害发生、灾区恢复重建过程中社会治理制度的确立、恢复重建计划的完成等关键节点的产生极大地推动了社会热点问题以及政府治理问题的性质发生改变，政府治理策略和治理目标也随之发生转变，从而

导致政府公共部门和社会组织、社会团体之间的关系发生重大变化[①]。当然，不同层级地方政府进行有选择性的渐进赋权，社会力量则通过各种渠道、运用各种策略分层次进入各级地方政府的社会治理结构并完成相应的社会治理任务，实际上，也就相当于在政府与社会组织之间同时或不同时进行双向嵌入。基于历史制度主义的理论框架与本书的研究设计具有高度契合性，一方面既能通过纵向历时层面去探讨和研究政府与社会组织之间关系的变迁过程，另一方面又横向共时层面探讨和研究这种关系结构对于重大灾害后灾区社会治理转型及社会治理体系建设的影响。在重大灾害后灾区恢复重建与社会治理进程中，社会力量的参与方式不只有政府向社会力量购买公共服务这一种模式，还包括社会组织为政府或社会大众提供各种专业技术产品和参谋、咨询服务等路径模式。通过政府与社会力量之间的互动关系调整，产生新的社会治理方案，在面对新的关键事件节点和新的社会问题时，在制度惯性和制度学习的双重作用下，政府与社会力量之间的关系再一次发生变化和调整，如此循环往复，不断地反复积累，由量变发展到质变，根本性地推动社会治理理念和治理策略发生转变和创新。社会治理策略与理念的转变又会推动社会治理目标发生转变，进一步推动政府与社会力量之间关系发生变化，并最终推动制度发生变迁。

关键事件是推动制度变迁的重要节点，譬如新冠疫情就推动了我国公共卫生体系的重大改革。2020 年 7 月，由中央全面深化改革委员会牵头的公共卫生体系改革全面铺开，中央全面深化改革委员会三次召开会议，三提公共卫生体制改革，从“点”到“面”，全面布局，为我国未来几年公共卫生体制改革思路定调。2019 年年底以来，我国在应对新冠疫情过程中，公共卫生体系发挥了重要作用，但也暴露出一些问题。为此，从专家座谈会到多次中央全面深化改革委员会会议上，公共卫生体系改革、增强卫生健康治理体系整体效能被多次提及。构建起强大的公共卫生体系，健全预警响应机制，全面提升防控和救治能力，深化公立医院改革、完善药品供应保障体系等重点任务，具体分析框架如图 3－4 所示。多位专家指出，深化公共卫生体系改革是我国经济社会发展和全面深化改革的重大任务之一，这不仅是近期的任务，也是我国未来几年改革的重点。

地方政府迅速采取行动响应中央全面深化改革委员会的号召。福建省印发

① 陈冬仿．社会治理创新视角下政府职能转变问题探析［J］．领导科学，2020（18）：120－122.

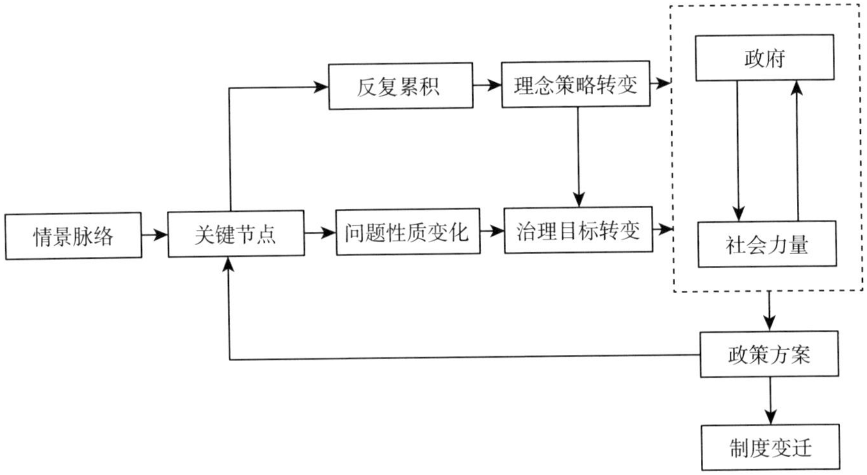

图 3-4　分析框架

《福建省深化医药卫生体制改革 2020 年重点工作任务及分工方案》，明确坚持“大卫生、大健康”理念，健全公共卫生服务体系，包括改革完善疾病预防控制体系、完善传染病疫情和突发公共卫生事件监测预警机制、改革完善重大疫情防控救治体系、完善应急物资保障体系、加强公共卫生人力资源人才队伍建设。同时，强化政府建设医院和加大投入保障力度、加快区域医疗中心建设，实施县级医院综合能力提升工程：加快推进分级诊疗服务体系建设，强化县域医共体公共卫生服务。湖北省更是提出将打造疾病控制体系改革、公共卫生体系建设的“湖北样板”，并出台“1＋N”系列配套文件。以《关于推进疾病预防控制体系和公共卫生体系建设的意见》为统领，《关于改革完善疾病预防控制体系的实施意见》《关于进一步加强基层卫生服务体系和公共卫生应急能力建设的实施意见》《关于进一步加强院前急救体系建设的实施意见》《关于进一步加强公共卫生人才队伍建设的实施意见》等 4 个配套文件，作为“N”的重要组成部分，围绕公共卫生治理现代化，坚持用好改革这个关键一招、突出制度建设这条主线，切实把制度优势转化为治理效能。

国家发展和改革委员会相关负责人透露，未来将按月进行调度，加快推动项目实施。指导地方统筹用好抗疫特别国债、地方政府专项债券等资金渠道，积极调整自身财政支出和投资结构，确保疫情防控设施建设资金足额到位，重大疫情防控救治能力不留白、不缺位，为在常态化疫情防控中加快推进生产生活秩序全面恢复提供有力支撑和保障。“加强公共卫生、传染病防治领域供给侧的全面改革，将成为推动中国社会与经济发展的重要引擎。”中国国际经济交流中心副理事长表示，公共卫生改革是民生问题，更是经济问题。他认为，公共卫生与传染病防治领域一直是中国经济供给侧结构性改革的相对落后领域，甚至是盲点。扩大对公共设施的投资，提高公共卫生领域的供给质量，将从另一方面促进中国经济的可持续、高质量发展。“除了推进公共体系这个‘面’的改革，还要打破原有利益格局，继续推进集采、医、保、控、费等医疗体制改革，以进一步降药价、惠民生。”中央全面深化改革委员会会议指出：加快推进健全分级诊疗制度、完善医防协同机制、深化公立医院改革、深化医保支付方式改革、加强医保基金监管、加强基层医疗卫生机构能力建设、完善药品供应保障体系等重点任务，完善相关配套支撑政策，打好改革组合拳。

四、案例选择与研究设计

（一）案例选择

本书主要的素材和内容聚焦于 2003 年非典疫情、2008 年汶川地震和新冠疫情共三次重大灾害后受灾地区的恢复重建（含社会治理重建），主要是兼顾了案例的典型代表性、数据的易获取性和研究的便利性这三个因素。这三次重大灾害灾区和疫区的恢复重建工作及后续的继续发展都非常具有代表性，为重大灾害背景下贵州省社会治理体系建设提供了宝贵经验和借鉴。

首先，案例的典型代表性。2003 年非典疫情中，广东省是重灾区，给当时的广东省政府和中央政府带来巨大压力。但 2003 年非典疫情也提供了信息公开化的良好契机，灾难过后的新闻界开始反思传媒角色，思考如何与时俱进地创新传媒管理理念。针对非典防治中广泛存在的信息不准、反应不快、应急准备不足等问题，国务院制定了《突发公共卫生事件应急条例》。作为社会力量之一的媒体，承担着舆论导向和稳定社会的职责，在舆论引导过程中起着十分重要的作用。其他公益组织也为了抗击疫情发挥了自己应有的作用。汶川地震中，汶川县是震中和重灾区，灾后动员和恢复重建的规模非常大。在灾后对口支援方面，广东、江苏、浙江等省对口援建十大极重灾区的规模在所有的对口援建中排名前三。新冠疫情影响面极广，更是推动了我国公共卫生体制的全面改革。

其次，纵向数据可获取性和研究便利性。2003 年非典疫情防控期间，笔者正在广州工作，保留了很多相关资料，汶川地震时笔者又刚好在成都攻读硕士学位，亲历地震并部分参与和见证了灾后重建工作，所在的团队与汶川县的援建省份在同一个地理区域，与援建工作组保持了较好的联系。同时，笔者与四川省、阿坝州、汶川县等多个社会组织建立了较好的合作关系，其中，一个社会组织配合团队在汶川完成了以“重大灾害后灾区社会治理体系建设”为主题的问卷调查。在访谈的过程中，该社会组织也积极配合选定样本和协助完成调查。2022 年笔者又与全国人民一起经历了新冠疫情这一重大突发卫生公共事件，许多完整数据都可以从公开渠道获取，这些都为相关研究提供了便利。

（二）研究设计

鉴于时间与精力有限，笔者无法对三次重大灾害后的所有灾区进行全样本调查研究，尤其是 2003 年非典疫情和汶川地震已经过去十几年了，很多数据只能依靠过去的研究资料间接获取。在案例选择和研究方法上，研究团队都做了详尽的设计，力求完美，并在案例研究中把宏观、中观和微观层面做了细致的区分，并运用了嵌套纵向案例的设计方法，对重大灾害后灾区社会治理变迁进行了时间阶段性划分，并选取具体案例进行深入研究。因此，本研究选取了具有代表性的三次重大灾害和三个受灾地区进行案例研究，将灾区社会治理体系建设分为恢复重建阶段和继续发展阶段，从宏观、中观和微观三个层面分析了推动社会治理体系建设的要素和机制，从而得出相关结论，并将其用于重大灾害背景下农村基层社会治理体系建设研究。在整个研究中，笔者进行了多轮实地调研和深度访谈，构建并不断修订了分析框架。

首先，在 2003 年 2 月至 5 月，笔者多次接触中山大学附属三医院呼吸道传染科的医护人员和广州市应急管理小组的成员，对广东省和广州市应对非典疫情所采取的应急措施，及疫情之后的后续社会心理重建、社会文化重建和社会治理体系建设所采取的办法等有较为深刻的了解，对疫情防控期间和疫情之后社会力量的参与程度做了深入探讨和分析。

其次，在 2008 年 11 月，笔者在当时的硕士研究生导师钱志鸿教授带领下对北川县、汶川县进行了实地调研，初步提出了研究问题，调研工作获得了汶川县委和县政府的支持，获得了许多关于灾后重建和灾区社会治理的资料，并访谈了两县参与重建的人员，同时也访谈了一些社会组织和一般民众。基于此，明确了研究主题，修订了理论框架。

再次，2020 年 7 月，笔者与团队成员一起去武汉进行调研，获得了许多颇有价值的资料。然后与湖南省隆回县志愿者医护团队及广东援鄂医疗队进行了访谈交流，了解他们抗疫期间在湖北地区的所作所为与所见所闻。

最后，通过实地考察时现场发放调查问卷和运用网络如问卷星等方式进行问卷调查，取得较好的效果。笔者与北京师范大学风险与减灾研究院多次交流、向权威专家咨询和汇报研究进程，就一些问题展开讨论。在上述工作基础上，逐步完善了研究框架，整理调研材料，对数据进行统计分析，对理论框架和研究命题进行实证。所有的这些研究都将对重大灾害背景下农村基层社会治理体系提供帮助。

第四章　灾区恢复重建时期的社会治理

重大灾害之后，灾区社会治理必然会发生一定程度的转型和变迁，不仅是受到重大灾害本身的影响，更是受到了灾后恢复和重建过程的深刻影响，各种原因和机理更为复杂。因此，先致力于描摹出重大灾害之后灾区社会治理变迁的历程，为下一步的理论分析和探讨积累现实素材，也为重大灾害背景下农村基层社会治理体系建设奠定基础。本章将对重大灾害后灾区恢复重建阶段的政策制定、制度安排、资源整合、要素投入和组织运作进行系统梳理。从历史制度主义视角审视和回顾在重大灾害后灾区恢复重建阶段中央面向全国发起总动员、各地方政府对口支援重建灾区、灾区政府主导并与社会力量协同合作进行恢复重建、政府赋权和社会参与的双向互动制度出台的路径模式。在此基础上探讨重大灾害后灾区恢复重建的基本特征及可能对社会治理变迁和社会治理体系产生的长期影响。

一、灾后恢复重建的历史制度主义阐释

考虑到重大灾害对自然环境、社会文化及人们生活破坏的规模程度，如果没有中央政府支持和指导下大规模的全国性资源整合与调动，灾区恢复重建任务将更加艰巨，需要更长的时间，灾区人民要承担更大的损失，他们的生活会更加艰难。我国社会主义制度优势在这个时候表现得格外明显和重要。2003年的非典疫情，在中央政府的高度重视下，全国医护工作人员奋力赶赴疫区全力防疫控疫，使疫情快速得到控制。再以汶川地震为例，由于援建地区的强力支持，灾区三年的重建任务在两年内高质量、高效率地完成了，这也与中国的灾后重建策略及公益组织的贡献有着重大关系。新冠疫情暴发后，武汉市政府在中央政府支持下果断采取措施，全国各地纷纷派出医疗救援队伍，许多志愿者队伍也自发来到湖北主要疫情地区开展救援工作和协助社会治理。重大灾害

后灾区的救援与重建部分是通过政治动员，但也有相当一部分是社会力量自发协助地方政府临时和迅速调动资源，或者独自组建救援队伍，以应对和支援重大灾害后的救援和恢复重建工作。从历史角度来看，如此规模宏大和高效率的三次疫情或灾情的紧急救援及灾后重建工作，其策略必然是有政策制度与社会实践背景的。作为应急情况下的一种非常态或临时制度安排，将其置于历史制度主义视角下，有利于阐释和理解这种应急制度产生的合理性、必要性、必然性和特殊性，从而观察这种非常态应急制度可能对社会治理产生的长期影响①。

（一）灾后恢复重建的制度安排

制度安排是指在特定领域内对人们心理和行为具有某种程度约束作用的一组规则，它支配经济单位之间可能采取合作或竞争的方式。制度安排可能是正式的，也可能是非正式的；可能是暂时的，也可能是永久的。从制度变迁视角来看，Institution，即经济学意义上的制度，“是一系列被按照规定流程所制定出来的条款规则、服从程序和道德伦理的行为规范”，诺思称之为“制度安排”，制度安排则是指支配经济单位之间可能合作与竞争方式的一种安排。制度安排旨在提供一种使其成员的合作获得一些在结构外不可能获得的追加收入，或提供一种能影响法律或产权变迁的机制，以改变个人或团体可以合法竞争的方式。诺思所讲的制度变迁和制度创新都是指这一意义上的制度。在重大灾害后灾区恢复重建的进程中，为了帮助受灾地区完成救援和恢复重建，各级政府都会出台一些新的政策制度，如 2003 年非典疫情后，国务院制定了《突发公共卫生事件应急条例》，汶川地震后以《汶川地震灾后恢复重建条例》为起点，中央及地方政府出台了一系列有关灾后恢复重建的政策，《汶川地震灾后恢复重建条例》也成为灾后恢复重建的基本政策制度依据。新冠疫情后，中央全面深化改革委员会牵头的公共卫生体系改革全面铺开，为我国未来几年公共卫生体制改革思路定调，各地方政府也纷纷行动，福建省印发《福建省深化医药卫生体制改革 2020 年重点工作任务及分工方案》，明确坚持“大卫生、大健康”理念，健全公共卫生服务体系；2020 年 6 月 10 日，湖北省委第十一届七次全会审议通过了《关于推进疾病预防控制体系和公共卫生体系建设的意

① Sweeck L., Camps J., Mikailova R. et al., Role of modelling in monitoring soil and food during different stages of a nuclear emergency [J]. Journal of Environmental Radioactivity, 2020: 225.

见》（以下简称《意见》），就改革完善疾病预防控制体系、加强基层卫生服务体系和公共卫生应急能力建设等四个方面，将《意见》明确的重点任务具体化、项目化、可操作化，提出将打造疾病控制体系改革、公共卫生体系建设的“湖北样板”，并出台“1＋N”系列配套文件，围绕公共卫生治理现代化，坚持用好“改革”这个关键一招、突出“制度建设”这条主线，切实把制度优势转化为治理效能。根据中央政府的统一指示，确立了“受灾地区自立自强、积极开展生产自救与国家支持、对口支援相结合”的工作原则，坚持“政府主导和社会力量参与相结合”的组织原则，充分发挥受灾地区和援建地区的行政力量和社会力量，二者互动合作，积极开展重大灾害后受灾地区的救援和恢复重建。因此，本研究着重关注了国家领导和支持、地方政府对口支援、灾区自立自强和自力更生、政府主导并渐进赋权和社会力量有序参与等各项制度安排。

1. 中央政府支持

为了应对重大灾害，党中央和国务院都会站在国家高度制定和出台一些支持性政策和措施。譬如说 2003 年非典疫情促使《突发公共卫生事件应急条例》出台，新冠疫情也使国家对公共卫生体系进行全面改革。尤其是针对破坏性极其严重的自然灾害，如汶川地震后，党中央和国务院都采取了一些强有力的支持性政策和措施。本章节主要以具有巨大破坏性的自然灾害类（如汶川地震）为例（表 4－1）。

表 4－1　汶川地震后国务院出台的相关政策措施

时间	名称	功能或目的
2008 年 6 月 2 日	《国务院办公厅关于加强汶川地震抗震救灾捐赠款物管理使用的通知》（国办发〔2008〕39 号）	对救灾捐赠物资和现金进行规范化管理
2008 年 6 月 8 日	国令第 526 号《汶川地震灾后恢复重建条例》	成为后续相关政策的起点和依据
2008 年 6 月 17 日	《国务院办公厅关于汶川地震抗震救灾捐赠资金使用指导意见》（国办发〔2008〕51 号）	引导各类捐赠资金的合理、规范使用，充分体现捐赠人意愿，提高捐赠资金的使用效益，避免交叉重复和损失浪费
2008 年 6 月 18 日	《国务院办公厅关于印发汶川地震灾后恢复重建对口支援方案的通知》（国办发〔2008〕53 号）	正式启动了灾后恢复重建的对口支援工作

（续）

时间	名称	功能或目的
2008年7月1日	《国务院关于支持汶川地震灾后恢复重建政策措施的意见》（国发〔2008〕21号）	对恢复重建的政策支持做出了整体安排
2008年7月1日	《国务院批转发展改革委电监会关于加强电力系统抗灾能力建设若干意见的通知》（国发〔2008〕20号）	对于灾后恢复重建的电力需求做出了具体的政策支持
2008年7月3日	《国务院关于做好汶川地震灾后恢复重建工作的指导意见》（国发〔2008〕22号）	对恢复重建的任务做出了安排
2008年9月24日	《国务院关于印发汶川地震灾后恢复重建总体规划的通知》（国发〔2008〕31号）	对灾后恢复重建做了更为全面的安排

如表4-1所示，以2008年6月8日国令第526号《汶川地震灾后恢复重建条例》为起点，中央及地方政府出台了一系列有关灾后恢复重建的政策。2008年国务院及国务院办公厅连续出台了一系列文件，从文件发布的时间就可以看出，国家层面对于灾后恢复重建工作的高度关注，集中了国家力量，调动了全国的资源投入恢复重建工作当中；从文件的具体内容来看，基本上都是在宏观层面就灾后恢复重建进行了制度安排，涉及财政、税收、就业、金融、产业发展、城乡建设等多个方面。当然，也有一些较为具体的制度安排，比如，国务院就捐赠款物发布了至少两次通知，对捐赠款物的使用进行规范，具体来说，即《国务院办公厅关于加强汶川地震抗震救灾捐赠款物管理使用的通知》（国办发〔2008〕39号，2008年6月2日）和《国务院办公厅关于汶川地震抗震救灾捐赠资金使用指导意见》（国办发〔2008〕51号，2008年6月17日）。对于一些关键的救灾安排，国务院也批转了一些部委文件，如2018年7月1日《国务院批转发展改革委电监会关于加强电力系统抗灾能力建设若干意见的通知》（国发〔2008〕20号）对于灾后恢复重建的电力需求做出了具体的政策支持。

与此同时，国家各部委也密集出台了支持灾后恢复重建的政策如表4-2所示。国家发改委、教育部、卫生部、民政部等十一个部门召开联合会议，就灾后恢复重建公共服务设施建设做出了专项说明；财政部、国家税务总局、国土资源部、住房城乡建设部、中国人民银行等部门也出台了一系列政策文件；其中，财政部（或会同国家税务总局）就税收政策制定暂行办法。财政部、海关总署和国家税务总局协调会议就进口抗震救灾物资关税发出了专门的通知；财政部、国家发展和改革委员会就行政事业性收费、贷款政策方面进行协商并出台了相关政策以支持灾后的恢复重建；国土资源部（或会同其他部委）就地质灾害排查与监测、土地利用规划、建设用地计划指标、土地审批、供地政策等方面出台了特殊措施；国家税务总局（或会同其他部委）就税收征管、个人所得税等方面出台了支持措施；劳动和社会保障部就实施就业援助等方面出台了特殊的措施（如《人力资源和社会保障部财政部关于汶川地震灾后恢复重建对口就业援助有关政策的通知》）；中国人民银行（或会同其他部门）就灾区金融服务等出台了特殊措施（如《中国人民银行、银监会、证监会、保监会关于汶川地震灾后重建金融支持和服务措施的意见》）。

表 4－2　汶川地震后国家各部委出台的相关政策措施

部门	名称	功能或目的
国家发展和改革委员会、教育部和民政部等部门	《汶川地震后恢复重建公共服务设施建设专项规划》	对恢复重建公共服务设施做出规划
财政部（会同其他部委）	《汶川地震受灾严重地区扩大增值税抵扣范围暂行办法》(财税〔2008〕108 号)	就税收政策做出说明
财政部　海关总署　国家税务总局	《关于支持汶川地震灾后恢复重建有关税收政策问题的通知》	进口抗震救灾物资关税的通知
财政部、国家发展和改革委员会	《关于对汶川地震受灾严重地区减免部分行政事业性收费等问题的通知》(财综〔2008〕50 号)	行政事业性收费
财政部、国家发展和改革委员会	《汶川地震灾后恢复重建贷款中央财政贴息管理办法》	提出支持灾后恢复重建的贷款政策
国土资源部（或会同其他部委）	《住房城乡建设部　财政部　国土资源部关于汶川地震灾区城镇居民住房重建的指导意见》	就地质灾害排查与监测、土地利用规划、建设用地计划指标、土地审批、供地政策等方面出台特殊措施

（续）

部门	名称	功能或目的
劳动和社会保障部	《关于汶川地震灾后恢复重建对口就业援助有关政策的通知》	就实施就业援助等方面出台了特殊的措施
中国人民银行（或会同其他部门）	《关于汶川地震灾后重建金融支持和服务措施的意见》	就灾区金融服务等出台了特殊措施

2. 灾区外各省市的对口支援

在重大灾害后，党中央和国务院都会动员全国非灾区各省（市）对灾区实施对口支援，无论是2003年非典疫情防控时期还是新冠疫情防控时期，疫情不严重的地区都派出了大量医护人员支援疫情应对和防控工作，或帮助灾后的社会心理重建和文化卫生重建等工作。公共卫生突发事件主要针对人或家禽动物，未涉及基础设施如公路、桥梁、房子等建筑物的破坏，灾后在物理设施方面的恢复重建工作没那么明显。所以，对口支援灾区恢复重建的工作在巨大自然灾害发生后表现得最为典型。在汶川地震发生时，先是对受困、受伤人员实施紧急抢救和救援，这些工作基本完成之后，国务院民政部于2008年5月20日下发《关于对口支援四川汶川特大地震灾区的紧急通知》，要求山东、河南、江苏、浙江、广东和湖北六省民政部门对四川受灾地区提供紧急物资援助和临时住房（板架房）援助。由于灾情破坏性太大，受灾范围太广，两天后，民政部又升级对口支援重建工作，要求全国非灾区各省民政部门都应参与灾区的恢复重建工作，要求每个省（市）都要参与对口支援工作，全力协助四川、甘肃和陕西省等受灾严重地区，每个省（市）至少对口支援一个灾区县。随后，中央政府再次升级了对口支援重建计划：由国务院民政部单一部门动员升级为中国政治体系中权威最高、级别最高的全面动员。2008年5月26日，中共中央政治局常务委员会会议集体决定“建立对口支援机制，举全国之力，加快恢复重建”，要求每个受灾县都得到至少一个省级政府的重建资金支持。中共中央政治局常务委员会于6月5日再次强调了对口支援重建计划的地位，要求参与重建项目的省（市）务必站在政治高度，严肃对待救援工作，以各种方式支持受灾地区的恢复重建。

针对汶川地震，国务院连续发布了两份文件：《汶川地震灾后恢复重建条例》和《汶川地震灾后恢复重建对口支援方案》，从而使各省（市）的对口支援重建方案程序化、合法化。由中央政府直接指定援建方与受援助地区构成结对援建关系。对口支援重建工作被归类为援建方当时政策议程的主要任务，被称为伟大而光荣的政治任务，对口支援重建政策基于《国家自然灾害救助应急预案》(2006年版)，但由于汶川地震的破坏规模巨大，在“应急预案”基础上进行了调整。原计划只规定江苏一个省向四川提供配对援助工作，但灾害破损程度超出预料，江苏省无法单独完成援建任务。显然，汶川地震所带来的损失和恢复重建的任务远远超出了四川省及其合作伙伴江苏省的财政承受能力，只能向中央政府求援，后面增加了山东、河南、江苏、浙江、广东和湖北等6个援助省份。

地震发生之后，中央政府将灾区恢复重建上升到政治高度，作为刚性政治目标，每一个援建省（市）政府都必须将其上一财政年度财政收入的1%（下限，上不封顶）用于配对受灾地区的恢复重建，连续3年，不得以任何理由、任何借口降低标准。对口支援重建省（市）所提供的援助总金额应该占灾区恢复重建所需总金额的70%以上，只能多不能少，缺口部分由中央财政补齐。除财政援助外，捐赠省份还必须在中央政府的监督和指导下向灾区提供其他援助，这些援助至少包括以下几个方面：①援建工程的规划和设计，基础设施的施工、专家为灾区人们提供心理咨询和心理治疗、援建项目的施工和检查；②住宅社区的重建或改造；公路、铁路修复，恢复和升级公共设施和基础设施，如污水、天然气和供水、基本道路维护、医院、学校和社会福利的处理；③选择和派遣医生、教师到受灾地区的医院和学校支教、支医，并为灾区学校和医院提供建筑材料、设备、设施和工具，以帮助重建；④为失学学生提供心理治疗、培训指导服务、教育和学校教育；⑤恢复贸易和运营中心的基础设施。

参与对口支援灾区恢复重建的各省（市）及其下辖各级政府也出台了相关的地方性政策文件。如广东省人民政府办公厅在国务院办公厅印发的《汶川地震灾后恢复重建对口支援方案的通知》基础上进行适当调整、修改和细化，根据广东省和援建灾区对象县的实际情况制定了《广东省对口支援地震灾区灾后恢复重建工作方案》，广东省委、省政府办公厅印发《关于进一步做好支援四川抗震救灾工作的通知》，广东省政府办公厅印发《关于及时上报支援四川灾区抗震救灾工作情况有关问题的紧急通知》《关于统一及时划转社会捐款的通知》《关于厉行节约压缩支出支援四川地震灾区重建工作的通知》，其他省级部门及广州市政府也根据各自的职责制定了一些相关政策，如表4-3所示。所有这些政策文件都围绕汶川地震灾后的恢复重建工作，为具体的抗灾救援工作提供了依据和指导，其中一些政策文件也被后来借鉴应用于其他重大灾害后的灾区恢复重建工作。

表 4-3 广东省援建汶川地震灾区的相关政策文件

部门	名称
广东省人民政府办公厅	《广东省对口支援地震灾区灾后恢复重建工作方案》
省委、省政府办公厅	《关于及时上报支援四川灾区抗震救灾工作情况有关问题的紧急通知》 《关于统一及时划转社会捐款的通知》 《关于厉行节约压缩支出支援四川地震灾区重建工作的通知》
省委组织部	《广东省对口支援四川省汶川县恢复重建工作组干部选派方案》 《关于做好党员交纳"特殊党费"用于支援抗震救灾工作的通知》 《关于迅速动员组织广大基层党组织和党员干部投入抗震救灾工作的通知》 《关于做好我省对口支援四川省汶川县恢复重建工作机构干部选派工作的通知》
省财政厅	《关于建立支援汶川地震灾后恢复重建资金保障机制的通知》
省劳动保障厅	《关于做好四川汶川地震受灾地区在粤务工人员慰问和稳定工作的紧急通知》
省物价局、教育厅、劳动保障厅	《关于免除四川省汶川地震重灾区户籍学生学费和住宿费的通知》
广州市人民政府	《广州市对口支援汶川县威州镇（县城）灾后恢复重建工作方案》

3. 受灾地区自强自立

无论是重大公共卫生事件还是重大自然灾害事件，事件一旦发生后，灾区会收到许多外援，但是外援并不能代表一切，还需要灾区政府和灾区人们同心同德、自力更生，积极开展自救。下面以自然灾害（汶川地震）为例来展示灾区人们的自强自立。汶川地震发生后，无论是人员伤亡数量之多还是基础设施损害程度之大，只能用惨烈两字来形容。但灾区政府和灾区人民都发扬了不屈不挠、不怕牺牲的大无畏精神，积极开展自救自建工作，涌现出了许多可歌可泣的英雄人物和事迹。受灾地区政府制定和出台了一系列政策文件，以主要的重灾区四川省为例，所出台的主要文件可以分为三类：一是贯彻和落实国家及各部委出台的相关政策，如 2008 年 7 月 10 日下发了《四川省人民政府关于支持汶川地震灾后恢复重建政策措施的意见》，该文件为综合性政策文件，就财政政策、税收政策、金融政策、国土资源政策、产业扶持政策、工商管理政策、就业援助政策、社会保障政策、粮食政策等 10 个方面共 47 条，做出明确的规定。二是与国家部委或者援建省份联合发文（或签署相关协议）；如文化和旅游部和四川省政府联合制定的《汶川地震灾后旅游业重建规划工作方案》，广东省与四川省签署的《关于协助四川省旅游灾后重建框架协议》。三是结合本地区实际情况，出台相关的恢复重建政策。专门就农民住房重建（如《四川省“5·12”汶川地震灾后农房重建工作方案》）、城镇住房重建（如《四川省汶川地震灾后城镇住房重建工作方案》）、灾后重建项目招投标（如《关于灾后重建国家投资工程建设项目招标投标工作的通知》）、以工代赈、城镇住房安全鉴定及修复加固拆除（如《汶川地震灾区城镇受损房屋建筑安全鉴定及修复加固拆除实施意见》）、对口支援、就业援助、社会保险（如四川省人民政府办公厅关于支持汶川地震灾后恢复重建就业和社会保险政策实施意见）等专项领域出台专项措施进行支持。

具体到受灾严重的北川县和汶川县等重灾区，县政府与下辖基层乡镇政府也采取了一系列措施和政策来开展灾后自救自建工作。当然，各地都结合本地区实际情况来贯彻和落实上级部门出台的政策文件，在此基础上因地制宜地出台了一系列基层性质的政策文件用以指导具体的恢复重建工作。如《汶川县“5·12”地震灾后农房建设工作方案》《北川县灾后农房重建工程质量安全管理实施办法》《汶川县关于落实“5·12”受灾困难群众“三项”政策的实施方案》等。当然，也根据援建方的帮扶情况出台了一些关于与援建地地方政府协同合作的政策性文件，如《北川县灾后恢复重建接受对口支援初步实施意见》《汶川县—广东援建漩三环线农业旅游经济基础建设项目资金管理办法》《江苏—北川工业园建设资金使用管理暂行办法》《汶川县2010年十大民生工程实施方案》等。

4. 政府主导与社会参与相结合

一旦出现重大灾害尤其是重大公共卫生事件，整个社会似乎突然就处于危机之中，人人自危。然而，社会虽然处在危机状态，但依然能被一些中间载体有效组织起来，这些中间载体就是政府职能的执行者，通常被归类为社会正式组织，他们在突发事件应对中处于主导地位并发挥主导作用。在正式组织之外，还有各种非正式组织，或者叫民间社会组织。比如，主流媒体之外的民间媒体、有线电视、电话、手机、门户网站，甚至具有论坛、留言等功能的报业集团互联网；又如，志愿者组织、社团组织、伙伴共同体或专业圈子等，也都以不同方式扮演着“上达下传”的信息解读装置和政策执行筛选器的社会角色。在中国改革开放日益深入的社会发展时期，民间团体和社会组织也日益增多，标志着社会功能的蓄存及活力得到了充实和增强。广州市能够有效控制非典疫情，是政府行为主导下的社会功能调整的过程。2003 年 4 月 20 日以后，政府和主流媒体通过组织系统进行社会动员，迅速地扭转了此前的被动和无力。从社会功能的自治性和动力性角度来说，社会功能调整是健全和维持社会公共卫生系统、有效控制非典疫情的社会内部力量，是中国社会应对危机事件所独具的适应能力。这种适应特点，在我们深入观察和分析民间社会功能运作时，会看得更明白一些。我们看到，民间社会蕴藏着很大的社会功能调适潜力，虽然在社会优势中也隐匿着劣势，但当劣势受到优势冲撞后又会转换为“辅优”的力量。

汶川地震灾后灾区恢复重建的重要依据就是《汶川地震灾后恢复重建条例》(以下简称《条例》)，《条例》以法律的形式确立了“政府主导、社会力量参与相结合”的恢复重建原则，为公民大众参与灾后恢复重建的合法权利提供了法律保护，并进一步指出，“国家鼓励居民个体、法人团体和其他组织积极参与地震灾后的恢复重建工作。”为贯彻落实国务院办公厅、中央纪委、民政部等部委要求，《条例》对社会组织在汶川地震抗震救灾中开展救灾募捐活动和接收救灾捐赠款物转交有关事项提出了具体要求，2008 年 5 月 31 日国务院办公厅公告《关于加强汶川地震抗震救灾捐赠款物管理使用的通知》。总体来看，在制度安排方面，主要涉及了捐赠款物的管理和使用。不过，2013 年国务院办公厅印发了《关于政府向社会力量购买服务的指导意见》（国办发〔2013〕96 号)，这也是公共服务供给模式的一种创新，政府与社会合作的良好开端。关于社会组织参与救灾工作的制度安排，事实上是到 2015 年民政部出台《关于支持引导社会组织参与救灾工作的指导意见》才涉及的。2016 年以来针对社会组织参与社会治理，我国连续出台了 3 部法律法规，其中，2016 年针对国内民间组织和境外民间组织出台了《中华人民共和国慈善法》和《中华人民共和国境外非政府组织境内活动管理法》，2017 年针对民间志愿者出台了《志愿者服务条例》。

（二）制度变迁的路径依赖

路径依赖是指一种制度一旦形成，不管是否有效，都会在一定时期内持续存在并影响其后的制度选择，就好像进入一种特定的路径，只能按照这种路径变迁下去。制度变迁的路径依赖可以理解为制度成长过程中的惯性，在历史制度主义视角下，新制度不可能凭空产生，它总是在旧制度改良、改进过程中逐渐变化的，因此制度变迁过程刻画着旧制度的影子，会受到旧制度的持续影响。

1. 对口支援制度的历史和发展

对口支援即经济发达或实力较强的一方对经济不发达或实力较弱的一方实施援助的一种政策性行为。主要类型有：灾难援助、经济援助、医疗援助、教育援助。对口支援最初起源于1945—1949年解放战争期间，在中国共产党控制的解放区这一制度设计开始萌芽，对口支援有两种方式：一是解放军战士对当地农民的农耕援助；二是早解放区对后解放区进行援助。1949年中华人民共和国成立，在国家经济建设期间把对口援建运用到了军队和人民之间、发达地区和落后地区之间、城市和农村之间，国有企业和地方之间，未受灾的地区和受灾地区之间，这种对口援助方式甚至被推广到当时的人民公社和生产大队当中去。例如，1953年9月，一系列自然灾害，包括干旱和洪水袭击了华北地区，威胁到秋收，进而威胁到粮食供应。1953年9月16日，中共中央华北局命令灾区全体党员、军队、工人、农民协助灾区恢复重建。1960年3月20日《山西日报》发表社论《厂厂包社对口支援——论工业支援农业技术改造的新形势》。1960年山东发生大面积饥荒，中央政府再次动员安徽、福建、江苏、江西、上海、浙江等省（市）对山东受灾地区的衣物、食品、医疗用品、住房、饮水等实施广泛援助。1978年，中国发生了严重的干旱，全国大部分地区受灾，对湖北省的影响尤为严重，中央政府在黄石和武汉市安排了大型国有企业，为6个地区提供对口支援。在应对干旱后，对口支援项目首次得到《人民日报》的认可和好评。一则头版报道说，在抗旱过程中，湖北省通过创新的对口支援援助方式（如城市支援农村、企业支援农民）进行救灾，积累了丰富的经验。湖北动员城市和国有企业的力量，为抗旱工作提供了更好的支持。

到了20世纪70年代末，我国开始了改革开放，对口支援制度也得到了继续发扬，最初主要是经济援助。

(1) 从1992年开始，国家有关部委、各对口支援省（市）纷纷向重庆万州伸出援助之手，用浓浓真情支持万州等地区的移民、改革、发展和稳定。多年来，对口支援在高峡平湖结下了累累硕果。2017年11月24日，第十一届全国对口支援三峡工程重庆库区经贸洽谈会在重庆万州区举行。重庆市委常委、政法委书记、重庆市政府副市长在会上表示，自1992年以来，全国各省（市、区）累计对口支援重庆三峡库区1 250亿元。除了对口支援资金外，25年来，中国各省（市、区）累计向三峡库区引入合作项目1 731个。

（2）2010 年 3 月底，全国对口支援新疆工作会议在北京召开，确定 19 个省（市）在更深层次、更广领域对口支援新疆。如北京市对口支援和田地区的和田市、和田县、墨玉县、洛浦县及新疆生产建设兵团农十四师团场；上海市对口支援喀什地区巴楚县、莎车县、泽普县、叶城县；广东省对口支援喀什地区疏附县、伽师县、新疆生产建设兵团农三师图木舒克市；深圳市对口支援喀什市、塔什库尔干县；天津市对口支援和田地区的民丰、策勒和于田；湖南省对口支援吐鲁番市等，基本上每个省（市）都有对口支援新疆的任务。

（3）对口援藏工作始于 1994 年，当年 7 月，中央召开第三次西藏工作座谈会，作出全国支援西藏和 15 个省（市）对口援助西藏的决策，并相应确立了对口支援西藏 7 个地（市）的结对关系。中央第五次西藏工作座谈会确定，援藏省（市）年度援藏投资实物工作量按照本省（市）上年度地方一般预算收入的 1‰来安排。自 1994 年至今，先后有 18 个省（市）（包括不再承担支援西藏任务的四川省，转而承担省内藏区）、17 户中央企业和几十个中央部委选派援藏干部对口援助西藏，西藏全区 74 个县（市、区）和大多数自治区直属部门已纳入对口支援范围。2010 年，实施对口支援青海藏区。2014 年，国务院出台《发达省（市）对口支援四川、贵州和甘肃省藏区经济社会发展工作方案》，确定由天津市、上海市、浙江省、广东省对口支援四川、贵州和甘肃藏区，共包括 4 个藏族自治州、2 个藏族自治县，将西藏和四川省藏区全部纳入对口支援范围。四川藏区包括甘孜藏族自治州、阿坝藏族羌族自治州和凉山彝族自治州木里藏族自治县，面积占四川省总面积的一半以上，是我国第二大藏区。2012 年至 2016 年，成都、攀枝花、泸州、德阳、绵阳、乐山、宜宾等 7 个市，每年按上年度地方公共财政收入的 0.5%以现金方式投入，对口支援藏区 20 个困难县，构建起“7＋20”结对帮扶机制。2014 年起广东省对口支援四川省甘孜州，2015 年起浙江省对口支援四川省阿坝州和凉山州木里县。2016 年起，四川省将省内对口援藏由“7＋20”扩展为“9＋32”，新增一批支援方，覆盖所有藏区县。据介绍，2012—2017 年，成都 20 个支援区（市、县）投入援助资金 19.8 亿元援助四川藏区，其中 80%以上用于脱贫攻坚和民生改善。2020 年 2 月，四川藏族聚居区实现全域脱贫。

主流媒体报道表明，对口支援计划逐渐被正式认可为处理因灾害而激增需求的有效方法。1979 年 12 月，全国边防工作会议首次通过中央 52 号文件以国家政策的形式正式采用对口支援的概念，将 5 个省（市）与 5 个民族自治区和3个省份（北京与内蒙古、河北与贵州、江苏与广西和新疆、山东与青海、上海与贵州和宁夏，以及整个国家与西藏）配对，对口支援的范围从建设关键基础设施到提供服务和培训当地人的教育、公共卫生和科学技术。20世纪80年代以来，对口支援（地区间）的横向动员取得了长足的进展，但双边援助（地方政府、部委）的纵向动员在20世纪90年代才开始盛行。1991年夏天，中央政府动员了30多个机构和国有企业，为受到严重干旱影响的安徽省提供对口支援。后来，这种单纯的经济对口支援又扩大发展到重大灾害发生后对灾区的医疗援助和恢复重建援助工作。

（1）医疗卫生援助。医疗卫生方面的对口支援是指地区与地区之间、部门与部门之间、单位与单位之间的专业性支援、协作：内容主要是技术支援和技术协作。帮助培养当地的卫生技术人员在其中占有重要地位。这种医疗卫生援助，早在20世纪就开始了，1983年国务院有关部门明确指出：对口支援的任务是为贵州省培养医疗、卫生、教学、科研以及医疗、设备维修等各类专业技术人才，逐步壮大技术骨干队伍，并把帮助培养提高当地的卫生技术人员摆到首要地位；帮助开展新技术，解决疑难，填补空白，以便尽快改变这些地区的医疗卫生技术条件，提高专业卫生技术水平和科学管理水平。对口支援的形式和办法灵活多样，采取派出去、请进来，业务挂钩，聘请专家兼职和提供咨询服务，组织讲学，专业技术协作，安排边远贵州省的卫生技术干部到内地进修，举办各种短训班、提高班和指定高中等医药院校开办民族班、边疆班，派医疗教学小分队等多种方式。并指出不论采取哪种办法，都要从实际出发，根据不同对象、不同任务、不同地区、不同时间，由实施对口支援双方协商确定，要注重实际效果，能真正解决问题。

2020年2月，新冠疫情暴发后国家卫生健康委统筹安排19个省（市）对口支援湖北省除武汉市以外的16个市、州及县级市。此外，北京、上海、吉林、河南、四川、安徽等其余省（市）以及陆军、空军、海军均派出医疗队全力支援武汉。①重庆、黑龙江—孝感；②山东、湖南—黄冈；③江西—随州；④广东、海南—荆州；⑤辽宁、宁夏—襄阳；⑥江苏—黄石；⑦福建—宜昌；⑧内蒙古、浙江—荆门；⑨山西—仙桃、天门、潜江；⑩贵州—鄂州；⑪贵州—咸宁；⑫广西—十堰；⑬天津—恩施；⑭河北—神农架林区。

（2）应对自然灾害的对口援助。1998年，在应对嫩江、松花江和长江流域特大洪水期间，中央各部委行使垂直权力，动员省、地方政府有关部门协助灾区。民政部分别于1998年8月25日和31日发布了关于组织和协调救灾工作的通知，让北京、河北、辽宁、山东和天津等省份向受灾省份发放紧急救援物资，包括衣服和被子。8月15日，教育部要求11个省的教育部门立即向7个受灾省份提供灾难援助，而同一省的未受影响和轻微受灾地区则被指示向重灾地区提供对口支援。对口支援的垂直调动不仅发生在国家一级，也发生在省级和地方一级。例如，1996年湖南省发生特大暴雨洪水后，湖南省政府指示6个州和2家国有企业向6个县和2个国有农场提供援助。经过几十年的发展，2006年国务院发布的《关于全面加强应急工作的意见》强调，中国各级政府要“健全社会捐助和对口支援等社会动员机制，动员社会力量参与重大灾害应急救助和灾后恢复重建”。2006年发布的《国家自然灾害救助应急预案》规定，中央政府在接到灾区省级政府的请求后，可以启动对口支援。2007年《中华人民共和国突发事件应对法》规定了采用和管理对等灾难援助的管理程序。2008年，汶川地震后的灾后恢复重建是一项十分艰巨的任务。为举全国之力，加快地震灾区灾后恢复重建，并使各地的对口支援工作有序开展，经党中央、国务院同意，建立灾后恢复重建对口支援机制。考虑支援方的经济实力和受援方的灾情程度，兼顾安置受灾群众阶段已形成的对口支援格局。对口支援安排如下：①山东省—四川省北川县；②广东省—四川省汶川县；③浙江省—四川省青川县；④江苏省—四川省绵竹市；⑤北京市—四川省什邡市；⑥上海市—四川省都江堰市；⑦河北省—四川省平武县；⑧辽宁省—四川省绵阳市安州区；⑨河南省—四川省江油市；⑩福建省—四川省彭州市；⑪山西省—四川省茂县；⑫湖南省—四川省理县；⑬吉林省—四川省黑水县；⑭安徽省—四川省松潘县；⑮江西省—四川省小金县；⑯湖北省—四川省汉源县；⑰重庆市—四川省崇州市；⑱黑龙江省—四川省剑阁县；⑲广东省（主要是深圳市）—甘肃省受灾严重地区；⑳天津市—陕西省受灾严重地区。

上述这些“对口支援重建”成为重大灾害后灾区恢复重建制度设计的基础。2003年非典疫情和汶川地震后，由支援方地方财政收入向灾区转移的对口支援，在以国家行为介入体现国家意志、政府强权的同时，践行了一方有难、八方支援的优良传统和人道主义精神，并在实践中创新了对口支援制度和财政横向转移支付制度，实现了地方政府间的横向联合和资源优化配置，是独具中国特色的资源协调和区域互助模式。它带来的不仅是资金，还有庞大的物资供应能力及高素质管理人才、先进的理念。

2. 政府主导与社会协同参与的制度基础

政府的一切权力来自人民，源自法授，“人民依照法律规定，通过各种途径和形式，管理国家事务，管理经济和文化事业，管理社会事务。”这成为人民参与国家公共管理事务和社会治理事务的法理依据。1982 年村民自治被写入《中华人民共和国宪法》，成为社会自治的重要基础。村民自治，简而言之就是广大农民群众直接行使民主权利，依法办理自己的事情，创造自己的幸福生活，实行自我管理、自我教育、自我服务的一项基本社会政治制度。村民自治的核心内容是“四个民主”，即民主选举、民主决策、民主管理、民主监督，因此，全面推进村民自治，也就是全面推进村级民主选举、村级民主决策、村级民主管理和村级民主监督。政社分开则是社会参与的第二个主要制度基础。“政社分开”就是政府从社会组织中退出，放开对社会组织在人事权、财政权等方面的控制，给予社会组织发展的主动权、财务独立核算权。政社分开表面上只涉及了政府与社会的关系，但在广义上，政社分开自然也包括了政府与市场的边界问题。我国改革开放一开始就是从政企分开破题，随后才是政资分开、政事分开的稳步推进。《国务院关于第六批取消和调整行政审批项目的决定》对于“政社分开”做了进一步的诠释：“凡公民、法人或者其他组织能够自主决定，市场竞争机制能够有效调节，行业组织或者中介机构能够自律管理的事项，政府都要退出。凡可以采用事后监管和间接管理方式的事项，一律不设前置审批。”这种说法实际上也是广义上政社分开的通俗表达。尤其是改革开放以来，积极推进政府职能转变，政府不能与民争利，与社会抢资源。1993 年政府机构改革的重要变化就是实现政企分开，这也成为 1993 年以来政府机构改革的重要内容，社会力量成长也进入了快车道。政企分开表明正确划分国家各级政权机构和经济组织的各自的权限，正确处理国家和企业的关系。

“社会管理”最早出现在 1998 年的《关于国务院机构改革方案的说明》。志愿服务是社会参与的第三个制度基础。社会管理，主要是政府和社会组织为促进社会系统协调运转，对社会系统的组成部分、社会生活的不同领域以及社会发展的各个环节进行组织、协调、指导、规范、监督和纠正社会失灵的过程。社会管理在广义上，是由社会成员组成专门机构对社会经济、政治、宗教、卫生和文化事务进行的运营管理；狭义上仅指在特定条件下，由政府的权力部门授权对不能划归已有经济、政治和文化部门管理的公共事务进行的专门管理。2006 年，党的十六届六中全会提出“深入开展城乡社会志愿服务活动，建立与政府服务、市场服务相衔接的社会志愿服务体系”。2006 年，国务院发布的《关于全面加强应急工作的意见》强调，中国各级政府要“健全社会捐助和对口支援等社会动员机制，动员社会力量参与重大灾害应急救助和灾后恢复重建”“形成政府主导、部门协调、军地结合、全社会共同参与的应急管理格局”。2007年，党的十七大紧接着提出“完善社会志愿服务体系”。正是在这些制度的基础上，加上在汶川地震灾后紧急救援过程中各种形式的社会力量参与和发挥了重要的作用，“社会力量参与”被纳入了突发事件后灾区恢复重建的制度安排当中。“社会组织”首次出现在《民政部关于开展四川汶川地震救灾期间社会组织接收捐赠情况统计工作的函》中，这是“社会组织”这一提法首次出现在较高层级文本（部委规章）中，并首次获得官方身份，在此以前一般被称为民间组织或民间团体。社会组织指由一定数量的社会成员按照一定的规范并围绕一定的目标聚合而成的社会群体。社会组织是公共关系的第一构成要素，是公共关系的发起者、策划者和行动者，它决定了公共关系的状态、过程、发展方向。由于公共关系研究的是组织形象塑造问题，因此，对组织进行分类将有利于我们更好地把握公共关系。社会组织的存在纷繁复杂、形式各异，我们可以根据不同的标准对其进行不同的分类。但鉴于组织类型对公共关系行为影响较大的因素主要是营利和竞争，我们这里主要根据组织是否营利和是否具有竞争性为标准，将组织分为四类，即竞争性营利组织、竞争性非营利组织、独占性营利组织和独占性非营利组织。

（1）竞争性营利组织。这类组织一般包括生产性组织、商业组织、服务性组织等，它们为了自己的经济利益，为了在市场竞争中争取顾客，一般都会比较主动地争取公众的支持，树立良好的组织形象，但比较容易偏重与市场活动直接相关的公众，其公关行为的营利性较为明显。

（2）竞争性非营利组织。这类组织一般包括各类专业学术团体等，它们没有营利动机，但由于需要在竞争中赢得舆论的理解和公众的支持，因此，也十分重视公共关系，会尽可能广泛地去建立和发展自己的公众关系。

（3）独占性营利组织。这类组织是指在市场竞争中居独占性地位的组织。由于其产品或服务具有独占性，其他组织无法与其竞争，这类组织很容易产生违背公众利益的行为，从而使自己陷入不利舆论的困境。我国改革开放发展到今天，这类组织已经不多。

（4）独占性非营利组织。这类组织主要包括国家机关和军队等。由于利益驱动及压力竞争的缺乏，这类组织往往容易忽略自己的公众，甚至脱离公众，公关意识比较薄弱，公关行为相对滞后。

同时，“政府主导”也是有其历史原因的，实际上它也是路径依赖和制度惯性的结果。2004年党的十六届四中全会首次提出“党委全面领导、政府主导负责、社会协同合作、公众有序参与”的社会管理格局。能够在党代会提出社会管理的概念，充分体现了政府向社会分权的意愿。在政府与社会同为主体的协同治理关系框架中，资源逐渐从政府向社会倾斜，政府与社会的关系在一定程度上发生了变革，总体表现为“大政府—小社会”模式逐渐向“强政府—强社会”模式转变，随着民主时代的发展，还有可能转变为“政府小而美—社会大而强”的关系模式。但是就目前阶段来说，“强政府—强社会”关系模式的产生体现了政府与社会之间存在着一种连续的双向互动：一方面是大众社会的新力量不断增强，并“激活”既有的制度设计，以各种路径和方式有序参与社会治理；另一方面是政府以各种方式和各种渠道在社会治理中实现对新社会力量的“吸纳、兼容”。在这样的双向互动结构中仍然是以政府为主导，社会力量在政府的引导下协同参与。因此，在重大灾害发生之后灾区恢复重建过程中社会力量有序参与社会治理，强调“有序”就意味着：在政府主导大局的前提下，政府主动引导、吸收社会力量参与灾区救援、恢复重建和社会治理工作，一切尽在政府掌控之中。

二、重大灾害后灾区恢复重建

美国制度经济学家诺斯认为，任何制度都是一种游戏规则而已，这种游戏规则被用来约束组织和个体。理所当然，“组织也是游戏人”，组织就是由两个或两个以上个体为了实现某种共同目标并形成共同利益而结合到一起的群体。在一系列关于重大灾害后灾区恢复重建及社会治理体系建设的各种政策制度安排出台之后，组织运作则成了灾区恢复重建快速成功的关键。在我国现有的治理体系结构中，中央政府、各级地方政府及其所属各部门所构成的行政力量是灾区恢复重建过程中发挥主导作用的决定力量，也是最为重要和关键的组织，它们直接决定了恢复重建工作速度的快慢、质量的高低，甚至整个恢复重建工作的成败。驰援省份和受支援的灾区之间在尽快重建家园的共同目标支撑下形成了和衷共济的关系。但是，从灾后恢复重建和社会治理体系建设的相关制度安排及救援的实际效果来看，市场和社会力量也发挥了重要作用，并已经得到了中央及各级地方政府的认可和赞许，充分融入了灾后恢复重建工作进程当中。

（一）组织运作

1. 中央领导下的地方竞争

重大灾害后灾区的恢复重建工作是由中央政府发起和领导，各地方省或直辖市政府采取特定形式来具体执行的具有政治高度的灾后救援行为。中央政府领导下的援建省份之间形成一种竞争关系，援建省份与灾区政府之间则形成一种合作关系，如图 4－1 所示。

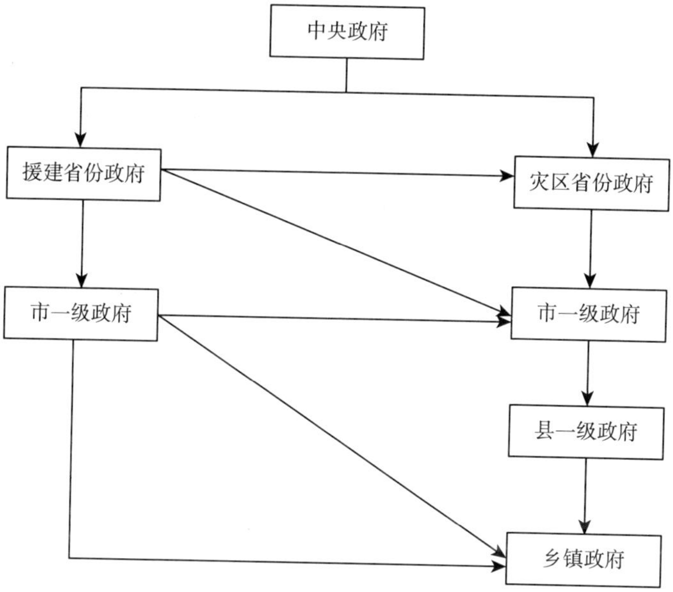

图 4－1　中央政府领导下地方政府关系图

在重大灾害后灾区恢复重建的进程中，政府部门不仅出台各种政策文件，还能直接发布各种命令、实施执法行动、采取交通管制等，而且能够在紧急情况下对资源进行垄断并实施强制性分配，对于社会具有较强的干预能力和动员能力，对于灾区恢复重建有很强的组织力和推动力。在政治体制下，中央政府对地方政府拥有绝对领导权威，由于掌握着地方政府官员的升迁大权，因此，对于地方官员和地方政府都有强大的影响力。中央政府可以从两个方面对各省（市）实现严格的纵向垂直控制，中央各部委则可以从资源分配方面对地方省或直辖市进行约束，但这种约束力不是很强。在自上而下的层级中，中央政府扮演着强有力的上位调停者角色。在重大灾害发生后，中央政府直接对各地方省（市）指派和分配对口支援任务，并要求他们向受灾地区提供金融、物资、政策和专业技能支援。中央政府可以通过各种指标排名来促进地区间和地方间的经济、政治和文化竞争（也可以称之为“锦标赛竞争”）来强化地方问责制，由上级政府根据一套标准化的绩效指标来进行考核和评估。我国地方省（市）间竞争结构的特点是“政治锦标赛”，地方领导人通过任期政绩比赛来实现升迁。地方党委书记由地方党员大会或党员代表大会选举产生，地方行政长官则由地方人民代表大会选举产生。此外，领导干部的政绩考核制度是根据上级政府设定的各项目标指标来评估的，这就是地方干部绩效考核的目标责任制。评估体系中包含了许多子目标体系，几乎覆盖每个政策领域，以量化的方式设计了非常详细的指标。每年，地方领导人都要向上级提交下一年度的施政目标，原则上每一年的目标都要在上一年度基础上有一个预定的增长率，否则难以获得上级的批准。如果完不成预定的目标增长率，地方领导人的仕途将受到影响，很可能会阻碍他们的晋升或连任。从政策目标的完成角度来说，灾区恢复重建工作的政策目标比较直观和易于考核，主要是看完成恢复重建的速度和质量，此外，也要看灾区当地人们的满意度。这个目标完成之后，同样也会产生溢出效应。上级政府设定的考核目标必然会影响下级政府的资源分配和施政行为。政绩考核目标通常有三种类型：刚性硬指标（可以量化的）；柔性软指标（具有模糊性、难以量化的一般指标）；否决性指标（没有完成该项指标就会被一票否决）。上级政府为下级政府制定的硬目标，主要是经济方面的（GDP），包括实现税收财政目标和一定程度的经济增长率。软目标通常是那些难以用明确数字来衡量的目标，往往是难以被上级政府关注的，被认为不太重要的社会发展政策，例如教育政策、环境保护、医疗保健和文化娱乐等。否决性指标，原来用于企业的绩效管理，强调说明此类指标对企业正常运转的重要性和特殊意义。它是根据企业实际情况而设定的最关键指标，其关键之处在于如果这种指标所对应的工作没有做好，将对企业带来直接且严重的后果，后来被引用到公共管理中来。刚性目标和否决性目标类型对地方官员来说是至关重要的，如果未能实现这些目标，意味着整个任期内的其他工作和成绩都被否决了，难以获得晋升机会，也许还会影响自己的连任或续任。

在汶川地震发生后，灾区的恢复重建过程中，援建省份站在政治高度来对待援建任务，省份之间还出现竞争，都担心恢复重建进度慢于别的省份，因而出现了“政治锦标赛”的现象，在竞争意识的激励下，几乎所有省份都提前完成了原定的重建任务。在新冠疫情暴发后，各地都安排医护人员支援湖北省，正是这种“政治锦标赛”促进了我国较快较好地完成了新冠疫情的防控工作。为了完成目标任务，治理主体会最大限度地安排人员，最快速度地配置公共资源以协助治理工作的开展。以新冠疫情为例，各地的医疗救援队都是在最短的时间里到达了疫区，并不辞辛劳、立即投入紧急救援工作，各地的救援物资也是一路畅通地流向疫区，为疫情防控赢得宝贵时间。再以汶川为例，在地震后两年中，汶川县用于固定资产（主要是基础设施投资和房产建设投资）的投资高达 181 亿元，相当于 1949 年以来（截至 2008 年）累计投资的 1.5 倍，县城城区面积扩大了 1 倍，建设了文化公园、车站广场、图书馆/博物馆等多项基础设施，县城的容貌、布局和规划更加现代化、科学化，遥遥领先于当时全国的许多同级别县城。

2. 援建省份与灾区携手合作

鉴于援建任务的政治高度和支援灾区的道德高度，援建地政府都把支援灾区恢复重建当作一项必须如期完成、数量达标、质量超标的首要任务，宁愿暂时放慢本省的社会发展，也要超额完成援建任务。如广东省委、省政府在一接到援建任务后，就立即发出《广东人民全力以赴支援四川抗震救灾》的公告，表达广东省响应中央号召，积极支援四川灾区的决心，表示将根据灾区需要，全力以赴地完成灾区的恢复重建工作。与文化、卫生和社会发展等长期常态化工作相比较，对口支援灾区的任务一般集中于某一特定时间段，时间紧、任务重、强度高，对于重大公共卫生事件的灾区支援来说大概就是几个月的时间，对于重大自然灾害后的灾区援建大概也是几个月到几年不等。对口支援重建的成绩是很耀眼的，容易被大众感知到，容易量化比较，更容易激起不同的支援重建方政府之间的竞争意识，以吸引上级政府、大众媒体和灾区人们的关注。重大灾害后灾区的援建任务经中央政府分派给各个省或直辖市之后，省一级政府又会把援助任务进行分解，细分为多个子任务，并把子任务又分派给下辖的地级市，地级市还有可能再次分解分配，形成层层分解。这样，上一级政府就能够把对口支援重建的压力进行转移，并在不同的下一级政府之间发起“政治锦标赛”，也就是另一轮与绩效相关的竞争。例如，中央把汶川县的援建任务分配给广东省，而广东省又与汶川县协调，把汶川县的 13 个乡镇的援建任务分配给下辖的 13 个地级市（图 4-2）。

广东省把任务分配各个地级市之后，每一个地级市又会做第二次分配。以广州市为例，广州市专门成立了对口支援汶川县地震灾区的领导小组，领导小

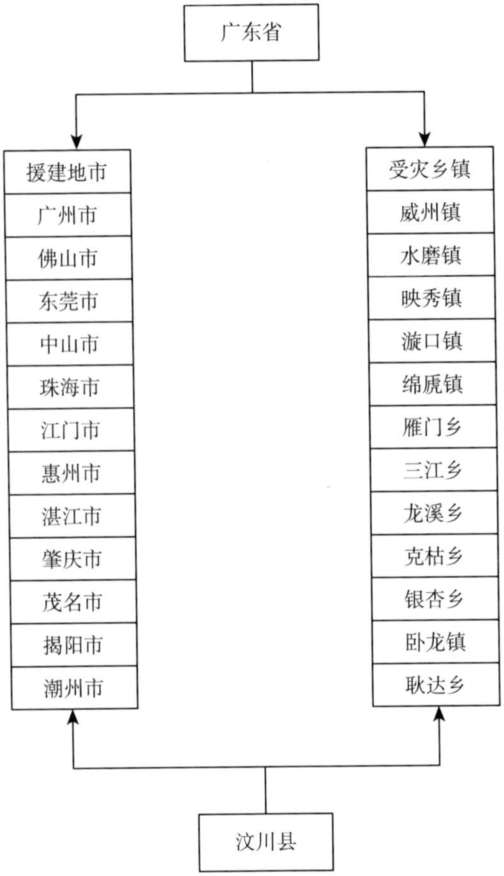

图 4-2　广东省援建汶川县任务分解

组又下设办公室及前线工作小组，并把援建任务分派给下辖的各市直单位及各区政府。领导小组又设立资金、物资监督检查工作小组（图 4-3）。

广州市虽然是援建方，但非常民主务实，所有的援建工作都采用了“合作共建”的方式（图 4-4），广州市对口援建工作组接受双头领导，即同时受广东省对口援建工作组和汶川县下属的县城风貌改造和建设指挥部的管辖，与威州镇政府协力合作，共同完成恢复重建工作。

3. 灾区各级政府自力更生

俗话说“打铁还需自身硬”，一旦发生重大灾害，不管是公共卫生事件还是自然灾害，灾区政府和人民首先要能承受住压力，积极开展自救工作。当 2003 年非典疫情发生时、新冠疫情暴发后，疫区人民自觉配合政府，尽可能

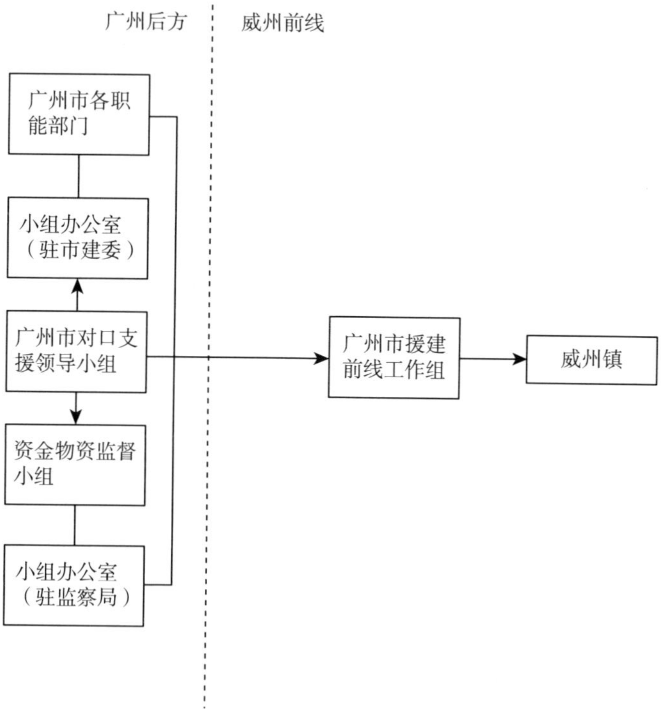

图 4-3　广州市对口援建汶川县威州镇组织架构

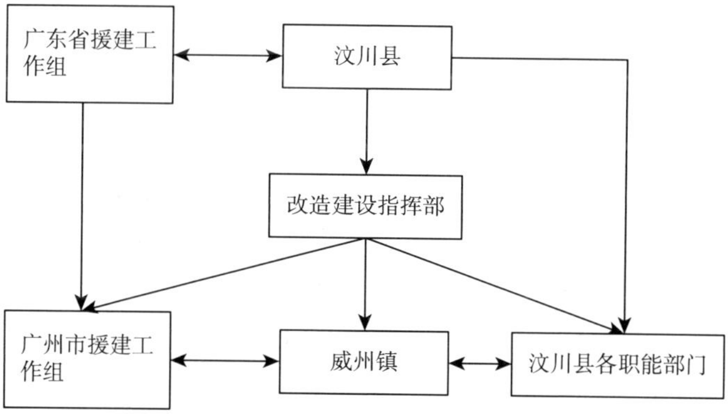

图 4-4　广东省援建汶川县合作关系

居家，减少外出活动，减少疾病传染的途径。汶川地震发生后，四川省人民政府办公厅第一时间印发了《汶川特大地震灾后恢复重建省内对口支援实施意见》，外援未到时首先启动了省内对口支援。当其他省份开始对口支援时，四川省又开始调整支援方向和力量，把省内对口支援集中在没有其他省份支援重建的省内重灾区，开展为期3年的“一市帮一县”的对口支援重建工作。四川省内多渠道筹措救援资金，采取多项措施齐头并进，多管齐下推进地震灾区扶贫开发，通过安排扶贫资金、专项劳动技能培训、编制专项规划、文化教育扶贫、挂点帮扶等措施，全力推进地震灾区的恢复重建和扶贫开发工作。四川在震后制定了促进经济可持续发展的一系列政策，实施了许多促进就业和社会保障的临时政策，千方百计扩大就业渠道，确保灾区群众就业有岗位、生活收入有来源、基本生活有保障。其中，通过开发灾区公益性岗位帮助23万名群众实现当地就业。实施特殊时期劳务输出政策，四川省积极与沿海发达地区以及对口援建省（市）签订就业援助协议（如2018年5月30日，四川省人民政府与广东、浙江、上海和江苏等地陆续签订了《对地震灾区开展对口就业援助协议书》），通过劳务输出、异地转移就业和专门项目吸纳，帮助了约17万名灾区群众就业。

为了更好地开展恢复重建工作，更好地配合广东省的援建工作，汶川县分类别、分阶段建立灾后重建委员会、专家咨询委员会、项目建设执行委员会、项目建设监察委员会，基本形成了党委决策、政府主导、部门落实三位一体的决策、领导、执行机制，全面调动灾区当地政府资源、社会资源、充分利用外来援建力量，极大地提升了政府行政效能和激发社会资源效率，让灾后恢复重建工作全面铺开，实现了“1＋1＞2”的组织最优效果。在领导指挥层面实行分管领导承包制，分管领导一事一主体、部门领导一人管一线、基层领导一抓就到底，确保思想同心、目标统一、行动一致、效果卓越。在干部干事层面，深入持久开展“挂、包、帮”活动（领导挂点、部门包村、干部帮户），实行重心下移、力量下沉，使工作更具有针对性、实效性，党员、干部深入灾区的基层农村和群众中去，与基层干部和群众沟通交流，认真讨论，了解基层干部对当地的发展构思和群众的想法及需求，通过深入调研并结合帮扶村的实际制定了工作方案，建立并认真落实了牵头协作制度、工作日制度、联系登记制度。党员干部深入群众、联系群众、帮助群众，依靠群众加快建设灾后美好新家园。鼓励群众自主创业，建立健全激励机制，放开思想，大胆干事，让想干事的人有机会、能干事的人有平台、干成事的人有回报。积极开展精神文明建设，深入群众开展感恩教育、深化文明重建活动，用感恩文化引导社会、教育人民、推动发展，增强人民群众前进的方向感、未来的光明感、心灵的归属感、家的安顿感和温馨感。

4. 政府主导，社会力量协同参与

《汶川特大地震抗震救灾和灾后恢复重建启示录》于 2011 年 5 月在《四川日报》刊出，该启示录认为，共产党的坚强领导、人民政府主导和社会力量积极参与是地震后灾区恢复重建工作取得伟大胜利的最根本原因。“政府主导，社会力量积极参与”从此成为重大灾害后灾区恢复重建工作的政策指导和制度安排，从组织运作维度来看，体现为政府主动主导社会力量的动员、规范和管理等工作。

（1）政府对社会力量的动员。在发生重大灾害后，尤其是那种特大自然灾害造成巨大财产损失的重大灾害后，政府都会面向全社会动员，号召全体国民、企业组织向灾区捐款捐物等。譬如说，汶川地震发生后，在灾情还不是很清楚的情况下，一些地方政府和社会公益组织立即行动起来，在地震发生的当天就呼吁社会向地震灾区献爱心、有钱出钱、无钱出力。以浙江省为例，2008 年 5 月 12 日下午 5 点左右，浙江省红十字会、慈善总会就面向全省民众及社会各界发出为四川灾区捐款捐物的《紧急呼吁》。地震发生后的第二天上午，广东省委、省政府倡导全省人民积极参与抗震救灾工作，并且组织医疗救护队伍、民间志愿者等。与此同时，广东省慈善总会、工商联合会向社会各界发出为四川灾区捐款捐物的《公告》。在对口支援重建期间，广东省支援四川灾区抗震救灾工作领导小组多次召开工商企业界座谈会号召企业界为灾区贡献力量，成立调研工作组分别与四川广东商会、重庆广东商会大部分企业家深入沟通和交流，请他们为灾区献爱心，希望在广东的四川和重庆商会组织川渝企业家积极参与广东省的对口支援工作，为地震灾区灾后恢复重建工作出一份力。广东省劳动保障厅以自己特有的方式动员社会力量：向广大用人单位发出《抗震救灾倡议书》，呼吁企业、事业等用人单位优先聘用灾区群众来广东工作。在“三年重建，两年完成”的灾后恢复重建过程中，最能够体现社会力量参与的是：社会组织在灾区城乡社区开展的社会服务工作，维护交通、治安和秩序等各方面的社会治理服务，社区发展服务、灾区志愿服务和灾区义工专业服务等。

（2）社会力量参与的方式。一旦有重大灾害发生，并且造成巨大灾害损失后，在政府强力动员和社会力量主动参与和新闻媒体海量报道等多重作用下，大量民间志愿者、民间团体及社会组织都会大规模地自发参与到灾情应对、灾后救援、恢复重建和社会治理进程中来。在过去的重大灾害应对中，甚至还出现了针对政府与社会力量、民间组织如何展开合作救灾、协同援建灾区的创新试验。总体来看，重大灾害发生后，社会力量参与灾区救援、恢复重建以及灾区社会治理的方式可以归纳为以下几种：

第一，准官方性质或具有官方背景的社会组织或团体率先响应国家动员。在2003年非典疫情、新冠疫情和汶川地震等重大灾害发生后，以中华慈善总会、中国社会组织促进会、中国红十字会等为代表的全国性慈善和公益组织都会第一时间参与救援工作，并向全社会发出抗疫救灾慈善捐助倡议，动员社会力量出钱出力，积极筹集救灾物资及资金，及时向重大灾害发生的灾区提供紧急援助。譬如说，在新冠疫情暴发后，中国红十字会总会办公室在2020年2月发出了《关于进一步做好红十字会参与新冠肺炎疫情社区联防联控工作的通知》，要求各省、自治区红十字会务必根据疫情防控工作要求，认真履行红十字会法定职责，区分社区未发现病例、社区出现病例或暴发疫情、社区传播疫情三类不同社区疫情防控情况，组织开展有针对性的宣传教育、健康监测、困难帮扶、人道救助、心理辅导等工作，协助党委、政府有关部门和社区落实联防联控措施。汶川地震之后，2008年6月17日，公募基金会、中国红十字会公开招标“5·12”灾后重建项目，为招标项目共筹集了2 000万元资金，这次招标的对象主要是面向国内民间公益组织和专业服务机构，这是对社会力量参与灾区援建工作的强大支持。事实上，公募基金会采取公开招标的方式支持草根NGO参与灾区治理，在中国公益历史上还是首次，史无前例。

第二，民间团体自发组织，形成联盟参与抗疫救灾，或参与援建活动和灾区治理活动。2003年非典疫情防控期间，广东省有近万个民间组织，其中全省性社会团体就有700多家参与抗疫救灾工作。医药、卫生、科技类社团相约，为治疗非典献计献策，走进社区，宣传普及相关知识。工商、消费、物价类团体表示，要协助政府对制假、哄抬物价及其他扰乱市场秩序的现象进行严格监督，果断制止。环保组织、志愿者组织积极承担起宣传、引导群众提高环保和卫生意识的任务。新冠疫情暴发后，湖南阳光公益协会第一时间组织会员设卡排查从湖北回乡的人员，并填表备案。会员们协助当地镇村干部搭建值班亭哨，冒着严寒，24小时不间断地查找可疑车辆和人员。

汶川地震后第二天，全国各地50多家机构共同发布了《中国民间组织抗震救灾行动联合声明》，5月14日，在成都成立社会组织行动联盟“NGO四川地区救灾联合办公室”。5月15日，正式成立“‘5·12’民间救助服务中心”，旨在为来自各地的社会公益组织、志愿者团队及社会爱心人士有序参与四川抗震救灾和灾后重建工作，提供有效的信息服务和政策分享。汶川地震发生后，中国扶贫基金会、南都公益基金会等57家社会组织发表了抗震救灾行动联合声明。据不完全统计，有 300 多家社会组织参与一线救援工作，催生了如蓝天救援队等多支灾害救援民间组织。

第三，境外社会组织经过报备批准后参与灾区治理。新冠疫情中，联合国志愿人员组织向我国捐赠各种抗疫物资，各国青年组织等帮助中国地方组织和部门接洽防护口罩的生产和采购渠道。根据新华网的报道，汶川地震后的第 4 天就有 7 支境外专业救援队伍进入灾区参加救援，这是自 1949 年以来首次有境外社会组织参与我国的救灾援助工作。在灾后恢复重建进程中，国家扶贫系统与国际组织如联合国开发计划署（UNDP）、乐施会等密切合作，为灾区贫困村百姓的住房修建、危房改建和交通道路等基础设施提供资金，对灾民的生计恢复、创业就业等方面提供支持行动。其中，乐施会成为与我国扶贫系统签订合作协议的第一个国际 NGO 合作伙伴。截至 2013 年 12 月，乐施会为“5·12”汶川地震共筹得 1.72 亿元港币的捐款，在四川、陕西、甘肃三省开展 228 个项目，超过 85 万人次受益。

第四，通过与政府合作，参与突发事件后的抗疫救灾治理。在 2003 年非典疫情和新冠疫情防控期间，许多民间医生、护士以志愿者身份参与医院的救护工作。由于新冠疫情在全球肆虐，我国许多社会组织与国外政府合作，支援国际抗疫工作。据国际公益学院研究团队的不完全统计，截至 2020 年 3 月 31 日，中国内地社会组织已经或计划开展的全球抗疫行动覆盖六大洲至少 109 个国家（不含中国），占有疫情国家的比例达到了 54%，其中包括捐赠检测试剂盒，利用优势资源精准支援疫情前哨的猛犸基金会；设抗疫专项基金，专业国际援助发挥示范效应的中国红十字基金会；马云基金会和阿里巴巴基金会的全球抗疫战略布局速成，国际援助版图大扩张；微医全球抗疫平台致力企社合作推广“互联网+医疗”，形成在线救援抗疫新模式；中意慈善论坛发起机构带动多方参与，发起支援意大利抗疫联合行动的抗疫涟漪效应；中外组织跨界合作，促进多方参与形成优势互补的 IACCR 和中欧抗疫绿丝带行动；校友情谊化为援助行动，大幅降低海外捐赠信任成本的高校校友会；充分发挥灵活度与号召力，主动驰援全球抗疫的志愿者自组织；国内经验延续海外，探索志愿者开展全球服务有效模式的 IWill 志愿者联合行动；专注自身业务领域，帮助海外华人做好心理“防疫”的惠迪吉心理支持热线等。此外，浙江大学医学院附属第一医院联合马云公益基金会、阿里巴巴公益基金会共同发布的多语种《新冠肺炎防治手册——浙江大学医学院附属第一医院临床经验》已分享到 224 个国家和地区，也是此次抗疫的创举。再比如，广东省在汶川地震灾区援建活动中通过给予社会组织经费保障的方式，将其社会治理活动纳入恢复重建规划中来，把社会工作人才引入灾区建设规划中来，进而推动了汶川的社会治理体系建设，建立了具有汶川特色的社会治理工作体系，促进了灾区恢复重建工作系统化、全面化协调推进，促进了汶川跨越式发展。在对汶川县的社会组织——沙溢社会服务中心的调研中，笔者了解到社会治理工作一开始并不在恢复重建规划当中。广州沙溢社工的几位负责人主动到汶川灾区调研，发现灾区的需求之后，通过不断游说对口支援重建小组，才被纳入到了对口支援重建的项目当中。

第五，先开展工作，同时寻求政府的认可。由于社会组织的成立需要向相关机构报备并获得批准，手续比较烦琐而且需要较长时间，因此，在重大灾害发生后，有些民间组织或法人则先展开相关援救工作，然后希望政府认同并支持。比如，当汶川地震发生后，碧桂园控股有限公司成建制接收四川省汶川县原桑坪中学的 1 579 名师生到碧桂园集团旗下的学校异地复课。时任碧桂园驻汶川桑坪中学复课点办事处主任的吴锦伦回忆说，第一批师生于当年 7 月 1 日到顺德国良职业技术学校；第二批、第三批师生随后到了广州凤凰城中英文学校。后来，为整合教学资源及便于管理，将上述两个复课点的师生统一迁移到尚未招生的五邑碧桂园中英文学校，并于当年的 9 月 1 日正式开学。作为社会组织，碧桂园控股有限公司的助学行为走在了广东地方政府之前。

第六，官方公益机构和民间基金会合作参与。在重大灾害发生后，灾区救援工作急需资金扶持，单一的政府资金稍显不足，需要民间公益基金的补充。在 2003 年非典疫情、新冠疫情以及汶川地震发生后，许多官方和民间基金都积极募捐援助灾区，最典型的是汶川地震恢复重建期间获得了大量资金援助。根据中国基金会中心网的数据统计，震后直至 2015 年仍有 19 家基金会在汶川地震灾区提供各种服务，援助项目支出约 1.9 亿元，覆盖灾后的基础设施（校舍、农房和道路交通）重建、灾害预防教育、残疾人救助、心理健康咨询、助学、农业技术等。四川省也成立了以汶川地震灾后重建为主旨的公募基金会（四川省重建基金会），这是全国唯一的以援建重大灾害后援建灾区建设为宗旨的公募基金会。

（3）社会参与的具体形式和功能。重大灾害后，社会力量参与灾区救援及恢复重建主要有两种方式：一是为灾区募集资金和物资；二是为灾区提供人力资源服务和专业技术服务。公民个体参与和机构集体参与并存、机构合作行动和草根自主行为并存，是重大灾害后灾区恢复重建中社会组织参与所体现出的主要服务特征，也是社会参与的鲜明特点：参与主体多元但以机构集体为主、服务形式多样但以社会组织为主、行为路径多样但以非合作的各自作战为主。在重大灾害后灾区恢复重建进程中除了自然灾害后的基础设施重建以外，还有其他多种形式，主要包括了文化教育、就业创业促进、社会心理重建、社区医疗卫生重建等多个方面，后者主要体现在重大公共卫生事件之后的恢复重建。具体来说：

在救灾方面，社会力量参与的具体形式表现为：一是参与重大灾害（主要是自然灾害）后的紧急救援工作以及重大公共卫生事件中的防疫控疫工作。如新冠疫情期间各地派出医疗救援队参与湖北重灾区的紧急救援与防疫控疫工作；再如汶川地震后广东狮子会、蓝天救援队等社会组织参与对伤员与被困人员的紧急救援，这两个组织之后逐渐发展为专业救援组织，后面还陆续参与了青海的玉树地震、南方雪灾等救援工作，在救灾支援工作中得到不断锻炼，并迅速发展成为全国性著名的救援机构；二是对重大灾害后灾区民众进行访谈和调查，了解灾区人们尤其是弱势群体的各种需要和诉求，分析现有救助政策和社会保障体系的薄弱环节和不足之处，并向政府有关部门提出具有针对性的意见和建议；三是协助相关政府机构落实公共救援政策和社会救助措施，通过深入实地调查和摸排，了解灾区人们的真实信息和真实需求，调查其家庭收入和经济来源等细节情况，使得救助措施和救援政策能够精准实施。

在文化教育方面，社会力量参与的形式表现为：一些社会组织在重大灾害后的灾区开展个案跟踪辅导、生活成长小组和个体生命教育等多样化的社会工作服务。如 2003 年非典疫情暴发后，香港理工大学在广东成立公共卫生心理社会工作项目，在广州、深圳等地区开展学校社会工作服务，这一项目在 2003 年非典疫情之后很长一段时间内还持续存在。如今这个项目组织已经实现成功转型，在新冠疫情期间和之后，还深入武汉、黄冈和孝感等重灾区进行学校社会工作服务。灾区民众对于该项目的认可程度很高，认为该项目在很大程度上帮助了灾区师生克服对疫情的盲目恐惧和厌学等心理，对于重大公共卫生事件后创伤应激反应有缓和与心理治疗作用。

在创业就业方面，社会力量参与的形式表现为：一些社会组织在重大灾害后对灾区民众进行创业就业培训，激发他们的创业意识，提高他们的就业能力。通过提供小额贷款鼓励灾区民众创业，或者通过牵线搭桥方式（如提供就业信息平台）促进灾区居民就业。也有一些社会公益组织联合地方政府因地制宜地发展特色农村项目，比如手工业、种植业和养殖业等项目。如湖北地区的新冠疫情暴发之后，为了促进疫区民众就业，中山大学黄冈社工站组织当地农村中老年妇女成立了多种手工艺小组，将心理健康辅导、技能培训和物质帮助结合在一起。

在社会心理重建方面，社会力量参与的形式表现为：一些公益组织机构的社会工作人员介入到重大灾害后疫区、灾区的社会心理重建服务中，通过专业的心理危机干预和专业心理治疗帮助疫区灾区民众恢复社会信心，解决社会心理面临的问题。

在基层社区重建方面，社会力量参与的形式表现为：基层社区重建是重大灾害后灾区恢复的关键环节，在物理层面的灾后基础设施恢复重建完成之后，社会工作者需要在社区文化、社区互动网络和社区制度等精神文化层面的恢复重建中发挥出更加重要的作用。

（二）资源投入

一旦有重大灾害（重大自然灾害和重大公共卫生事件）发生，在政府层面，我国会动员全国各地区采取多形式，调配各种资源来帮助疫区灾区完成社会恢复重建，“政治锦标赛”的宏观驱动转化为更为具体的微观驱动如：“项目驱动”“工程驱动”和“指标驱动”等，受到了中央政府领导下援建省份政府的高度重视，也受到灾区各级政府的高度重视。在社会力量层面，帮助灾区也成为所有非营利机构和公益组织的共识，大量的社会组织以捐款捐物或提供相关专业技能服务等形式投入大量的资源。

1. 各级政府资源投入

从2003年非典疫情到汶川地震灾情再到新冠疫情，各级政府都会投入大量资源进行恢复重建工作和社会治理工作。譬如，在抗击非典及新冠疫情期间，为控制疫情蔓延，疫区地方政府采取了强制隔离等措施。但仍有极少数公民不予配合，认为这“干涉了人身自由”，是“侵犯人权”，这时就需要政府一方面投入医疗物资资源，同时还要协同社会组织投入大量人力物力进行社会秩序维护和说服教育。

再如，汶川地震后，根据世界银行报告，共开展了大约41 130个重建和复原项目，其中90%以上的项目在两年内完成。据估计，灾区的恢复重建投资1 460亿美元。以汶川县为例，在地震之前这个西部县城的财政收入仅有1.2亿美元，而灾后大约2 700多个灾后恢复重建项目累积总投资221亿美元，首次实现城乡规划全覆盖，道路交通直接向村组延伸。其中，根据

《汶川地震灾后恢复重建对口支援方案》的安排，援建省份的对口支援期限为 3 年，在 3 年期限内每个援建省（市）每年给灾区的对口支援实物资源量折算成人民币不得低于上一年财政收入的 1%。仅对口支援这一部分，广东省 3 年的支援资金达汶川县 2007 年财政支出的 24 倍多。与地震之前相比，震后汶川县两年内完成全社会固定资产投资 181 亿元人民币，相当于 1949 年之后 59 年（截至 2008 年）累计投资的 1.5 倍。共有 17 个捐助省份在两年内完成了对口援助任务，安徽、吉林两省也在 3 年内按计划完成任务。共有 15 个省份按照中央政府援助资金的要求完成原定任务，其中 8 个省份的援助资金超过了规定数额，只有安徽、黑龙江、湖南和江西四省的援助资金因特殊原因略低于中央要求。如山东省提供援助金额高达 62.69 亿元人民币。广东佛山市对汶川县水磨镇恢复重建援助取得重大成功，得到了联合国的表彰，并获得了国际大奖。最初，佛山市对水磨镇的恢复重建作出 6.4 亿元人民币的初步承诺（这一数字超过了水磨镇从 1949 年到 2008 年 59 年的总收入）。但在恢复重建的具体实施阶段，佛山市政府发现 6.4 亿元人民币难以完成恢复重建和社会治理计划。因此，佛山市又从广东省的援助奖励中争取到额外 2 亿元人民币，并发动全省人民进行各种公共捐款，累计获得捐款近 2 亿元人民币。佛山市对水磨镇的恢复重建及社会治理援助最后高达 10.7 亿元人民币。因此，汶川县水磨镇的恢复重建非常成功，据当时联合国环境规划署官员称，水磨镇的恢复重建“强调生态友好和低碳概念”，并以“融入人们生活的重建项目”为特色，成为重大灾害后灾区可持续发展的经典案例，在佛山市的帮助下，水磨镇发展成为具有可持续发展能力的现代化城市。

2. 社会资源投入

新冠疫情暴发以后，社会组织从以下几个方面开展心理援助和社会工作服务：①加强新型冠状病毒感染者心理援助与社会工作服务，对新型冠状病毒感染者提供心理支持和心理危机干预。对有精神行为问题的感染者，及时组织精神科会诊，提供危机干预和精神科药物治疗。②开展被隔离人员心理援助与社会工作服务，为在集中隔离点隔离的人员提供疫情认知、健康指导和心理情绪辅导，评估心理危机，开展家庭支援、社会关系修复、政策咨询及转介等服务。重点关注儿童、老人、残障人士、有原发疾病等特殊需要的人员和因公殉职者家属、病亡者家属，做好困难救助、心理疏导、哀伤辅导、社会支持网络修复等社会工作服务，开展针对性评估和危机干预、转介服务。③强化一线工作人员心理支持与社会工作服务，采取“线上+线下”的方式，对在疫情防控一线工作的医护人员、疾控人员等医务人员和坚守工作岗位的公安、交通等人员和基层社区工作人员提供心理援助。广大社会工作者和志愿者在各级民政部门动员、组织和引导下，对一线工作人员及家属提供心理疏导、情绪支持、保障支持等服务，帮助一线工作人员进行自我心理调适。

社会组织在援助疫区时严守心理援助伦理规范，做好服务管理和效果评估，参与心理援助与社会工作服务的人员自愿在党委和政府的统一领导下开展工作，遵守心理工作、社会工作服务的伦理规范、恪守职业道德，承诺严格保护受助者个人隐私、严格遵守信息发布规则。

汶川地震后的半年内，全国为汶川地震受灾地区募集款物 762.14 亿元（其中捐款 652 亿元）打破了中国捐赠历史记录，超过了 1996—2007 年全国接收的救灾捐赠款物的总和（累计 557 亿元，其中捐款 420 亿元）。2008 年全国慈善捐赠总额达 1 070 亿元，而在 2007 年，这一数字仅为 309 亿元。多出来的部分就集中在对汶川地震灾区的募集款物。清华大学公共管理学院教授邓国胜团队对“汶川地震善款流向”的研究报告显示（表 4－4），截至 2008 年 11 月，全国捐赠的资金为 652.5 亿元，其中政府直接受捐约占 58%，约 379 亿元；各地红十字会、慈善会以及地方公募基金会的捐款约占 31%，约 199 亿元；中国红十字总会、中华慈善总会和 16 家全国性公募基金会只占了约 11%。社会组织将这些募捐而来的资金用于提供各种公共服务，如赈灾救灾、扶贫济困、帮助妇女儿童、关怀农村留守老人等公益事业，如“希望工程”“康复扶贫”“光彩事业”等活动中社会组织都做出了贡献。

表 4－4　汶川地震善款流向统计表

接受善款的组织	接受资金（亿元）	占比（%）
各级民政部门	209.38	32.1
中央职能部门	44.65	6.8
地方政府职能部门	28.00	4.3
特殊党费	97.30	14.9
红十字会	138.00	21.1
慈善会	96.53	14.8
公募基金会	38.64	5.9
合计	652.50	100.0

《中国的减灾行动》白皮书指出，在听闻汶川地震的消息后，中国公众、企业和社会组织纷纷捐款捐物，参与紧急救援。参与紧急救援的志愿者来自五湖四海，深入灾区前线的国内外志愿者人数超过 300 万人以上，在后方以各种形式参与抗震救灾的志愿者人数更是高达 1 000 万人以上。其中，震后的 40 天内，超过 130 万人次的志愿者深入震中灾区开展紧急抢救、医护救援工作，超过 1 000 万名志愿者以不同的形式参与志愿服务，超过 2 000 万人次志愿者在汶川地震过程中间接或直接提供过志愿服务。即使在灾后一年，仍有超过 5 万名志愿者坚持在灾区提供各种社会服务。白皮书数字显示，2008 年是中国名副其实的公益元年，各种类型的社区志愿者组织机构数量达到 43 万个，志愿者队伍规模庞大，人数近 1.5 亿人，其中各级共青团、民政部门和红十字会三大系统比上年增加志愿者 1 472 万人，年增长率高达 31.8%。根据新华社的报道，汶川地震震撼了全世界，海外志愿者（包括华人华侨）超过 20 万人次参与灾区的恢复重建或社会治理工作，至少有 1 500 名外籍志愿者在灾区持续工作 2 年以上。

三、社会治理重建的思路及行为探索

“政府主导与社会参与相结合”是《汶川地震灾后恢复重建条例》（以下简称《条例》）中的六条基本原则之一。《条例》也进一步指出，“国家鼓励居民、法人和其他组织积极参与地震灾后重建工作。”《汶川地震灾后恢复重建条例》虽然只是针对汶川地震这一具体重大灾害，但政策也具有惯性和溢出效应，《条例》也逐渐被运用于其他重大灾害后灾区的恢复重建及社会治理工作。《汶川地震灾后恢复重建条例》首次把“社会参与”纳入我国重大灾害后灾区恢复重建的制度设计当中，是政府向社会力量逐步并有选择性地赋权，使公益组织、民间机构等社会力量在参与重大灾害后灾区恢复重建的过程中具有法源基础。同时，坚持“政府主导”原则，也说明了在赋权过程中政府有主导选择权，赋权的范围、频度、层面和尺度等都掌握在政府手中。在政府与社会力量互动合作的关系中，政府占支配地位，发挥主导作用。在这个制度体系设计下，“政府主导与社会参与相结合”表现的是政府与社会力量之间的双向互动，“赋权”和“嵌入”是相互双向的而非单向单维度。

（一）政策议程中的公众与政府契合度

政策议程是将政策问题纳入政治或政策机构实施行动计划的过程，即提上政府议事日程，纳入决策领域的过程，提供一条政策问题和一些需要给予考虑的事项进入政策过程的渠道。[①] 本质上是社会的各阶层、各种利益团体及人民群众反映和表达自己愿望和要求，促使政策制定者制定政策予以满足的过程，也是政党或政府集中与综合所代表的阶级、阶层和集团的利益，并通过政策制定予以体现的过程。从政策活动的功能方面，可分为问题确认议程、提案议程、协议或讨价还价的议程以及持续议程。从政策议程的主要阶段方面，可分为系统议程和政府议程。政策问题是已进入政策过程的公共问题和社会问题，是政策制定过程的开端。公共问题指大众的问题，是人们的价值、观念、利益或生存条件遭到了威胁而出现的问题。社会问题泛指由于社会关系或环境失调，致使社会全体成员或某个领域、地域的多数成员的正常生活乃至社会进步受到阻碍，需要动用社会力量加以解决的问题。政策问题还包括尚未被实现的社会价值或需求，而这些需求或价值能够通过公共活动来加以实现。主要特征是：相互依赖性、主观性、历史性和动态性等。基本要素是：存在一种可以确认的客观情势，出现强烈的公众诉求，形成明显的政策需要。确认的方法主要有：类别分析法、层次分析法、类比分析法和假设分析法。

显然，本研究中的政策议程是指将社会公共问题纳入政府议事日程、纳入组织决策的过程，大体上可以分成公众议程和政府议程两个方面。重大灾害发生后，会受到社会和政府的广泛关注，而重大灾害所导致的一系列社会问题迅速进入公众视野，并引发舆论发酵，然后引起政府关注并进入政府议程，并很快成为公共政策问题（图 4－5）。在重大灾害后灾区的恢复重建进程中，为了解决重大灾害带来的一系列自然问题和社会问题，中央政府可以根据灾害程度来判断是否需要通过全国动员的方式，调动全国资源，来制定重大灾害后灾区恢复重建和社会治理体系建设等一系列制度安排。

1. 重大灾害后灾区恢复重建的艰巨性

金登（Kingdon）认为，突发事件和负面反馈是推动社会问题开启“机会之窗”的关键。根据自然灾害与公共卫生灾害周期理论，重大灾害之后会经历两个阶段，首先是紧急救援，随后是灾区面临的恢复重建任务（包括基础设施重建和社会治理重建），恢复重建工作是一个重大而久远的任务，仅靠灾区地方政府难以完全承担所面临的各种困难和挑战。由于重大灾害所造成的巨大损

① 冯钰婷．网络社会中我国公共政策议程设置研究［D］．太原：山西大学，2020.

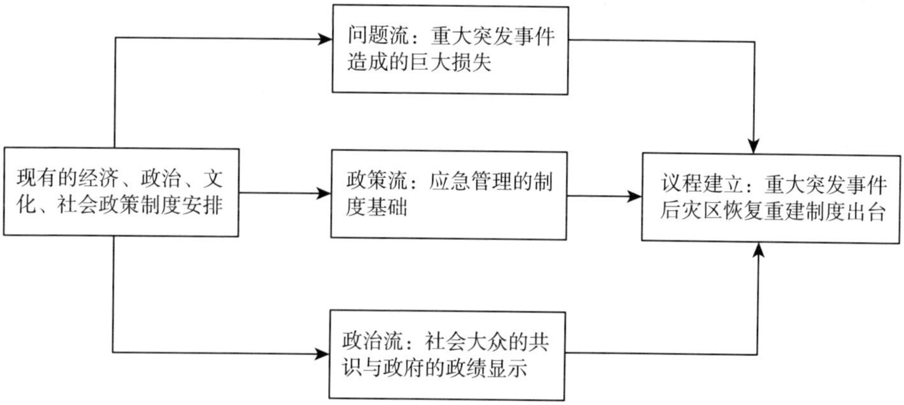

图 4-5 重大灾害后灾区恢复重建制度的出台过程

失（包括生命损失、财产损失和社会心理损失等），一般都会震撼全国乃至全世界，并引起广泛的社会关注，灾后恢复重建这一问题必然会进入政府的公共政策议程。此外，对生命的紧急抢救和救援工作完成后，国家和政府层面的注意力也会逐步转移到灾后的其他方面，物理层面的基础设施恢复重建及社会文化和社会治理重建也必然成为热点并逐渐转化为政策问题，进入国家和政府领导人的视野，进而影响政策制定者的决策过程。因此，重大灾害后灾区的恢复重建必然进入政策议程。

2. 与灾区恢复重建相关的制度基础

重大灾害后灾区恢复重建的制度安排会存在历史惯性和路径依赖，自从2003 年非典疫情发生后，我国在应急管理方面的制度建设较之以前有了很大改变，并取得了较大进步，成功建立了“一案三制”的应急管理体系。应急管理的“一案三制”体系是具有中国特色的应急管理体系。“一案”是指国家突发公共事件应急预案体系，“三制”为应急管理体制、运行机制和法制。应急管理体制主要指建立健全集中统一、坚强有力、政令畅通的指挥机构；运行机制主要指建立健全监测预警机制、应急信息报告机制、应急决策和协调机制；而法制建设方面，主要通过依法行政，努力使突发公共事件的应急处置逐步走上规范化、制度化和法制化轨道。“一案”与“三制”是一个有机结合的整体，如果把应急管理的“一案三制”体系比喻为一架直升机，那么，“一案”可视为直升机的机体，“三制”则视为直升机的前、后机翼和螺旋桨，即体制是直升机的前机翼（起平稳飞行作用），机制是直升机的后机翼（起平衡、协调作用），法制是直升机的螺旋桨（飞行的动力）。“一案”与“三制”相互依存，共同发展，确保直升机的飞行安全，起到应急救援的作用。

中国对于重大灾害之后的灾区恢复重建也有一些经验，比如唐山大地震（1976 年），在地震后的灾区恢复重建中主要确立了“政府主导”和“自力更生”的原则。2003 年非典疫情，在疫情得到控制和平息之后，重点强调了社会文化、社会心理和社会治理重建。2006 年《关于全面加强应急工作的意见》也强调了“对口支援”“全民动员”“全社会参与”等社会力量参与社会治理重建的重要作用。因此，面临新冠疫情这一重大突发公共卫生事件时，针对疫区的疫情应对和恢复重建问题已经有一定的经验可以借鉴，并具有一系列可供选择的计划和方案。

3. 社会公众共识和官员政绩显示

不仅是灾区地方政府官员希望灾区的恢复重建工作顺利完成，援建方的地方政府也积极参与救援工作和恢复重建工作，并希望以此获得一份政绩。与此同时，重大灾害后的灾区也引起了社会公众的广泛关注，出于中国人民的传统美德，帮助灾区重建家园，快速高质量完成恢复重建，帮助灾区民众克服困难，早日恢复正常生活已经成为全社会大众的基本共识。一般来说，重大灾害规模巨大、影响区域较广，生命或财产损失严重，灾区单一力量不足以快速完成恢复重建工作。而全国动员模式和地方政府对口支援模式在紧急救援阶段和恢复重建阶段都可以发挥重要作用。因此，举国动员，集中资源帮助受灾地区恢复重建的政治流得以形成，并获得社会大众的认可与支持。①

4. 政策议程的建立

重大灾害后，问题流、政策流和政治流快速聚合，政策之窗被开启，中央政府和地方政府在短时间内就制定和出台了相关公共政策和制度。根据《法治日报》的报道，汶川地震发生后的第 14 天，《汶川地震灾后恢复重建条例》就开始启动。2003 年非典疫情发生后，卫生部迅速出台了《公共卫生突发事件应急条例》（以下简称《条例》），《条例》从起草到提交审议，前前后后只花了半个月。主持该《条例》全程制定工作的国务院法制办教科文卫司副司长宋瑞霖说这是“非常速度”。国务院相关负责人说：4 月 14 日国务院第四次常务会议提出抓紧研究《突发公共卫生事件应急条例》的要求之后，他们会同卫生部立即抽调人员，共同组织起草小组，经过日夜奋战，草拟了条例的初稿，于 4

① 周光辉，王宏伟．对口支援：破解规模治理负荷的有效制度安排［J］．学术界，2020（10）：14－32.

月 20 日邀请桑国卫、高守一、洪涛三位院士和中国疾病预防控制中心、医疗机构的十几位医学专家、学者，对条例初稿进行研究、论证。会后，根据专家、学者的意见进行了修改，形成了条例征求意见稿立即送发展改革委、财政部、公安部、国家监察委员会等 15 个国务院有关部门和军委法制局征求意见。同时邀请中国疾病预防控制中心负责人和北京大学公共卫生学院的专家、学者，对征求意见稿做了进一步的研究、论证。根据专家和有关部门的意见，对征求意见稿做了补充、完善，形成了条例草案，经 5 月 7 日国务院第七次常务会议审议并原则通过。根据常务会议的精神，他们会同卫生部对草案做了进一步修改，报请温家宝总理审批同意并签署后公布施行。这充分说明了重大灾害发生后灾区恢复重建问题的紧迫性。一旦发生重大灾害，中央和地方政府都会相应推出一系列相关的制度安排，并在组织运作方面采取非常时期的非常规性治理模式，以最短时间和最快速度完成灾后的基础设施恢复重建和社会治理重建。

（二）社会力量参与社会治理重建的路径探索

重大灾害发生后，公众议程和政府议程快速契合，志愿者、民间团体和公益组织等社会力量也积极参与紧急救援，众多社会力量如潮水般涌入受灾地区，如果得不到有序疏导、合理安排，这些社会力量也有可能“好心做成坏事”，即有可能起到负向效果。事实上，在 2003 年非典疫情、汶川地震和新冠疫情的紧急救援过程中，过多的社会力量无序涌入灾区，没帮忙反而“添乱”的情况也不少见。“政府主导和社会参与相结合”的灾后恢复重建原则可以为社会力量参与灾区救援和恢复重建工作确立一种新思路和新模式。在此之后，学者和实践工作者都就重大灾害后灾区的恢复重建和社会治理重建进行了路径探索。

1. 地方政府与社会力量的互动

社会力量要生存，离不开与各级政府部门开展合作，既有可能被动合作即被动接受政府部门的委托承担部分公共治理职能，也可能主动寻求与各级政府部门合作，即积极进入重大灾害后灾区的社会重建进程中，并主动寻求政府在政策制度、公共资源及合法性方面的强大支持。在政府与社会力量的互动过程中，任何赋权支持与嵌入渗透都是双向、相辅相成的。在社会力量主动嵌入地方政府部门的过程中，社会力量固然得到了成长和发展空间，但是政府也获益良多，在灾区基础设施的恢复重建和社会治理体系建设工作中得到社会力量的支持和配合，同时也嵌入到了社会力量持续、良性和有序发展的进程当中。在研究过程中，本书重点关注民间公益组织与各级地方政府之间的互动。

（1）社会力量的公关游说、抱怨诉苦与主动嵌入。重大灾害发生后，受灾地区的紧急救援工作持续时间不会太长，但灾后恢复重建阶段的持续时间则会比较长，在这个阶段，政府与社会力量相互交织，有了更多元的沟通渠道、更多沟通机会和时间。一些民间团体、公益组织等社会力量出于公益和道义，在受灾地区主动、积极开展援建工作，同时寻找自己在受灾地区的成长机会和发展空间。这些社会力量主要通过公关游说和抱怨诉苦等方式，寻求政府在政策制度、资金项目、公共资源和合法性等方面的鼎力支持。

汶川地震后，2008 年 10 月，公益组织“广州市大同社会工作服务中心”（以下简称“广州大同”）迅速进入灾区开展社会服务工作。时任广州大同社工副总干事的李习勇和社工王思维等同志接受服务中心的委派率先进驻重灾区汶川县，建立“汶川站”，协助当地政府部门开展受灾群众情绪安抚、心理疏导治疗、舆论引导和政策宣传等工作。2008 年底，广州大同的理事长、广东工业大学刘静林教授率众多次深入汶川调研，了解到灾区人们对心灵安慰、心理援助的需求难以得到政府的正式帮助，因为承担汶川援建的广东政府只提供物资、资金方面的对口支援，而精神或心理方面的救助并没有被纳入正式的对口支援重建项目当中。心系汶川灾民的刘教授开始游说广东省援建工作组，建议成立专业的社会工作站为灾区民众提供心理指导。在广东援建工作组和汶川县委、县政府的大力关心、支持下，组建了（汶川）广东社工站（属非营利公益性社会组织），不久又在汶川县民政局正式注册成立汶川县大同社会工作服务中心，开始运作站点服务，为汶川县民众提供精神指导、心理治疗和矛盾纠纷调解服务。“作为社工领域的先行者，紧随广东援建汶川恢复重建的步伐，为汶川灾区的社会治理重建提供力所能及的帮助。协助灾区基层政府化解基层矛盾，缓解社会心理。重建灾区社会治理体系，指导街道社区和村民委员会开展精神文明建设工作，为普通民众提供心理指导服务，帮助他们克服恐慌的心理”（编号 SGJG－001）。

广东援建工作组从经费、组织运作等方面提供支持，共安排 424 万元专项经费，通过政府购买社会服务的方式运作，向（汶川）广东社工站购买了为期 3 年的灾民心灵抚慰、心理辅导、矛盾纠纷调解和精神文明建设支持等方面的服务。2011 年 3 月，汶川县委、县政府召开了社会工作推进大会和社会工作学习大会，会议宣布成立汶川县民政局社工股、汶川县社会工作者协会、汶川县大同社工工作服务中心及“我爱我家”志愿者爱心艺术团。汶川县大同社会工作服务中心的服务项目包括：青少年服务、低保家庭服务、“家转居”人员服务、妇女服务、残障人士服务、精神病康复服务、老年人服务、戒毒人员服务、社区矫正服务、志愿者队伍建设、医务社会工作等。社工工作服务中心的宗旨是：坚持以人为本，关注社会需求，服务弱势群体，促进人文和谐。

汶川大同社会工作服务中心负责人（编号 SGJG-005）说“我们也非常担心援建结束之后，中心面临资金枯竭（难题），得不到当地政府的支持，有很多同事因担心‘服务中心’停摆而申请离职。我们不断和汶川县政府及当地的乡镇基层政府沟通，希望获得持续的资源支持。社会治理和社会服务是一项长期的工作，‘服务中心’没有因援建结束而停止运作，当地政府部门也希望我们继续提供社会服务，为我们提供了政策、场地和资金方面的大力支持。”

广州市大同社会工作服务中心参与汶川县的灾后恢复重建工作，是典型的社会力量主动寻求政府支持，通过加强与援建方及灾区基层政府的联系，以社会服务嵌入政府治理，通过游说公关（前期）和诉苦（后期）等方式寻求地方政府的支持，与地方基层政府合作使“服务中心”获得了在汶川建立分部即汶川大同社会工作服务中心的良机，并得到资金以及合法性支持。在得到了当地政府的“选择性赋权”之后，汶川县大同社会工作服务中心获得了可持续发展的原动力，发展得越来越好。汶川县政府也通过在“服务中心”成立党支部、设立对应的监督管理部门，有选择性地提供资金支持等方式实现了对汶川县大同社会工作服务中心的有效嵌入。通过这样的“赋权”和“嵌入”过程，援建地地方政府、灾区地方政府与大同社会工作服务中心形成了协同合作，共同为重大灾害后灾区的社会治理重建做出贡献。[①] 类似的“政—社”合作，同样在非典疫情防控和新冠疫情防控期间及其他重大灾害后的灾区恢复重建中出现。

（2）政府选择性赋权与社会力量分层嵌入。与广州市大同社会工作服务中心不同，一些大型社会公益组织本身就拥有一定官方背景或官方支持，其规模也大得多，与各地各级政府有着千丝万缕的联系，建立了长时期的合作关系。

① 谢伟民，叶志鹏．创新与跟随——为什么弱化援助方激励的对口援藏政策仍能得到有效实施?[J]．公共管理评论，2019（2）：65-87.

他们参与重大灾害后灾区恢复重建的过程及具体操作方式与小型社会组织存在较大差异，但其介入本质都是通过公关游说和抱怨诉苦等方式嵌入到地方政府的治理结构当中。

香港乐施会是一个独立的发展与人道救援机构，致力于消除贫困，以及与贫穷有关的不公平现象。乐施会是一个具有国际影响力的发展和救援组织的联盟，是积极参与重大灾害后灾区救援和重建的非营利组织。2003 年非典疫情防控期间，香港乐施会拨出 39 万港币捐款协助内地抗击非典，主要用于帮助北京、广东等地区的外省民工预防非典及其他传染性疾病。乐施会在北京、广州开展了“外省民工预防非典型肺炎暨减灾能力建设项目”。乐施会为 7 所民工子弟学校、12 个单位等提供了多项援助，有 9 600 多人受益。

2008 年 5 月 13 日，乐施会启动了“汶川地震救援及重建项目”，并及时在四川省扶贫办的协调下，到汶川、北川和都江堰等重灾区展开了灾情评估活动。2009 年 1 月，国务院扶贫办、中国国际扶贫中心与乐施会签订了《开展汶川地震贫困村灾后恢复重建试点专案框架协议》，香港乐施会由此成为中国政府承认的首批参与重大灾害后灾区恢复重建的国际 NGO 合作伙伴之一。乐施会工作人员（编号 SGJG－013）说“在汶川地震灾后的恢复重建进程中，乐施会在 3 个灾区省份（四川、甘肃和山西）的 24 个县、80 个村展开各种项目 400 多个。乐施会选择的都是较少被政府和外界关注、资源不多的地区，在这些地区开展救助和社会治理工作，达到社会力量与政府实现互补与合作的协同（目的）。”前乐施会兰州办公室工作人员（编号 SGJG－017）说：“汶川地震后，乐施会在成都和兰州成立办公室以有效推进灾后的恢复重建工作，成都办公室与兰州办公室精诚合作，携手四川、甘肃和陕西 3 省扶贫办协同负责项目执行。”香港乐施会在开展震后恢复重建项目时，主动与 3 省扶贫办互动合作、共同开展恢复重建工作，表现出社会力量在参与重大灾害后灾区恢复重建工作时虽然占据道德优势，依然会主动寻求当地政府部门的支持，以便自己开展的援助项目既具有道义合理性还具有合法性。香港乐施会从帮助内地抗击非典疫情到帮助汶川地震后的灾区恢复重建，分别与卫生部和原国务院扶贫办合作并获得地方政府相关部门的大力支持，说明社会力量参与灾区恢复重建和社会治理都离不开政府的支持与合作。重大灾害后，社会力量参与灾区援助，一般都与灾区政府签订援助协议，协议的签订使得政府对社会组织参与灾区或疫区恢复重建项目具备有效的监督和合作，事实上也是政府与社会力量之间相互赋权和相互嵌入的双向过程。

基于对上述广州大同社会工作服务中心和香港乐施会两个案例的分析，不难看出，社会力量在参与重大灾害后灾区的恢复重建和社会治理进程中表现出的特征是：政府渐进、选择性赋权、社会力量分层、有序嵌入。实际上，这种嵌入在政府与社会组织之间双向进行，而且在不同层级地方政府的治理结构中展开。总体来说，由于传统集权制和社会管理理念的影响，在重大灾害后灾区恢复重建的初始阶段，受灾地区紧急救援及恢复重建还是由政府控制，党和政府及严格的社会控制成为阻碍社会力量进一步参与灾后恢复重建的关键因素。具体来说，主要表现在政府财政预算较少顾及社会组织，而且社会捐赠的资源也主要掌控在政府（民政部门）手中，民间公益组织难以获得社会大众信任，因而难以获得捐赠资金方面的支持。但是，政府代表公权力，既受到许多政策与法制方面的刚性约束，也会受到一些政治因素的影响，而且各级政府承担了安置困难灾民、发放救济物资、危房维护修建、道路桥梁等基础设施恢复、生产生活恢复等多方面的任务，任务纷繁冗杂并存在专业技能方面的限制，难以兼顾到方方面面，有时也难免疏忽而出现政府失灵现象，需要专业的社会市场力量来协助社会治理。在运用行政刚性手段推行灾区恢复重建的过程中，政府也不是万能的，在宏观方面有优势，微观方面则有不足，有时也难以顾及不同群体的利益诉求。社会力量则关注微观的、具体的灾民群体，在照顾民众复杂需求方面表现出明显的灵活性和优越性。因此，一些地方政府为了保证受灾地区社会治理体系的建设，有效维护和恢复社会秩序，对借助社会力量来加快灾区恢复重建的速度和提升社会治理的效率，呈现出包容、开放和欢迎的姿态。当然，社会力量也表现出高度的灵活性和主动性，在与政府部门互动过程中“八仙过海、各显神通”，积极挖掘政府资源和人脉，采取了不同策略主动嵌入到灾区的恢复重建和社会治理结构当中去。

2. 政府理念转换

重大灾害后各类社会组织主动介入和坚持参与灾区社会治理和恢复重建，主动为政府提供政策建议、咨询服务，甚至公关游说政府工作人员和各级政府等，千方百计参与灾区的恢复重建进程，大部分社会力量是出于道义和同情心理参与援建，有理由获得政府的资金、政策和法源支持。因此，无论是援建地地方政府还是受灾地区地方政府有必要而且应当作出回应。但是，从 2003 年非典疫情之后的社会治理重建和汶川地震后灾区的恢复重建实践来看，在恢复重建的初始阶段社会治理重建思路并不占据主导地位，甚至有些地方政府觉得不存在文化和精神层面的社会治理重建，他们只看重物理层面的基础设施重建。但是，新公共管理运动对中国学者和政府管理还是产生了或多或少的影响，因此，在国际性的“公共行政改革”“行政组织职能改革”与“政府再造”等潮流影响下，以及全国动员和举国救济体制中融入了社会力量的参与，一些国际先进治理经验也流入受灾地区，再加上习近平新时代中国特色社会主义思想和科学发展观的指引，参与重大灾害后灾区恢复重建项目的各级地方政府都存在着或多或少、或主动或被动的执政理念转变和政府职能转换，对社会治理的重建思路在2003年非典疫情、汶川地震和新冠疫情暴发后灾区或疫区的某些地域、某些项目和特定人群中进行了一定程度的实践和探索。其中不乏一些生动的案例：

（1）2003年非典疫情防控期间，河北省满城区龙居村无一人被传染，这份功劳应归功于当地村民委员会在上级政府的指导下号召村民自动组织抗击非典。全村日夜24小时有人轮流值班，有的村民主动把自家小客车贡献出来供值班人员使用，把全村通往异地的一个山道路口和一条公路路口“守住”，回家的民工在路口登记、隔离，住进山坡果树林旁搭起的窝棚，村民在“村民医生”的指导下用民间方法防治非典，而且上山创建农场的事一天也没有停。村民的安居乐业和配合抗击非典的事例体现了当地政府在社会治理方面的理念有了较大改变，不再执着于政府主管一切，而是发动社会力量（村民自发组织）进行社会治理。

（2）比如民营公司达阔科技与中国移动共同定制的5G测温巡查机器人就被送往武汉市同济天佑医院和上海市第六人民医院，主要负责人脸识别信息登记、无感测温和医务辅助等工作。除此之外，3D打印隔离屋、消毒机器人、智能配送机器人等人工智能技术也在疫情防控期间展现出了巨大的社会价值，减少了人类面对突发公共卫生事件时的危险性，提升了疫情管控和社会治理的高效化。

（3）汶川地震后，在湖南省对甘肃理县的对口支援重建中，社会关系重建被纳入恢复重建的规划内容中，安排专门资金支持长沙民政职业学院在理县成立了第一家非营利组织——“湘川情社会工作服务中心”，在理县的汉族和羌族村寨开展灾后社会救助工作和民族社会工作，对于促进民族团结和社会和谐做出了重要贡献。

（4）在广东援建汶川县的框架内，在两地政府支持下，中山大学和香港理工大学社会工作专业的师生们在震中汶川县映秀镇创建了社会工作站，并深入汶川重灾区草坡乡等地开展专业服务。在草坡乡政府支持下，社工与当地村民一起精心准备和参与设计施工，将“汕头援建指挥部”公共建筑打造成集乡村旅游和中国农村社会工作培训基地为一体的社区公共空间。

类似的案例在重大灾害后灾区的社会治理重建中还有很多，由此可见，社会治理的新理念已经被部分援建地地方政府和灾区部分地方政府所接受，并把新理念运用于有益的实践探索，在部分地区的社会治理方面政府充分发挥宏观优势，同时借助社会力量的专业优势，在“政府主导、社会力量协同参与”理念下开展社会治理重建工作。在这些社会治理实践探索中，呈现出社会治理的新理念和新特征：

第一，重大灾害后灾区恢复重建不仅包括了住房、桥梁、道路和通信等物理层面基础设施的恢复重建，而且还包括了社会层面的文化、心理、精神和人际关系网络等恢复重建，无论是中央政府、还是援建地地方政府和灾区地方政府越来越关注社会层面的文化和精神重建，关注社会关系重建、社会治理重建、民众心理健康等方面。

第二，重大灾害后灾区恢复重建期间的社会治理格局与“政府主导与社会力量参与相结合”的原则一致，政府不仅在来自财政预算的公共资源配置中占据主导地位，而且掌控着绝大部分来自民间社会的捐赠资源，社会力量参与恢复重建必须从政府部门获取资源支持和政策支持，理所当然地也需要接受政府部门的监管。

第三，面对重大灾害后灾区恢复重建进程中的社会治理事务，除了政府是主导力量之外，还需要包括公益组织、民间团体、市场主体、公民个人等社会力量的协同参与，“党委领导、政府主导、社会协同、公众参与”的社会治理机制正在发挥着越来越重要的作用，而且社会力量在未来的社会治理机制中的地位也将越来越重要。

第四，在重大灾害后灾区恢复重建进程中，以公益组织、公民团体和社会组织为代表的社会力量在链接市场资源、倡导社会正义公平、强化社会关系网络和改善社会环境和自然环境等方面发挥着重要作用，同时社会力量积极主动嵌入到政府的治理结构当中支持和协同政府实施社会治理。

第五，在地方政府的政策支持、社会组织的专业帮扶、公益组织的资金资助下，灾区民众的自我组织意识不断觉醒和自我治理能力不断提升，民众改变被动等待救援的角色意识，自发组成自治团体自强自立并开展互帮互助，逐渐成长为灾区政府社会治理的利益相关者和协同合作者。

总之，在重大灾害后灾区恢复重建阶段，传统社会治理理念与方法已经悄悄发生变化，越来越多的政府自发接受新的社会治理理念和改变社会管理职能。以公益组织、行业协会和公民团体等社会组织为代表的社会力量不仅主动参与灾后社会治理进程，而且参与社会治理的能力有了质的提升，参与方式也有了新的变化。此外，灾区民众也愿意主动参与社会治理并成为社会治理的重要利益相关者。

第五章　灾害后灾区社会治理的转型与发展

我国在经历2003年非典疫情和2008年汶川地震后建立起了一整套应对重大灾害的体制机制和相应的法律法规，而这些体制机制和法律法规在应对各种重大灾害灾情或疫情中发挥了重要作用，有效地保护了人民生命财产安全，维护了社会政治稳定，推动了中国社会治理能力的现代化、规范化和法制化。但由于重大灾害所具有的高复杂性、高破坏力和治理综合性等特征，导致社会治理能力在强压下发生了变形和异化，出现了社会治理主体懒政怠政、专业性与政治性矛盾凸显、信息披露制度存在缺陷以及信息不对称等问题。事实上，损失巨大的重大灾害不仅严重地冲击着我国现有正常的社会秩序和社会结构，而且对我国的社会治理体系和治理能力也是巨大的考验。但在考验的同时，它也是完善我国现代社会治理体系、提升国家治理能力的一个重要突破口。在顶层部署和实际危机的双重背景下，研究重大灾害给社会治理能力带来的影响和反思，对于提升和再塑社会治理体系无疑具有重大的战略意义和现实意义。

重大灾害发生，其后往往伴随着快速的恢复重建，但恢复重建完成之后，灾区的原有制度和治理结构可能难以持续，无法适应灾后经济社会发展的需求。重大灾害后，强制全民动员和举国救援的模式被西方舆论错误地、片面地理解为“家长式”和“威权式”救援，被认为可能会削弱灾区的地方自治能力和改变灾区原有自给自足的社会生活方式，是一种对民主（虚假伪善的西式民主）具有威胁性侵蚀的行为。因此，重大灾害后灾区能否在恢复重建阶段“大建设”刺激下快速发展的基础上成功实现社会治理体系建设和社会全面转型升级就成为灾后社会治理的关键。本章主要聚焦在重大灾害与恢复重建阶段“大建设”所导致的社会后期效应与社会治理变迁。恢复重建阶段的跳跃发展不可能一直持续，援建工作结束后，灾区必然面对继续发展过程中资源断崖式锐减、文化堕距加剧以及其他各种各样的社会治理新问题。中央政府、援建省份政府、灾区地方政府之间的关系变迁，政府与社会自治之间的关系变迁，以及不同层级的政府如何与社会力量继续互动合作等都值得关注和研究。

一、重大灾害后灾区的社会治理变迁

“危机”既代表着危难也暗含某种机遇，带来灾难的同时也可能带来新的变化。当某个危机与某些偶然事件机缘巧合地汇聚一起，再加上外部的社会压力，就可能导致新行为方式的产生或某些政策制度的变迁。一般来说，重大恶性突发事件都会带来巨大灾难，给灾区带来惨重损失，引起全国甚至全世界的广泛关注，全国援助甚至海外捐赠都会为灾区带来大量的资源，助推灾区经济社会快速发展，短时间内实现物理层面基础设施的恢复重建，甚至有可能超过灾前水平。但是，重大灾害本身及随后而来的恢复重建都可能改变原有的社会关系和社会秩序，进而导致一系列后续的社会效应和社会治理变迁。基于田野观察、深度访谈、抽样调查以及政策文件和文献资料的整理，本书从宏观、中观以及微观三个层面进行灾后社会治理变迁和社会治理体系建设研究。

（一）宏观层面的社会后效

重大灾害都会带来大破坏，严重的自然灾害会导致生命、财产损失，重大公共卫生事件则会使生命安全受到重大威胁，必然带来医疗、保险等社会成本激增。大破坏则会带来大变化和大建设（包括自然灾害后的物理层面基础设施建设和公共卫生事件后的社会层面的精神文化建设），这些大变化和大建设必然导致后续的社会效应——社会治理变迁。以汶川地震为例，巨震把汶川、北川和都江堰等重灾区夷为平地，接下来是海内外的捐赠资源和援建省份的资金和技术扶持使灾区基础设施在短短两到三年时间内就得以恢复重建。举全国之力虽然帮助灾区实现了物理层面的恢复重建，但社会治理重建则需要更长的时间。汶川地震之后灾区面临着漫长的社会重建试验，社会结构在地震中迅速解体，经济层面可以快速完成整合和重构，但文化和心理等社会层面的重建则需要更长时间①。因此，重大灾害后灾区的社会治理体系建设之路更加漫长。重大灾害的社会后效主要表现在如下几个方面：

① 隆舟．智能导学系统中社会认知冲突的诱发与解决［D］．武汉：华中师范大学，2018.

1. 推动社会力量快速成长

任何重大灾害发生，都会快速推动社会力量的成长。无论是抗击非典疫情和新冠疫情还是汶川地震救灾过程，人们都可以看到许多公益组织、民间团体活跃在抗疫救灾和社会重建的第一线，此后，社会力量进入了一个快速发展和成长的阶段。非典疫情发生后的 30 天内，超过 180 万人次的志愿者在重点疫区提供各种服务。汶川地震后，超过 1 200 万名志愿者在汶川地震过程中从事救援和其他服务工作。直到震后一年，仍有超过 5 万名志愿者留在灾区义务工作。新冠疫情期间，全国各地更是涌现了无数热心志愿者逆向而行，冒着生命危险积极参与疫情防控工作。汶川地震后，全国慈善捐赠总额在 2008 年高达 1 070 亿元，远超 2007 年度的 309 亿元，公益捐赠数额也超过 1949 年以后的任何一个历史年度。因此，有人将 2008 年定义为“中国公益元年”，意味着中国公益事业在 2008 年获得突破性发展。与我国应对重大灾害的表现相比较而言，无论是自然灾害如美国卡特里娜飓风、日本福岛地震等还是重大公共卫生事件如英国的疯牛病、美国的新冠疫情等，各国应对灾害的水平都表现出：救灾资源不足、国际援助效率低下，灾后救援和重建速度慢、效率低，甚至进入了“被遗忘的阶段”，导致疫情或灾情得不到快速、有效的控制。正因如此，一些国际组织如世界卫生组织和国外观察者都感慨，在重大灾害应对和处理中，中国“集中力量办大事”的制度优势表现非常明显：通过举国动员模式和对口支援模式，国家对于社会的动员能力，党委、政府的政治主导能力及社会力量协同参与的高效率，是实现重大灾害后灾区快速获得救援和恢复重建的关键原因。事实上，在重大灾害后灾区恢复重建的进程中，一些社会组织快速成长，成功实现转型，更加持续而深入地参与到了灾区基层社会治理和社会治理体系建设进程当中。典型的案例如，汶川地震后，在湖南省对甘肃理县的对口支援重建中，长沙民政职业学院在理县成立了第一家非营利组织——“湘川情社会工作服务中心”，在理县的汉族和羌族村寨开展灾后社会救援工作和民族社会工作，对于促进民族团结和社会和谐做出了重要贡献。此外，广东大同社会工作服务中心（汶川站）在灾后恢复重建进程中，承担了灾区民众的文化、心理和精神家园重建等相关工作。在恢复重建阶段之后，广东大同社会工作服务中心汶川站已经实现了转型——更名为汶川大同社会工作服务中心，在化解基层社会矛盾、纠纷调解、心理指导和扶贫等领域发挥了重要作用。可见，从宏观的社会变迁及其扩散后效层面来看，重大灾害往往能够成为国内社会力量（社会组织）自发成长的催发剂，具体的某一次重大灾害则可能成为一个推动社会力量成长的标志性事件，同时在很大程度上推动灾区的社会变迁和社会治理体系建设。从社会组织的数量来看，重大灾害之后社会组织都会进入蓬勃发展和快速扩张的阶段。譬如说，汶川地震后，我国社会团体数量增长 67%，基金会增长 370%，民办非企业增长 130%，具体情况见表 5－1。其中，从 2010 年开始，民间基金会数量就超过了官办的基金会规模，目前的基金会也大部分都是民间基金会。事实上，无论是非典疫情，还是新冠疫情都推动了我国社会组织和公益事业的快速发展。从发展的状况来看，重大灾害都是一个关键的节点，推动了我国以公益组织、社会团体、行业协会等为代表的社会力量进入快速发展的时期。

表 5－1　2008—2019 年社会组织发展情况

	2008 年	2009 年	2010 年	2011 年	2012 年	2013 年	2014 年	2015 年	2016 年	2017 年	2018 年	2019 年
社会团体（万个）	22.5	23.7	24.3	24.9	25.7	26.1	27.3	28.8	30.2	32.3	33.8	35.2
基金会（个）	1 345	1 607	1 869	1 921	2 286	2 588	3 076	3 543	4 105	4 685	5 612	6 317
行业协会（万个）	17.6	19.3	20.5	20.8	21.7	22.8	23.7	25.7	29.8	32.4	36.3	39.8

数据来源：2009—2019 年社会服务发展统计公报。

重大灾害后，都会涌现大量社会捐赠。从接收现金捐款和医疗物资的情况来看，以 2007 年为计算起点，2008 年的社会捐款和医疗物资明显多于 2007 年，其中社会现金捐款增长了 4.6 倍，而在 2008 年之后现金捐款出现急剧下跌，但后续年度也基本保持在了 500 亿元以上，并呈现不断增加的趋势，2019 年底至 2020 年初的新冠疫情暴发以后，社会捐赠资源再一次井喷式爆发。这些都成为社会力量成长的例证（表 5－2）。

表 5－2　2007—2016 年接受社会捐款和医疗物资

	2007 年	2008 年	2009 年	2010 年	2011 年	2012 年	2013 年	2014 年	2015 年	2016 年
社会捐款（亿元）	131.7	743.3	506.2	595.7	500.3	571.8	586.4	695.3	654.5	837.5
医疗物资（万件）	7 962.5	113 917.2	1 243.4	2 753.1	2 916.5	12 497.1	10 308.1	5 244.3	4 873.2	6 930.2

数据来源：2007—2016 年社会服务发展统计公报。

2. 鼓励社会力量参与防疫救灾

在非典疫情防控期间和汶川地震的紧急救援与恢复重建中，社会力量积极参与抗疫救灾，表现卓越。因此，从 2003 年开始，在国家层面出台了一系列鼓励社会组织参与抗疫救灾的政策文件。根据不完全统计，2003 年之后国家层面出台的各类防疫抗疫、减灾救灾的政策文件中，有 20 多个政策文件直接提及社会力量参与抗疫救灾的相关内容。其中，2003 年 5 月 9 日国务院发布并实施《突发公共卫生事件应急条例》是为有效预防、及时控制和消除突发公共卫生事件的危害，保障公众身体健康与生命安全，维护正常社会秩序而制定，该条例也指出要鼓励社会力量参与重大公共卫生事件中的疫情防控和医疗救护工作。2008 年 12 月，修订后的《中华人民共和国防震减灾法》在修订说明中明确指出修订的基本思路是“对本次四川汶川抗震救灾的成功做法予以制度化”。“规定灾后恢复重建应当坚持政府主导、社会参与和市场运作相结合”，也成为最主要的修订内容，政府主导下的社会力量参与和市场运作开始成为灾后恢复重建的制度安排。如 2011 年，根据救灾工作需要，修订后的《国家自然灾害救助应急预案》修订的重点在于强调国家减灾委和民政部及时启动响应，以及减灾委成员单位高效联动。2012 年，国家层面对《国家地震应急预案》进行了修订。2015 年出台的《民政部关于支持引导社会力量参与救灾工作的指导意见》明确指出，“尤其是汶川地震、玉树地震、芦山地震、鲁甸地震等重特大自然灾害发生后，大量社会组织、社会工作者、志愿者、爱心企业等社会力量积极参与现场救援、款物捐赠、物资发放、心理抚慰、灾后恢复重建等工作，展现了社会力量组织灵活和服务多样的优势，发挥了重要作用，初步形成了政府主导、多方参与、协调联动、共同应对的救灾工作格局。”2016 年发布的《中共中央　国务院关于推进防灾减灾救灾体制机制改革的意见》中明确提出“完善社会力量和市场参与机制”，鼓励社会力量参与救灾行动评估和监管体系，支持社会力量全方位参与常态减灾、应急救援、过渡安置、恢复重建等工作。2017 年，民政部救灾司指导社会组织制定《社会力量参与救灾一线行动指南》，旨在健全社会力量一线救灾工作机制，促进协调社会力量高效有序地参与救灾工作。除此之外，《自然灾害救助条例》《民政部关于完善救灾捐赠导向机制的通知》等政策法规从多个方面引导社会力量参与灾后救援工作和灾区的社会治理体系建设。新冠疫情暴发后，虽然没有国家层面的政策颁布，但许多地方政府根据疫情防控的需要制定了一些地方性政策文件，表彰了一批在防疫控疫工作中有突出表现的个体志愿者和团体志愿者组织①。另外，笔者通过调研发现：在社会组织管理方面，社会组织得到了越来越多的政策支

① 冯林玉．社会力量参与防灾减灾救灾的现实困境与规范进路［J/OL］．重庆大学学报（社会科学版）：1－13［2021－01－01］．http：//kns.cnki.net/kcms/detail/50.1023.C.20200619.1816.006.html.

持，越来越多的政府部门赋权社会组织参与到防疫救灾及其他公共服务领域中来。

“我成立社工机构十年来，明显感觉在2008年汶川地震后，社工大有可为，也得到了越来越多的国家支持。我现在的社工组织参与到了社区禁毒、防灾减灾、社区服务等领域，成为推进社会治理的重要力量。”（某社工机构负责人、汶川大同社会服务中心发起人之一，编号SGJG-004，2008-11）

“社会组织在疫情地区发挥了重要作用：捐赠医疗物资、协助政府实施隔离措施，为被隔离群众输送生活用品。现在政府部门也出台了一系列关于购买社会服务的文件，社会组织跟政府有了更多合作空间和制度保障。”（湖北孝感市社会组织管理局负责人，编号XHXSH-002，2020-10）

（二）中观层面的社会变迁

1. 重大灾害后灾区经济快速发展，经济结构改变

重大公共卫生事件的发生，主要是影响灾区社会层面的心理、精神和文化建设，对社会经济发展的速度和质量有影响但不是特别显著或者说影响得不是那么直观和令人震撼。如2019年底以来的新冠疫情严重影响了疫区甚至是全国的经济发展，2020年第一季度我国的GDP同比下降了6.8%，但对于普通个人来说，如果不看相关的统计数据，在经济层面则没有太大的直观感受。但如果是发生严重的自然灾害，就必然对灾区造成直观的、令人震撼的重大破坏。同时恢复重建阶段必然带来经济的补偿式飞速发展，产业结构得以转型升级。以汶川地震为例，地震给四川省39个重灾县造成了巨大损失，39个重灾区县（市、区）2007年经济增速为上升了14.8%，2008年转为下降了2.2%。其中，10个重灾区县（市、区）（包括了四川省汶川县、北川县、绵竹市、什邡市、青川县、茂县、安县、都江堰市、平武县、彭州市）2008年经济下降了25.3%。但是从39个重灾县与四川省GDP增速来看，大地震之后39个重灾县的GDP增速明显高于全省平均水平，尤其是灾后恢复重建期间（2009—2011年）的增速均超过了15%，恢复重建过程中灾区社会经济跳跃式发展，可见援建力度之大，灾区物理层面的恢复之快。受灾地区经济发展不仅速度快，质量方面也不差，毕竟旧的过时经济结构已在地震中毁掉了，重建过程中很多地区兴起了新的现代化的经济格局，从而顺带实现了产业结构的转型升级，四川省的统计资料显示，2010年以来，39个重灾县第一产业比重下降了9.5%，第二产业比重提高了1.9%，第三产业比重提高了8.8%。调研中的访

谈资料也同样反映出了产业结构的转型升级。

“根据调查队收集上来的数据，灾区民众的人均收入都有显著提升，从收入结构来看，在恢复重建期间主要是以劳务收入为主，在灾后恢复重建完成之后主要是以第一产业收入为主，灾区经济林（如甜樱桃、脆李子、香杏子）的种植以及灾后恢复重建便利的交通大大提高了居民的收入。”（国家统计局四川调查总队汶川调查队负责人，编号 TJD－001，2011－08）

“在灾后恢复重建期间，广东对口援建在重建的过程运用了很多先进的设备，为汶川工业发展打下了很好的基础，主要表现在工业园区基础设施的提升，这是汶川经济，尤其是第二产业能够得以发展的关键。”（汶川县经济商务和信息化局负责人，编号 WCJXJ－002，2010－03）

“因为交通变好了，物流设施也建起来了，我每年靠卖樱桃的收入就有好几万（元）。高半山的人一年农业收入可能甚至会超过 20 万（元）。”（汶川县居民，编号 WCJM－013，2013－11）

重大灾害后，灾区都会接收到大量捐赠物资。所不同的是，重大自然灾害发生后，灾区接收的捐赠可能是全面的，尤其是物理层面基础设施恢复重建方面的规模更大。重大公共卫生事件发生后，灾区接收的捐赠更多偏向于医疗药品等。如：据湖北省新冠疫情防控指挥部物资与市场保障组的不完全统计，截至 2020 年 2 月 1 日 12 时，全省（湖北）累计接收社会捐赠资金：691 027.05 万元；捐赠物资 1 002.59 万件（套、个、瓶）。其中医用防护服 2.79 万套，N95 口罩 50.2 万个，其他医用一次性口罩 184.71 万个，护目镜 7.26 万个，消毒液和洗手液等消毒物品 11.36 万件（瓶），其他物资 746.27 万件（套、个、瓶）。重大自然灾害发生后，恢复重建工作更偏向物理层面的基础设施，如住房、道路、交通和桥梁等；重大公共卫生事件发生后，恢复重建更偏向于社会文化、社会信心和社会精神建设等。

2. 社会治理和公共服务水平的提升

从某种程度上来说，重大灾害成为灾区社会发展的一个机会，社会治理和公共服务水平得到很大程度的提升。在关于 2003 年非典疫情的访谈中，万科集团副总裁兼物业事业部执行官朱保全说：在疫情防控期间，物业之于业主，不能停摆。中国物业管理协会副会长、永安物业董事长林常青（2020）认为，2003 年颁布的《物业管理条例》在时间线上和非典疫情重合，但当时的物业服务标准与规范还很粗浅，基本上是学习香港、深圳等地的经验与做法，并自己摸索，对小区的清洁、安防、设备设施进行维修。经过了 2003 年非典疫情、汶川地震、北京奥运会（场馆管理）、上海世博园（管理维护）、天津滨海新区爆炸事件等这些国家级的大型活动或重大公共事件之后，公共建筑与住宅小区的物业服务能力和标准越来越高。此外，在灾区访谈中，大部分人都认为，重大灾害后，灾区基础建设水平（经济社会发展）前进了10到30年不等，这与实际事实基本一致，汶川县委办工作人员（编号WCXWB－002，2010－07）说："在广东的支援重建下，汶川县基础设施水平大大提高了，现在汶川的教育、医疗等方面的设施都是阿坝州最先进的。"汶川县居民（编号WCJM－012，2009－11）说"通过重建，现在汶川县城有了图书馆、锅庄广场等设施，老百姓的生活也更加丰富了。锅庄广场每天晚上基本上都有大量当地居民跳舞。大家都说生活变好了，整体发展的水平应该提前了不止20年。"北川县居民（编号BCJM－005，2012－04）认为，"北川是整体异地重建的，一切都是新的，道路宽了、街道干净整洁了，交通也比原来方便多了。"

笔者在参考由中国综合社会调查2003年度的调查问卷（居民问卷）基础上编制了关于新冠疫情的调查问卷，调查了湖北省居民对于社会管理公共服务的满意度，包括了人口登记与户籍服务、食品药品安全、社会治安、社会矛盾化解、互联网服务管理、经济与社会组织管理和维护市场秩序7个方面内容（表5－3）。

表5－3　湖北省居民社会管理服务满意程度

	非常不满意（%）	不太满意（%）	比较满意（%）	满意（%）	非常满意（%）
1. 人口登记与户籍服务	1.99	10.27	29.71	52.41	5.61
2. 食品药品安全	0.97	10.20	38.79	22.78	27.25
3. 社会治安	0.63	4.44	28.26	18.00	48.77
4. 社会矛盾化解	0	12.03	50.58	29.00	8.39
5. 互联网服务管理	0.33	9.21	36.67	46.22	7.57
6. 经济与社会组织管理	0.33	10.20	46.87	34.05	8.56
7. 维护市场秩序	0.82	10.21	40.86	38.55	9.55

综合起来，本研究对比非典和新冠疫情（同属于冠状病毒大家族，同样通过mRNA进行遗传复制）的抗疫情况后认为我国如今的社会治理和公共服务水平更高，具体表现在：

首先是信息透明公开。无法查询到的信息，不透明的公共卫生网络，媒体迟迟无法介入的封闭尺度，是非典肆虐的助力。而现在我们能每天清楚地了解到疫情的发展情况，每个地方的增量，身边是不是有感染患者等海量有用信息。

其次是有赖于医疗水平的增长和及时有效地采取措施，当初非典疫情从暴发到分离病原体花了 3 个月，但在发现第一例疑似新型冠状病毒感染者到成功并准确地分离了首株新型冠状病毒毒株我国只用了 1 个月。从第一例疑似非典患者再到小汤山医院的建成花了 5 个月之久，但从发现第一例疑似新型冠状病毒感染患者后 1 个月内就建好了火神山、雷神山医院。

最后是疫情信息的传递，2003 年信息网络不发达，大多数人获取消息都通过电视，非典疫情 2 月在广东肆虐，内地人们知道的时候已经到 4 月左右。其他地方的医生不知道广州的疫情究竟是啥样，这就是很多地方被非典猝不及防击倒的原因之一。在信息传输高度发展的现在，我们随时随地打开手机就能看到关于疫情的一切消息。在网络上，我们能够知道病毒的来源和如何预防。在雷神山医院的飞速建设中，6 000 万名网友当起了“云监工”。信息传输高速发展与透明化让大众心里不再恐慌，不会感觉自己面对的是一个未知的怪物，当然就不会严重影响社会秩序，大家能够在政府和专家的带领下积极面对，一起抗击病毒。

3. 社区功能类型变迁

重大灾害发生后，会引起社区或居住区的一些功能变化。[①] 譬如说，新冠疫情发生后，社区的规划设计中更加体现出了重大疫情防控意识。新的社区建设注重推进“小街区、密路网”的居住街坊式布局、加强社区建设、更加注重总体布局和户型设计的通风功能、加强公共绿地和活动场地的设计和布局，并增设洗手台以及加强社区医院的布局设计和管理，加强社区医疗人员的应急培训和医疗设施的配置。从 2020 年 1 月 24 日启动一级响应机制以来的全国社区防控措施来看，中国基层社区治理模式的特征表现为：组织体系上仍然是依靠基层社区组织体系，动员策略上依然是动员群众参与策略，防范措施上主要是控制、隔离手段。这些组织手段和防控措施确实有效地控制了疫情的传播势头，然而其不足也是明显的：缺乏多元专业视角，容易产生社会排斥，容易污名和牺牲弱势群体，容易过度限制大众自由。实际上，参考世界卫生组织 2016 年发布的《传染病暴发时的伦理问题应对指南》（以下简称世卫组织《疫

---

① 朱纪广，李小建，王德，等．传统农区不同类型乡村功能演变研究——以河南省西华县为例[J]. 经济地理，2019，39 (1)：149 - 156.

情应对指南》，反思我国卫健委发布的《新型冠状病毒感染的肺炎疫情社区防控工作方案（试行）》（以下简称我国《疫情社区防控方案》），有助于下一步反思中国疫情暴发时期的基层社区治理机制的优势和不足。我国《疫情社区防控方案》体现的是单方面公共卫生专业主义，根据疫情程度区分未发现病例、暴发疫情和传播疫情三种类型，然后分别提出了三种不同的防控方案，但都是围绕着如何进行健康教育、对疑似人群管理、社区卫生治理和防控物资准备，缺乏对于弱势人群和密切接触人群及其家属隔离期间的社会关怀和支持性服务。而世卫组织《疫情应对指南》在针对当地社区时，首先提出的就是“包容性、脆弱性、开放性、透明性、问责制”；而针对特别弱势群体，重点提出“社会弱势群体往往面临污名化和歧视，在公共卫生紧急情况下，这种情况会更加严重。工作人员应确保所有个人得到公平和公正的待遇，而不论其社会地位或对社会的价值如何”；对于疫情防控期间的大众自由，强调的是“合理限制和最低限制原则”。对比世卫组织《疫情应对指南》和我国《疫情社区防控方案》，两者的重要差别不是重视程度和措施严格与否，而是对于疫情中的特殊情况、弱势人群的敏感和保护以及对大众自由的限制程度。方案差异的背后是有关治理疫情的专业伦理视角的差异，是单一目标引导下的工具理性，还是综合目标引导下的各种治理策略的平衡。显然，面对突发公共卫生事件，我国社区防控方案只强调单一的公共卫生视角，注重的是单一防控效果；而世界卫生组织则是从公共卫生视角、大众生活、特殊弱势人群的保护等多重视角出发给予综合平衡的思路。当然，能否实现多目标引导下的综合治理手段的平衡实施，一方面取决于地方社区治理资源配置状况，另一方面取决于当地社区治理的专业化程度①。

重大灾害后基层社区功能类型变迁的方向——守正创新。新冠疫情引发的公共卫生事件是对我国基层社区治理体制的一次重大考验，一方面显示了我国当前基层社区治理的优势，利用群众动员策略，迅速扼制住了疫情的蔓延；另一方面也暴露出我国基层社区治理的短板和劣势。因此我们必须借此机会，深化学习党的十九届四中全会精神，加快推进市域社会治理现代化。而社会治理现代化的关键在于守正创新，平衡好发扬党的群众路线和实现组织动员策略的创新二者之间的关系。

---

① 孙璐．社区情感治理：逻辑、着力维度与实践进路［J/OL］．江淮论坛，2020（06）：139－144［2021－01－01］．https：//doi.org/10.16064/j.cnki.cn34－1003/g0.2020.06.020.

进入新时代之后，我国的基层社会治理体系改革沿着如下方向演变。一是强化区域化党建，实现管理重心下移。2004 年《中共中央组织部关于进一步加强和改进社区党建工作的意见》指出，党建工作要在基层空间内突破条块分割、打破各个行动主体之间的隔阂，即实现党建工作区域化。2009 年党的十七届四中全会做出《中共中央关于加强和改进新形势下党的建设若干重大问题的决定》，中组部进一步把区域化党建明确为“以街道党组织为核心、社区党组织为基础，驻区单位党组织和全体党员共同参与，优势互补、资源共享、共驻共建的党建工作新机制”。二是转变基层党建工作方式，寓管理于服务之中。2014 年《关于加强基层服务型党组织建设的意见》指出，面对新形势新任务，基层党组织要转变工作方式、改进工作作风，把服务作为自觉追求和基本职责，寓领导和管理于服务之中，通过服务贴近群众、团结群众、引导群众、赢得群众。三是完善社会主义协商民主，加强基层社区协商议事能力。2015 年《关于加强城乡社区协商的意见》指出，社区是社会的基本单元，加强城乡社区协商，有利于解决群众的实际困难和问题，化解矛盾纠纷，维护社会和谐稳定；有利于在基层群众中宣传党和政府的方针政策，努力形成共识，汇聚力量，推动各项政策落实；有利于找到群众意愿和要求的最大公约数，促进基层民主健康发展。四是打造共建共治共享的社会治理格局。2017 年《关于加强和完善城乡社区治理的意见》指出，到 2020 年，基本形成基层党组织领导、基层政府主导的多方参与、共同治理的城乡社区治理体系；党的十九大报告进一步指出，加强社区治理体系建设，推动社会治理重心向基层下移，发挥社会组织作用，实现政府治理和社会调节、居民自治良性互动。

诚然，当前我国的社会治理制度确实存在一些短板和弱项，尤其是基层社会治理在此次突发疫情中遭遇了巨大挑战、暴露出了较大问题，是现实情况的真实反映和客观检验。我们需要按照党的十九届四中全会提出的“着力固根基、扬优势、补短板、强弱项，构建系统完备、科学规范、运行有效的制度体系，加强系统治理、依法治理、综合治理、源头治理”，把我国的制度优势更好转化为国家治理效能。具体来说，我国社会治理的短板在于社区治理偏重公共管理，缺乏居民导向的服务资源；社会组织发育薄弱，进行协同治理的能力不足；对群众的组织动员策略落后，专业化程度较低；基层群众的参与条件和机制不够充分，制度化、规范化、程序化较弱。弥补社会治理的短板和弱项，需要现代科技手段做支撑、需要法治体系做保障，但是并不能把社会治理现代化简化成心理服务、网格管理等技术性手段，也不能把社会治理现代化异化成繁缛的基层台账等管理制度，关键是要通过各种社会组织培育和动员策略的专业化，实现社会治理的现代化。只有在基层党组织周围培育出各种治理主体，并且有专业化的动员策略，进行有效的引领和动员，才能实现共建共治共享的社会治理新格局。

汶川地震后灾区恢复重建的另一个中观社会变迁事实是，低地汉族聚居区的微观社区形态发生了重大改变，而高地民族聚居区的社区功能类型也发生了巨大变化。这一判断基于两个方面的依据：一是笔者多次到灾区（包括汶川、都江堰等地）实地调研的亲身感受，也有一些是调研中访谈人的描述；二是其他学者相关研究的结论，主要包括了罗家德教授和刘能教授的研究。总体来看，大概有两个结构性力量在汶川地震灾后重建过程中发挥了重要的作用。第一，对口支援恢复重建制度的作用，正如前文谈到的，任务具有政治性，在这场省际的重建“锦标赛”中，援建标准和工期成为主要的指标。以汶川县为例，广东援建汶川建成了阿坝州最先进的现代化医院，并在2017年获批为三级乙等综合医院。佛山市援建的水磨镇被全球人居环境论坛理事会和联合国人居署《全球最佳范例》杂志评为“全球灾后重建最佳范例”，2017年更获批为国家级特色小镇。类似的案例在地震灾区非常常见。第二，灾后恢复重建使得震区房屋结构的抗震性能和环保性能大幅度提升。如，汶川县城都是按照“8级抗震、9度设防”的要求设计施工的，如今汶川县城的房价要明显高于阿坝州的其他地区。

在地震灾区恢复重建的过程中，集中连片聚居是典型的事实，具体如，北川县城异地重建，汶川县城灾后重建居民安置新型社区等。课题组在调研的过程中发现，集中居住给基层社区治理层面也带来新的问题。城镇化因素（农民上楼、非农就业和电子商务等）被大量引入灾后快速的恢复重建进程当中，提高了灾区的城镇化水平。又如，汶川县在灾后恢复重建进程中新建了锅庄广场，成为现在汶川人民重要的娱乐场所。与此同时，文化和认知领域的堕距，具体来说，就是物质文化发生了很大的变化，但是，在习俗、观念、信仰和行为方式等方面却没有相应的改变和调整，物质和文化认知之间不匹配，引发了新的社会问题。高地民族聚居区的社区功能生态同样也发生了重要的改变，灾后恢复重建之后，已经村村通水泥路（事实上，笔者调研的汶川、北川等已经户户通），高地居民的生计体系也得到了重构，根据笔者的调研，由于交通设施完善和产业结构调整，高地居民的收入明显增加，收入结构也发生了明显的变化。由此可见，在灾后恢复重建工作完成之后，社区功能形态发生了显著变化。在笔者对湖南省援建的甘肃理县调研过程中，理县居民（编号 LXJM－002，2009－07）认为“通过灾后重建，村里的各项基础设施都好多了，出行方便了，住的地方也好多了。”

（三）微观层面的社会适应

从 2003 年的非典疫情到汶川地震再到新冠疫情，我国的社会力量在参与重大灾害后灾区恢复重建方面呈现出了很多新特征：专业化、组织化、协同性，最典型的是社会各方面的适应能力越来越强。

1. 民众的社会适应

从微观层面来说，重大灾害后灾区民众对于灾后恢复重建形成的个体层面和集体层面的认知转变了自己的观念和行为偏好。具体来说，可以概括为几类：对家乡概念的认知；在重大灾害中失独人群的生育意愿；因为重大灾害致病致残群体的自主生活；因重大灾害所造成的创伤后应激障碍（PTSD）治疗；救灾和灾后恢复重建催生的新的地方精英等。尤其是，重大灾害后的创伤日常管理和应对是灾区民众一个长期的微观适应领域，涉及灾害风险感知、应激准备、灾害集体记忆等。笔者在调研中发现，在新冠疫情后（武汉解封后）湖北省疫情严重地区的一部分民众都不再在湖北居住，而是选择到异地（广东、浙江和上海等）务工和居住，以减少痛苦的回忆。

“我的姐姐是孝感的，亲身经历疫情，我姐夫在疫情中不幸感染病逝，姐姐今年（2020 年）5 月辞去公务员公职去深圳闯荡了，她觉得在孝感待不了，会难受，希望换一个环境。”（孝感市省委办工作人员，编号 HBXWB－002，2020－07）

尤其是重大自然灾害如汶川地震后，由于灾后异地安置和重建等，受灾地区的民众对于家乡的理解也可能发生变化，对于所居住区域的认同感也需要进行修复，具体可能表现为迁居意愿等，在调研中我们发现，汶川地震灾区民众在灾后更倾向于外出务工就业，最好是在远离汶川的异乡安家，地震似乎给当地居民带来了更多的搬迁意愿。但也有人反其道而行之，汶川县居民（编号 WCJM－011，2010－03）在受访中说：“地震之后越来越多原来在外地打工的年轻人回来工作了，好多人觉得还是一家人在一起比什么都好。”迁居意愿和能力在某种程度上也反映出了地震之后受灾民众所处的社会结构分化。地震中，近 7 万多人遇难，近 2 万人失踪，涉及的家庭可能超过 10 万个，如何看待家庭成员不幸而逝（或者失踪）也成为微观适应行为中应当被关注的问题。

一些失独家庭在地震后再生育，在一定程度上缓和了灾后的心理创伤，但是，同样有无法克服心理创伤的案例存在。地震造成了超过37万人受伤，这其中包括了数万个难以恢复的致病致残情况，这一类人群的生计和心理问题也是微观适应行为中典型的一类。汶川县城就有一群因地震致病致残的人被组织起来，从事民族艺术表演活动，走上了自立自强的道路。同样在各地的救灾和灾后恢复重建中出现了各种类型的地方精英，如何发挥地方精英的领导作用也成为社区治理应当关注的问题。

实际上，在重大灾害发生后，许多灾区也会因为突发事件损失的责任问题和重建过程中资源配置和管理问题而导致各种社会矛盾在短期内高度集中和突出，这更加考验灾区民众的适应力。

2. 志愿者和社会组织的适应

重大灾害后社会组织和志愿者秉着人道主义精神进入灾区开展救援和重建工作，在紧急救援和恢复重建任务完成之后志愿者和社会组织也同样面临“去或留”的选择，对于志愿者和社会组织来说，面临就地解散或转型升级的两种选择，这也是一种适应过程。

汶川地震发生3年后，笔者在汶川县映秀镇开展问卷调研，了解到当地一支志愿者团队的发展状况，这个团队在完成救援任务和恢复重建工作后留在了映秀镇，并在某社工组织的指导下，已经发展到60多名成员。他们经常自发地开展一些社区志愿服务活动，为孤寡老人、残疾人群体或者地震后失孤失独等弱势群体提供帮助。

志愿者和社会组织的适应过程表现为以下几类：在紧急救援和恢复重建任务完成后，许多志愿者结束了支援行为，但是有一些志愿者团体可能遇到某种机遇开始转型为社会组织，通过民政部门批准注册正式成为某种社会团体或社会组织，转型升级后他们就能获得政府或基金会的资金支持和自主发展的基础，具有了持续发展的机会。另一些社会组织则实现了在地化，如广州市大同社会工作服务中心开始在汶川县成立一个工作站，任务完成后更名为“汶川大同社会工作服务中心”，成为汶川县本地的一个合法社会组织。当地政府及基金会经常向“大同社会工作服务中心”购买公共服务，使其不断获得发展基金，不断成长壮大，为当地社会经济发展长期贡献力量。

成都市某社会组织负责人（编号SHZZ－002，2010－02）说：“我就是在灾区成长的，在绵阳上的大学，汶川地震发生后我回到家乡做一些志愿者工作。大学毕业之后，我就建立了自己的社会组织，一开始承担的是一些社区服务工作。”同时，也有一些志愿者实现了本地化，即到灾区工作。同样地，有一些社会组织在受灾地区慢慢发展壮大，实现了本地化，如广州市大同社会服务中心（汶川工作站），有的却渐渐退出。成都市某民间基金会负责人（编号SHZZ－015，2011－04）认为“2008年汶川地震之后，也为民间基金会的发展提供了契机，它们在汶川地震中的卓越表现获得了人们的认可和信任。这也是2013年雅安地震发生后民间基金会能募集到几亿（元）的重要原因。大部分民间基金会只负责募集基金，并不直接做基础设施等建设项目，而以出资向全社会公开招标的方式，为社会组织提供资金支持”。事实上，他的观点得到了证实，如2014年全国接受社会捐赠总额达到1 042.26亿元，开创了没有大灾情况下常态化捐赠的新纪录。

一旦发生重大灾害，灾区或疫区都会接收到许多社会捐赠，这些捐赠中有一部分资源用于资助志愿者和社会组织在灾区开展工作。根据北京市审计局的审计结果公告：2003年非典疫情发生后，北京市捐赠中心和慈善协会、红十字会、卫生部门等，从4月21日接收第一笔捐赠至7月31日，累计接收捐赠款物77 522万元，已分配使用45 274万元，结存32 248万元。此外，各接收部门还接收了一些不可计价捐赠物资，如书法、绘画作品等。新冠疫情期间，据湖北省新冠肺炎疫情防控指挥部物资与市场保障组通报，截至2020年2月29日12点，湖北省累计接收社会捐赠资金130.2亿元，累计接收社会捐赠物资9 216.2万件（套、个、瓶）。通报称，定向捐赠资金、物资按照捐赠方意愿陆续直接送达、拨付到接收单位或地区，非定向捐赠资金按《湖北省应对新冠肺炎疫情社会捐赠资金分配使用办法》分配。

从2003年非典疫情到2008年汶川地震再至如今的新冠疫情，社会组织在每一次重大灾害后灾区紧急救援及灾后恢复重建中爆发出惊人力量，让其有了被政府、民间认知的机会。重建任务完成后，它们中有的退出灾区，有的渐渐生根，其间的进退持守，体现的不仅是组织本身能否实现良性运转，与政府、企业可否形成良好互动，也决定着其发展的空间。根据国外经验，社会组织在面对财务窘境或升级转型时，很多社会组织会调整发展策略，越来越多地采取制度框架内允许的营利行为赚取收入，最终实现组织目标。基于此，北京师范大学张强教授强调了“社会企业”的概念。在他看来，与传统的非营利组织不同，社会企业开展商业经营活动，一定程度上采用营利企业的管理模式，通过赚取利润完成其社会使命，强调平衡社会与经济的双重可持续性发展；而与追求单一经济可持续性的营利企业不同，社会企业又不以营利为最终目的。社会组织应该以重大灾害为契机，千方百计增强自身适应能力：社会组织要建立政府、企业及社会等多元参与的治理视角；要增强自主筹款能力；要完善财务治理结构，建立健全内部控制；要健全团队激励机制，增强员工培训及稳定性等。譬如说，在汶川地震发生后，根据四川省民政厅发布的数据，灾区约有3 000名各类伤残老年人急需照顾，“红十字鹤童绵竹市紫岩护理中心”应时、应景而生。但与依靠社会捐助或政府资助获取运营经费的社会组织不同，“红十字鹤童绵竹市紫岩护理中心”开展持续的市场化经营活动，通过提供有偿服务的方式是组织的主要收入来源，从而保障组织的资源自主性。笔者在“红十字鹤童绵竹市紫岩护理中心”走访时，中心员工介绍：现在住在中心的14个人里有11位是完全没有经济支付能力的，他们大多是政府送来，孤老占多数……孤老由政府提供低保费，但中心还是要采取可持续的社会企业模式。所以中心员工主动到社区走访，发宣传单，向社区老人介绍“红十字鹤童绵竹市紫岩护理中心”这种新的养老院模式，争取更多有支付能力的老人入住。“红十字鹤童绵竹市紫岩护理中心”的这种社会企业发展模式，不仅为重大灾害后灾区重建过程中当地孤老孤残提供了可持续的专业服务，同时也为其他社会组织更好地实现社会、经济平衡发展，提供了某种借鉴。

二、“政—社”关系的变迁：政府与社会自治

北京师范大学社会发展与公共政策学院副院长张强教授认为，由于中国特殊的政治环境以及灾后重建的特殊背景，从历史制度主义视角去理解制度变迁的基础首先在于理解政府与社会治理之间的关系变迁。在重大灾害之后，社会层面的重建发展及变迁要求政府与社会之间的关系也做出相应调整，而灾区恢复重建的基本原则是“党委领导、政府主导和社会力量参与相结合”。在坚持党委领导和政府主导的大原则下，“政—社”关系调整很大程度上依赖于政府的自我调整。在中国国情下，社会组织能否发展壮大，主要在于各级政府而非顾客或资助方。因此，理解中国政府的角色对于理解政府如何影响重大灾害后灾区社会发展的进程尤为关键。那么，重大灾害后，灾区政府和社会力量是如何双向互动并相互嵌入和相互影响的呢？基于重大灾害后灾区恢复重建所产生的社会后效和社会变迁，回答这个问题不仅要宏观把握好政府与社会关系，还需要深入分析政府与社会力量互动的微观机制。重大灾害后，把政府与社会关系的分析放在一个有机结构（中央政府、援建省份政府、灾区地方政府与社会

自治活动的结构）中观察，则可以发现，因为各级政府的目标存在某种差异，不同层级政府及社会组织都扮演着不同的角色。在这个“政—社”关系变迁中，政社结构表现出：中央政府宏观指导和总体把控，援建省份政府完成援建任务后迅速退出，受灾地区政府则“选择性赋权、分层次合作”，社会力量、社会组织及社会自治转型、嬗变、升级和成长等特征。

（一）顶层设计：“政—社”合作治理新格局

从历史维度来看，从中华人民共和国成立后到改革开放前，我国的社会领域被整合到了国家制度体系之中，国家和社会融为一体，国家掌控社会，社会隐藏于政府。改革开放以后，以全民所有和集体所有的单位制开始转型、以人民公社为特征的组织结构开始解体，社会开始释放活力，社会力量不断复苏，人民团体和社会组织日益增加。社会治理和政府管理都需要以更多样的形式和更多元的方式来取代原有的“家长制”管理模式。总体来说，中央政府对于社会的态度及关于“政—社”关系的顶层设计决定了社会发展的进程。在很大程度上，以“政府主导和社会参与相结合”为原则的重大灾害后灾区政社关系变迁同样取决于中央政府对于社会的态度。在这个过程中，中央政府基本上是以包容和开放的态度来对待政府与社会的关系。中央的态度和顶层设计是：不断拓宽政府与社会合作的空间，政府与社会合作模式多元化，开启“政府—社会”互动合作、共享共治的社会治理新格局。

1.“政—社”分开与社会组织管理制度改革

2008年的《中华人民共和国防震减灾法》将“地震灾后恢复重建应当坚持政府主导、社会参与和市场运作相结合”作为恢复重建原则之一写入了国家法律，为社会力量参与重大灾害后灾区的恢复重建提供了法律依据即法源基础。关于重大灾害后灾区恢复重建完成阶段，在2011年民政部年中分析会民政部部长提出要“积极拓宽社会组织直接登记范围”，这被认为是政府向社会进一步开放和放权。从此，取消公益慈善类、社会福利类、社会服务类社会组织的业务主管部门前置审批，试行直接登记。据了解，在这之前，按照《社会团体登记管理条例》和《民办非企业单位登记管理暂行条例》，社会组织要获得“合法身份”，须先获得所在行业业务主管部门的审批，才能到民政部门登记管理机关中请登记。然而，有一些部门为了避免承担责任而不愿意成为业务主管单位，致使不少社会组织因无法获得合法身份而得不到社会的认可和支持。这就是一直饱受诟病的社会组织“双重”管理体制。社会组织要在民政部门登记之前首先需要有个主管部门，很多组织因为无法找到主管部门而无法完成登记，这也是完成登记的社会组织基本上都有官方背景的根本原因。因此，社会组织的登记办法直接改变和降低了双重管理的门槛，困扰各地公益组织的身份问题逐渐得到了解决。从 2012 年开始，国家民政部门开始在公益创投方面投入大量资金，主要面向各级政府所倡导的社区治理、公共服务、困难群体的创业就业、弱势群体的帮扶救助等，主要集中在那些政府容易失灵，老百姓又必须得到较好服务且市场力量能够发挥优势的领域，在这些领域，社会组织应该得到地方政府赋权，并协助公共部门履行社会治理功能。

在中央部委层面关于向社会组织适当赋权的问题，主要有民政部来负责推进。但随着时代的进步，中央又陆续出台了很多关于社会组织的政策和制度。2012 年，党的十八大宣布将要构建“政社分开、权责明确、依法自治的现代社会组织体制”，表明了中央将会提供顶层设计的明确态度，也表现了中央政府对于社会力量的重视和对于社会领域发展的理念。2013 年《中共中央关于全面深化改革若干重大问题的决定》中专门用一个章节来阐述如何创新社会治理体制，这是一个具有重要意义的标志性信号，标志着社会组织发展和社会治理体系建设已经成为中共中央的共识。这是中华人民共和国成立以来，“社会治理”概念第一次出现在党的正式文件中，标志着我们党治国理念和理政思路的新变化，不仅提出要激发社会组织活力、重视社会力量的成长，“正确处理政府和社会关系，加快实施政社分开，推进社会组织明确权责、依法自治、发挥作用”，同时明确提出社会组织可以不再经过业务主管部门审查和管理，直接在民政部门登记。在此之后，社会组织管理制度不断优化和完善，如 2015 年，《民政部支持引导社会力量参与救灾工作的指导意见》首次将社会力量参与重大灾害后灾区的救灾工作纳入政府规范体系。2016 年，中共中央办公厅、国务院办公厅联合印发《关于改革社会组织管理制度促进社会组织健康有序发展的意见》。《中华人民共和国慈善法》正式施行是社会领域发展的里程碑，被认为取得了社会组织管理体系的突破性进展；2017 年修订的《中华人民共和国境外非政府组织境内活动管理法》规范了境外非政府组织的社会参与。与此同时，2017 年 12 月国务院扶贫开发领导小组发布了《关于广泛引导和动员社会组织参与脱贫攻坚的通知》，这是引导社会力量参与国家脱贫攻坚战，某种程度上来说既是对社会组织的一种“运动式治理”也是对社会组织的“拓展式扶持”，从另一方面来说，也表现了中央政府对于社会组织和社会力量的认可。2018 年，《社会组织信用信息管理办法》和首部社会组织管理地方性法规——

《辽宁省社会组织管理条例》得以通过和施行。从总体趋势来看，社会组织管理制度逐渐柔性化，从不同方面给社会组织“松绑”并提供发展空间，但同时日益法制化、越来越重视对社会组织的规范约束，对于一些非法社会组织加大清理力度。2019 年 8 月，中共中央办公厅、国务院办公厅印发了《关于改革社会组织管理制度促进社会组织健康有序发展的意见》（以下简称《意见》），并发出通知，要求各地区各部门结合实际认真贯彻执行。《意见》指出，为了进一步加强社会组织建设，激发社会组织活力，现就改革社会组织管理制度、促进社会组织健康有序发展提出指导性意见：一是提倡大力发展社区社会组织；二是完善扶持社会组织发展政策措施；三是依法做好社会组织登记审查；四是严格管理和监督社会组织的自身建设；五是规范社会组织涉外活动；六是加强党对社会组织的领导。

2. 向社会力量购买公共服务

从 20 世纪 90 年代开始，深圳开始了政府购买公共服务的探索，在 2003 年非典疫情暴发以后的恢复重建进程中，广东省授权各地方政府以购买公共服务的形式向民间团体和公益组织等社会力量购买了与心理、文化重建相关的社会服务。从 2012 年开始，中央财政每年都会安排一定数量的专项资金支持社会组织的自身建设，以及支持社会组织协助地方政府进行社会治理体系建设和开展社会服务工作。2012 年 6 月，国务院民政部开始以部门规章的形式出台《中央财政支持社会组织参与社会服务项目的实施方案》，并将其纳入各级民政部门的部门常规工作。2013 年则把向社会力量购买公共服务的活动推向高潮，也是社会组织良性发展的“黄金年”，类似“将适合市场化方式运作的公共服务项目，交由具备资质并且信誉良好的社会组织、机构和企业承担”等表述频繁出现在国务院、部委会议和相关政策中。2013 年 9 月，国务院办公厅下发了《关于政府向社会力量购买服务的指导意见》，要求地方政府把向社会力量购买社会服务所需资金放在既有财政预算安排中统筹考虑。2015 年实施了《政府购买服务管理办法（暂行）》，2016 年，财政部、中央编办出台了《关于做好事业单位政府购买服务改革工作的意见》。由此可见，向社会力量购买公共服务已经是共识，并成为政府部门的常规工作。

2019 年 5 月笔者对广东省中山市某社会组织负责人（编号 SHZZ－006）进行访谈时说：“我们承担了中山市信访办的一个项目，是关于闹访、极端上访、缠访的，我们的社工上门做辅导工作，成为政府和他们沟通的桥梁，化解了一些矛盾问题。”课题组在调研中发现，2012 年之后许多地方政府向社会组织购买公共服务的项目明显增加。以武汉市某家居协会为例，该社会组织从2009年成立以来共承接了186项政府出资购买的社会服务项目，其中有153项是在2012年及以后承接的。

（二）重大灾害后灾区政府的"选择性合作"

灾区政府与中央政府同属于政府的范畴，但两者与社会组织合作互动的过程却有很大的差异，既可能表现在合作领域，也可能在合作方式上出现差异。张晓君（2017）在《制度环境、公共服务供需对社会组织发展的影响——基于中国省级经验的实证研究》一文中从制度环境和公共服务"供给—需求"的角度解释了不同层级政府与社会组织合作互动的差异。影响不同层级政府与社会组织合作范围和方式存在差异的解释主要有两种：其一，以钱颖一等为代表的学者们认为，地方政府结构就是一种"M形组织结构"，地方政府在政策执行方面具有一定的灵活性和自主权，它们在向社会组织购买公共服务时会根据具体情况而采取不同的方式，也就是说，地方政府在与社会组织的合作互动中并不需要死搬硬套中央政策，可以在合作范围和合作方式方面实现自我创新，只要不脱离中央政策的宏观框架即可；其二，不同层级的地方政府都处于政治压力结构当中，即地方政府官员都面临着"政治锦标赛"，为了仕途晋升，他们必须千方百计地去完成上级政府下达的各种政治任务和经济指标。这就是为什么重大灾害后灾区的恢复重建任务中，援建省份都高度重视中央政府分配的援建任务。正是由于"政治锦标赛"的压力，地方政府会灵活处理向社会组织购买公共服务的事宜。事实上，从公共服务"供给—需求"的角度来解释不同层级政府与社会组织合作范围和方式存在差异也是"政治锦标赛"逻辑之下的一个具体解释。以上几种结构性因素也构成了如何理解重大灾害后灾区政府与社会组织互动合作的两种基本背景。

1. 灾区在恢复重建任务完成之后的资源锐减

重大灾害后，中央政府会要求援建省份拿出一定的财政资源来支持受灾地区的恢复重建。但恢复重建任务完成后，援建省份就会停止向灾区实行政策性的刚性"输血"，中央政府层面也会相对较少地关注受灾地区，因此对灾区的各种优惠政策也会明显减少，这意味着受灾地区的外部资源会出现断崖式锐减，甚至成为"被遗忘的世界"，只能依靠自身有限的力量来施展社会治理和公共服务。以汶川地震后的汶川县为例，在援建期限3年内，汶川县依靠中央和广东省及四川省的强力支持，迅速完成了恢复重建工作，3年期间共启动了

2 800 多个项目，累计投资 690 多亿元，不愁没有项目和资金；即使在重建工作基本完成之后的两年里，因为有在建项目的支撑，社会经济高速发展。但再往后，各种项目建设已基本完成，中央政府、四川省和阿坝州政府对汶川县的财政投入明显减少。2014 年，中央和四川省预算内投资项目仅 16 个，累计资金只有 1.04 亿元，可见资源锐减力度之大。随之而来的是，群众就业机会减少、基础设施投入减少、重建项目的后续管理维护成本高等问题，民生改善难度陡然增加。

2. 政府“选择性”赋权与社会力量合作的新需求

重大灾害所形成的灾害和灾区的恢复重建都会导致一系列社会后续效应和社会变迁，与此同时也会带来和引发一系列社会治理问题。比如，“五保”户和“三孤”（孤老、孤残和孤儿）对象的社会救济与保障问题，重建的新“社区”管理和精神文明建设问题，灾民的心理创伤问题及社会文化问题，恢复重建过程中各种复杂矛盾所导致的邻里关系、干群关系甚至民族关系等问题。灾区恢复重建完成之后会因为“文化堕距”导致一系列社会问题以及政府应对这些问题所采取的社会治理措施。这一系列问题都有可能使得政府的治理目标发生偏差和迁移，关注点也慢慢从基础设施等物理层面的恢复重建中转移，偏向社会层面的重建：社会心理、社会文化、精神文明建设和社会治理体系建设等。在课题组的调研过程中，许多政府部门负责人都会提及社会层面重建的相关问题。

“新冠疫情使得民众的心理和精神都受到了影响，不用说普通民众，纵使是我们干部队伍中都有好几个同志患上恐慌症和抑郁症了，有的甚至心理崩溃到想自杀。对于心理和精神层面的问题，我们政府部门缺少专业人员来进行心理辅导，但是有很多社会组织和社工机构人员具备专业技能，可以胜任这个事情。我们就研究通过政府购买社会工作服务的方式来解决这个问题。”（孝感市某政府部门负责人，编号 XGZF-002，2020-09）

除此之外，针对因重大自然灾害或公共卫生事件而返贫的问题，有一些著名基金会、公益团体和慈善机构进入疫区、灾区开展援助项目，如中国扶贫基金会、香港乐施会、中国慈善总会等，这些社会组织都与当地政府开展各种形式的合作。在政府层面，一些援建省份的政府和灾区政府也加大了对于社会组织的投入，如汶川地震后，广东省在援建汶川灾区过程中，投入了 424 万元专项资金向广州市大同社会工作服务中心（汶川工作站）购买了为期 3 年的社会工作服务，用于调节社会纠纷、为灾民提供心理治疗和精神指导。在 3 年恢复重建完成之后，广州市大同社会工作服务中心汶川工作站转型升级为大同社会工作服务中心，但开始面临资金短缺问题。通过与汶川县政府的多次沟通，汶川县政府充分意识到专业的社会工作有利于汶川县的社会治理体系建设，有利于社会文化建设和精神文明建设，对政府公共管理是一个很好的补充。2012年，汶川县政府首次投入32万元购买社会工作服务，2013年为60万元，2014年为51万元，2015年为55万元，2016年为55.7万元，2017年为60万元，大同社会工作服务中心协同参与汶川县的社会治理重建，使汶川县的精神文明建设和社会治理体系建设走在了其他灾区的前列。除此之外，阳光居家养老服务中心承接了汶川县80%的养老服务工作，使大部分老人尤其是重大灾害中失去亲人的孤老得到了妥善安置。汶川县政府把购买社会服务的权力下放给各乡镇，由各乡镇根据各自实际情况直接向社会组织购买，乡镇与社会组织协商签订服务合同。一般来说，资金分先后两次支付，第一次是在社会组织开展服务工作之后，地方政府直接支付前期服务经费，到了年底再根据合同，经乡镇人民政府对社会组织的服务工作进行核查，只有经过验收合格后，才能支付剩余服务经费，这种支付方式可以保证社会服务工作的数量和质量。

“目前乡镇直接购买的优势：社工在上门服务中发现服务对象存在困难及问题时，能及时反馈给乡镇人民政府，便于乡镇人民政府第一时间掌握情况，给予关注并解决问题。”（摘自《汶川县社会工作发展情况汇报》，编号ZFWB-176，2009-07）

甘肃理县在政府购买服务领域进行了更进一步的创新，把购买项目延伸到购买岗位：通过向社会组织购买社工岗位的形式，把社工精英融入政府部门日常的专业性工作中来。把一些专业性较强的岗位交给具有专业技能的社会工作人员，可以充分发挥社工专业技能优势，有效增强社工在社会治理工作中的作用，也可以有效弥补行政人员人数不足、专业能力不强的短板，让更多政府部门和更多人认识到社工的专业性优势和专业性工作精神。比如：在2010年的第十二届村委会换届选举中，理县杂谷脑镇人民政府购买了“湘川情社会服务工作中心（理县工作站）”的服务，社会工作服务中心对存在较大问题、较尖锐矛盾的村提前派员进驻进行摸排和做好思想工作，社工发挥他们在心理工作方面的专业优势，使选举顺利完成。在2019年的脱贫攻坚工作中，理县民政局也采用向社会组织购买社工岗位的方式，让社工与政府工作人员科学分工、协同工作、形成合力，切实有效、合理地利用资源、发挥各自优势，让脱贫工作更到位、更精准、更具成效，起到事半功倍的作用。

东部沿海地区在社会组织参与社会治理工作方面发展得更早，以广州市天河区为例，2003 年非典疫情防控期间，该区在全区范围内率先推行政府部分赋权、社会力量有序参与防疫控疫工作，后来更是深化基层街道和社区治理机制、农村村委自治管理体制和社会组织管理体制的系统化改革，探索实行“登记备案双轨制”，即对一些街道社区建设急需的，或有助于农村工作的社会组织放宽准入和降低门槛，纵使这些社会组织暂时还没有达到登记注册条件，也允许其先成立、先协助基层社区开展工作，等到社会组织发展成熟、符合条件了再向相关主管部门申请登记注册。同时，为一些发展较好的社会组织优先提供办公场地、服务项目、办公经费等方面的支持，通过这种方式培育了许多社会组织。如今，很多社会组织已经成为天河区社会治理的有益补充和重要参与力量，向基层街道和社区提供了大量的专业化社会服务。以东莞市、中山市为代表的许多地区还通过社会组织孵化中心、海外民间组织陪伴式孵化等方式支持本地的社会组织发展。2011 年 8 月，广东省成立了社会工作委员会，其成立的目的是研究和统筹处理社会工作中存在的重大问题，并且支持、监督各成员单位遵照委员会的决策和部门职责分工做好相关的贯彻落实工作，以便更好地做好社会保障、劳动就业、教育、文化、体育、卫生等方面的服务。事实上，广东省并不是首个设置“社工委”的省份，北京、上海以及海南等地都走在了广东之前，已经设立了类似的工作机构，但实施推广的力度没有广东大，设立的规格也达不到广东的水准。在广东省社会工作委员会中，广东省委副书记兼任社工委主任，分管公安、司法、民政、政法等领域的常委、副省长兼任副主任，从这些日常分工安排中不难发现，社工委的工作领域涵盖范围很广，基本上将日常必须密切联系群众的部门都涵盖在内，这些也都是攸关群众利益、处理社会矛盾的关键部门。

3. 改革创新，鼓励社会组织成长发展

四川省在促进社会组织发展方面有一系列的创新。例如，2009 年，四川省共青团面向社会公开发行了第一批“志愿者卡”。2009 年 12 月《四川省志愿服务条例》正式实施，而全国层面的《志愿者服务条例》直到 2017 年才出台。2018 年推出了全国首个应急志愿服务管理规范地方标准——《应急志愿服务管理规范（征求意见稿）》。2017 年成立的四川省社会组织参与重大灾害防灾减灾救灾统筹中心，以承担全省社会组织参与重大灾害之中和之后的防灾减灾救灾工作的日常管理、信息交流和资源协调等工作。这是四川省关于社会力量有序参与重大灾害后防灾减灾救灾体制机制创新改革进程中的一个重要成果，也是社会组织参与社会治理和合作救灾机制走向成熟的一个标志，这将大力推进社会组织依法参与、规范参与、可控参与、合作参与、高效参与重大灾害后救灾救援工作，并形成持续、良好的格局。

根据新华社报道，广东省和四川省是我国最早降低社会组织登记门槛的少数几个试验地之一。目前，广州市和成都市已经把支持社会组织协同街道社区做好社会治理工作当作本市的特色，这是省会城市里面独有的。成都市从2008年开始就安排专项资金来支持街道社区、社会工作和社会组织的成长和发展，目前每年的专项资金总投入超过了5 000万元。2011年起，成都市面对城市社区设立了专项资金配套公共服务和社会管理，这也是社会组织发展的重要资金来源之一，目前每年的资金达到了15亿元。2017年底，成都市依法登记的社会组织已达1.3万个、备案管理的社区社会组织达9 700个。

“我们承担了成都金牛区信访局的一个项目，是关于协助解决长年闹访、极端上访、蛮横缠访的问题，我们的社工有针对地上门反复做思想工作，动之以情、晓之以理，耐心与上访户沟通、交流，力所能及地帮他们解决一些合理合法的问题，成为当地政府和上访户之间沟通的桥梁，化解了一些纠纷和矛盾。很多老上访户也在我们的协助下解决了问题。”（金牛区某社会组织负责人，编号ZSZZ-006，2010-06）

降低社会组织登记注册的门槛后，社会组织进入了快速发展阶段。汶川地震后的10年（2008—2017年）四川省社会组织数量增加了1倍多（表5-4）。

表5-4　2008—2017年四川省社会组织发展情况

	2008年	2009年	2010年	2011年	2012年	2013年	2014年	2015年	2016年	2017年
社会组织单位数（个）	28 345	28 469	29 104	30 274	32 637	35 050	37 800	40 011	39 448	42 282
社会团体单位数（个）	15 679	16 215	16 455	17 054	18 069	18 866	20 030	20 645	19 355	20 149
基金会单位数（个）	54	68	77	81	88	109	128	143	153	158
民办非企业单位数（个）	12 612	12 186	12 572	13 139	14 480	16 075	17 642	19 223	19 940	21 975
社会组织职工人数（人）	365 150	378 433	395 415	392 854	482 924	510 475	514 534	547 520		
社会组织女性职工人数（人）	98 469	105 871	106 824	94 349	191 360	144 547	146 467	178 712		

（续）

	2008年	2009年	2010年	2011年	2012年	2013年	2014年	2015年	2016年	2017年
社会团体职工人数（人）	278 139	284 454	293 033	261 894	318 970	328 001	319 728	338 463		
基金会职工人数（人）	84	88	88	559	875	875	900	944		
民办非企业单位职工人数（人）	86 927	93 891	102 294	130 401	163 079	181 599	193 906	208 113		
社会组织增加值（亿元）	5.25	6.67	7.11	11.32	18.66					

数据来源：国家统计局网站。

注：空白处为未公布数据。

选汶川县社会工作发展经历为典型案例来分析社会组织的发展，汶川县社会组织发展大致可以分为三个阶段：

第一个阶段：风起云涌，遍地开花模式，处于探索阶段。由于特殊的震后背景，灾区获得大量的援助资金，政府公共财政充裕，从2009年到2012年是汶川社会组织发展的黄金3年，在此期间，政府统筹安排资金向以汶川大同为代表的社会组织购买“精神家园建设”的综合社会工作服务项目。由于当时百废待兴，事务多而杂，政府对社会方方面面的事务难以应对，因此向社会组织购买较多项目的公共服务。几乎每个乡镇都有服务项目，每种特殊专业人才都有介入，全县社会工作遍地开花。但是社会组织还是处于探索和认识阶段，还存在许多不足。从宏观层面来看，社会组织显示出强政府主导、社会力量不足的发展模式：首先，政府推动成立的社会组织数量远远大于居民自发形成的组织数量。一般来讲，规模较大的、运作相对成熟的社会组织基本上都是由政府推动成立，如各种协会、联合会等，政府一般是通过政策、财力和物力形式来推动其发展。民众自发形成的社区社会组织多以群众文化团队为主，辅以为数较少的为老、助老型的社会组织。其次，政府的拨款和经费支持是社会组织最主要的资金来源。各级政府的财政资助是目前社会组织经费来源的主要渠道，社会组织正是在政府政策的大力支持下才得以发展的，因此，对于目前尚处于起步阶段的各类社会组织的发展来讲，政府的经费支持是必不可少的。尤其是在组织的初创阶段，政府的经费支持更显得至关重要。从总体看来，政府的财政支持在各类社会组织的经费来源中占据绝对重要的地位。此外，政府兼任或者任命的组织领导人数量大于组织自身产生的领导人。大多数社会组织的领导人都是由政府成员兼任或者任命，社会组织自身选举的领导人比较少。

第二个阶段：服务深化，普遍型向专项型转变阶段。汶川县在经历3年重建工作后，物理层面的基础设施建设基本完成，社会工作进入了精神文化层面的建设阶段。外界志愿者、专业社工和爱心人士逐步撤离，上级政府拨款和外界援助资金也急剧减少，为了集中资源办大事，把有限资源花在刀刃上，也为了更好地发挥社工积极性和专业优势，汶川县在公共服务购买方面，也由遍地开花型转变为优先专项型，主要集中在针对义务教育阶段的师生进行精神指导和心理治疗等方面，让社工逐步进入校区协助学校对受到地震创伤的师生们进行心理抚慰。当时选择的试点学校是：汶川中学、水磨中学、汶川第二小学和水磨八一小学。但由于个别学校负责人对社会工作、社工的不理解，导致社工在推进服务工作过程中受到很大阻碍。在这一阶段，社会组织的发展特点是：某些社会组织仍然沿用传统“单位制”的管理方法，应对市场化、社会化管理实践的能力不足，经费筹措、协调沟通、活动组织、资源整合和内部管理等方面的挑战正在逐步显现出来。

第三个阶段：转型升级阶段。总结前两个阶段社会工作的经验和不足，社会组织进行转型升级，在政府主导、社会力量协同的理念下采取“三社”联动的社区综合服务和村级支援服务模式。具体做法就是：“县民政局主导＋乡镇、村、居委协助配合＋社工机构执行”的模式开展。对县民政局、乡镇社区采用分层级、分区域开展服务，以社工优势最大化、服务不重叠和服务广覆盖的原则，针对城区和乡村民众开展专业社工服务。通过对人口集中、交通相对方便的城镇民众采取恒常服务和对偏远、交通落后的乡村采取特色服务，恒常服务与特色服务相结合的思路有利于社会工作的常态化开展。以威州镇、绵虒镇、水磨镇和映秀镇为服务驻地和中心，开展恒常服务，以镇对应临近之区域（银杏乡、三江镇等）开展特色支援服务，形成服务规模效应。社区综合服务中心是社会工作发展主流服务形式，在上述4镇建立1～2名社会工作人员配置的综合服务中心，开展综合性社会工作服务，包括老年人、妇女、儿童、青少年服务（含学校服务支援）等。同时在每个镇所临近区域尤其是在村级单位，探索开展服务（如生计、公益旅游等）工作，形成汶川特色服务，并作为服务宣传和成果展示的重要窗口，这种模式一直延续到现在。这种模式和现在所说的“三社联动”较接近，只是现在的三社是：社区、社会组织和社工机构。

从汶川县社会组织发展的三个阶段来看，社会组织的成长和发展还有很长的路要走。因此，我们发展社会组织更应当积极促进这类社会组织的培育和建设，一方面，满足社会弱势群体的多种需求，另一方面，培养我们的青年具有志愿者精神。这是构建和谐社会必不可少的精神财富。发扬志愿者精神，发展志愿者组织，开展各种各样的志愿者活动，可以感召更多的个人、群体、组织，参与到关爱他人、关爱社会的事业中来，从而促进我们国家的社会稳定、和谐与进步。

（三）援助任务完成与新型区域合作关系

重大灾害后灾区恢复重建需要较长的时间，在重建阶段援建省份与灾区地方政府会友好合作与互动，形成牢固的“革命友谊”。因此，当恢复重建工作完成之后，虽然援建省份在援助对象地区都不会再有大额投资和资源输入。但是，“革命友谊”不会一下子断掉，毕竟两地政府通过对口重建支援过程，通过相互合作与互动，已经磨合成熟了，两地之间的政治、经济和社会等多方面联系已得到强化，二者之间很容易由援助关系转化为新型区域合作关系。其中，受援地区会积极主动地加强两地之间的区域合作关系，在援建完成之后会继续表现出较强的主动性争取继续得到部分帮助，无论采取到援建省份汇报、举行感恩活动，还是到援建省份参加商贸会谈，进行招商引资活动都会得到援建省份的支持与配合。通过调研发现，湖北新冠疫情得到控制后，许多受援地区的地方政府还会继续与援助地区开展业务合作，尤其是公共卫生方面的合作。2020 年 4 月 24 日，国务院扶贫办政策法规司司长陈洪波回答记者提问时介绍：党中央对湖北的脱贫攻坚工作高度重视。在资金支持方面，中央财政专项扶贫资金给湖北增加了 8 亿元的倾斜支持。在劳务协作方面，组织广东、江苏、浙江等 6 省份给湖北开展“6＋1”的劳务协作行动，帮助湖北的贫困劳动力外出务工。在消费扶贫方面，指导湖北认定扶贫产品 498 个，总商品价值 75.65 亿元，组织广东等省专项采购湖北的茶叶、小龙虾等特色产品。在扶贫协作方面，杭州市 2020 年向恩施州投入了财政援助资金 3.88 亿元，拨付到位的基础上，准备再增加 25％，总量达到 5 亿元左右。

汶川地震后的恢复重建完成后，汶川县也经常会到广东省社会组织管理局进行考察、寻求多方面的产业合作。广东省慈善总会、广东省食品行业协会、广东省养老服务业协会、广东省自驾旅游协会、广东省四川商会等组织依然会对汶川县给予一定程度的倾斜性支持。“汶川三宝”“康养汶川”和旅游业是汶川县当前的支柱产业，得到了广东省食品行业协会、广东省养老服务业协会和广东省自驾旅游协会的大力支持，双方对接在事实上符合汶川发展的产业需求，为汶川经济发展带来源源不断的驱动力。

“目前，广东省自驾旅游协会正跟我们酒店联系商谈合作事宜，同时跟我们联系的还有广东省的几家旅行社，在客源方面给我们提供较多的帮助。”（汶川某酒店经理，编号 QZDY－006，2014－02）

“每年‘汶川’三宝产出的季节就是我们邮政繁忙的季节，而广东省是我们向外省发送快递数量最多的省份。”（汶川邮政负责人，编号 QZDY－018，20111－07）

“我们援建组建立了微信群，很多人现在都还有联系。一些广东的亲人也会回来看看我们，而我们会给他们寄一些汶川的特产。彼此之间有挂念，有扶持。”（汶川民政局负责人，编号 ZFMZ－002，2011－06）

（四）社会自治与社会组织发展

重大灾害后，大量外来社会组织自发涌入灾区开展援助工作，但外来社会组织具有流动性大、支援时间短的特点，随着恢复重建工作的顺利完成，许多外来社会组织在提供援助后就撤出了灾区，还有一些社会组织选择在援建项目结束后逐渐从灾区撤离。但从灾区的长远发展来看，离不开长期的、持续的社会治理体系建设和社会服务工作，尤其需要培育和发展本土化社会组织。2019年底，新冠疫情暴发后，湖北省保险行业协会牵头，与中国人寿、太平洋人寿、平安人寿、泰康人寿、新华人寿、合众人寿、人保财险、太平洋产险、太平产险、国寿财险等多家省级分公司协商，为武汉和湖北地区医护人员（含本地和驰援医护人员）提供相关保险。协会还向全省保险业发出了《让我们携手共同应对新型冠状病毒肺炎》倡议书，各保险机构第一时间出台紧急预案，开通理赔绿色通道，扩大理赔保障范围，启动信息排查、应急响应、保险捐赠、理赔服务等工作。湖北省保险学会也发出文件，要求在做好部门疫情防控工作的同时，相关岗位人员配合做好全省行业疫情新闻报道和舆情监测等工作；北京市社会心理工作联合会与武汉市社会工作联合会共同合作主办武汉社工防疫联合行动在线培训；浙江传化慈善基金会旗下的传化安心驿站项目为武汉提供免费运力对接和仓储中转等服务；美国的比尔及梅琳达·盖茨基金会宣布提供500万美元紧急赠款，并提供相应的技术和专家支持，用于帮助中国相关合作伙伴加速在新冠疫情的流行病学、应急干预实施和医药产品研发等方面的工作。2008年汶川地震发生后，汶川和北川等县城满目疮痍，地震带来的恐慌，在老人、儿童等群体的心理上留下了长期的阴影，使他们的生活始终承载恐惧和压力，需要有专业人员进行心理疏导和心灵抚慰，因此，外界许多心理学方面的志愿者和许多专业的社工机构先后进入汶川开展志愿服务，深入乡镇农村对孤寡老人、失去亲人的儿童及失独家庭开展专业的心理辅导。其中最早进入和坚持时间最久的两家社会组织是广东大同和广东启创，最后这两家机构都转型升级，在汶川扎根，登记注册为汶川大同社会工作服务中心和汶川启创社会工作服务中心，培育了许多本土化的社会工作者。2008 年开始，许多志愿者队伍到灾区民政部门登记注册，由自发组成的“散兵游勇”转型为合法的社会组织，通过这种方式，这些志愿者组织就可以成为灾区政府购买公共服务的对象，有资格获得其他基金会的资源和项目支持。

从 2003 年非典疫情、非洲猪瘟到新冠疫情等重大公共卫生事件，社会组织都发挥了巨大的作用：开展大规模的救灾捐赠、救援重建工作。让各级政府越来越充分认识到了社会组织在重大灾害中救助和灾后治理中的独特作用，从而越来越注重构建和改善“政—社”关系。汶川地震（2008）、玉树地震（2010）、芦山地震（2013）、九寨沟地震（2017）到台风“山竹”（2018）等重大自然灾害发生后，社会组织都在灾害救助和灾后治理中发挥了举足轻重的作用，拓展了灾后救援及社会治理参与的新领域、新业务和新方式。在救灾及灾后重建过程中，社会组织所发挥的作用及其与治理体系中其他主体之间的互动也成为学界和实务界关注的热点。扎库尔（Zakour，1996）指出，灾害导致社会工作服务需求增加。他指出，社会工作者可以在灾后恢复中发挥重要作用，如为弱势群体提供资源、协调服务、促进宏观和微观层面的变化等。

三、政府与社会力量的互动

自 2003 年非典疫情和汶川地震以来，民间社会力量参与重大灾害后灾区的抗疫救灾、公共服务及社会治理事务已成为一种必然，政府与社会组织的协同合作也成为基本的发展趋势。但是，这种“政—社”合作的趋势并不是天然而成和一蹴而就的。这种合作需要时间酝酿，需要政府与社会组织双方的包容、开放和主动，需要有思想观念的革新、制度体系的完善以及微观机制的改进。如果说非典疫情促进了我国社会组织的成长，汶川地震为社会力量参与社会治理打开了“机会之窗”，新冠疫情则使社会组织走向了进一步的发展。重大灾害后，为了灾中紧急救援和灾后恢复重建，全国捐款捐物、大量志愿者和社会组织涌入受灾地区。从政府与社会关系的视角来看，中央政府进行全民动员，调动全国资源，支援灾区一系列灾后恢复重建的政策，为社会组织的发展提供了空间，[①]“党委领导、政府主导和社会参与相结合”也是其中重要的制度安排之一，打破原有的平衡，使社会力量因此得到了快速成长的机遇。然而，在这种不平衡状态下，政府与社会力量之间的合作互动也存在某种不确定性、偶然性，甚至一定程度的风险性，毕竟相关政策也不是十全十美的，可能会留下大量的制度空白。

如何利用公共政策的选择来消解重大灾害后灾区社会重建过程中不平衡的制度安排，一直是学界关注的重点课题。消解制度安排的不平衡需要一个实现“平衡”的机制，而理解这个机制则需要从政—社关系的视角，从社会治理多元主体之间的互动角色平衡和激励结构平衡来分析。如果从历史制度主义维度来看，这个机制的核心在于制度安排过程中探索政府赋权—吸纳和社会自治—嵌入之间的平衡。具体来说：第一，政府有选择性地向社会赋权，给予社会力量和社会组织自主成长的空间；第二，当社会组织有了自主成长空间后，如何利用政策红利和社会资源提升自身的管理能力和自治能力；第三，政府向社会赋权是一个具有选择性的渐进过程，不是不顾一切地一放了之，为了避免“一放就乱”的现象出现，政府吸纳（政府吸纳社会力量参与基层社区治理）可能是一条使政—社之间的互动关系能够走向制度化的有效路径；第四，对于社会组织来说，合理的嵌入机制能够使社会组织与政府形成一种良性的互动关系，在一定程度上摆脱对于政府的单向依赖，从依附型社会自治走向独立型社会自治（独立于政府控制的社会自治，不依赖于政府资源的情况）。实际上，不管是依附型社会自治还是独立型社会自治都不是真正意义上的社会自治，都不利于社会的良性有序发展。只有走向嵌入型社会自治，社会组织与政府互为合作、双向嵌入并保持良好关系又互为独立才是社会组织应该采取的重要策略。这些策略的选择都有利于推动政府与社会良性合作[②]。从社会治理实践来看，政府权力的下沉和民间社会力量的兴起是在同一个时空中的双向嵌入过程。

---

① 卢江，陈弼文．论新中国70年劳动关系演进——基于政府与市场作用的视角［J］．经济纵横，2019（10）：24-34.

② 张艳娥．嵌入式整合：执政党引导乡村社会自治良性发展的整合机制分析［J］．中共四川省委党校学报，2011（2）：99-102.

（一）重新平衡政府和社会的关系

改革开放以来，民主政治建设和市场经济体制改革这两大因素成为拉动经济发展、社会成长的关键力量，而经济社会的快速成长则是政府与社会形成互动的关键前提。随着我国社会主义民主政治建设日益成熟，政治体制改革成为常态行动，各方利益主体的政治意识变得更加分明、政治诉求变得更加强烈，要求将多元化主体利益输入现有政治制度体系的愿望愈加迫切，这些都构成了中国社会自组织成长壮大的逻辑起点。市场经济体系中各类资源的配置活动使得社会经济结构更加多元化，专业分工更明确、利益分化更明显，社会民众的自主意识更强，阶层主体分化力量不断得以提升、凝聚力减弱，但不同阶层成员主体利益的一致诉求则形成了社会组织的基础，也构成了社会组织诞生、形成和发展"自下而上"的逻辑。市场化改革大大提升了政府效益意识，追求经济效益成为公共政策选择的重要考虑因素，为了避免不必要的政府失灵，政府部门逐步从一些效率低下的领域中淡出，把这一部分的权力还之于民，即还权于社会。政府通过有选择性地赋权来支持社会组织代为承担一部分社会治理职能（原本为政府所承担的职能）。得益于政府赋权，社会组织的成长空间不断得以拓展，进而有能力代为承担一部分原本为政府部门所应承担的职能，由此构成了社会组织"自上而下"的形成逻辑。社会组织形成逻辑的"自下而上"和"自上而下"实际上也反映了"政—社"关系的双向性。

中央集权制的政治历史传统和社会主义经济、政治和文化体制都决定了社会管理属于政府职能，一开始是作为政府职能存在的社会管理带有刚性的"官治民"性质，与社会自治不沾边。但随着民主政治的日益发展，社会管理开始过渡到社会治理，社会治理虽然还是作为一种政府话语，但也带有还权于民的趋势，为社会组织的生根、发芽提供了土壤。在我国当前的政治体制下，整个制度体系的设计只能来自金字塔的顶层，即只能由中央政府统筹考虑。只有顶层设计中给社会发展留出了"窗口"，为社会力量的生存和发展留出空间，社会力量才能发芽成长，最终有能力和资格与地方政府形成互动合作，形成政府治理的重要、有益补充。更进一步说，只有中央政府允许并且社会自身在一定程度上实现了部分自主性成长，地方政府也能放下身段，愿意尊重和留出社会力量发展的空间，社会力量才有机会成长壮大，并逐渐与政府之间形成互动与合作。根据对全国及省和市辖区社会组织发展差异化程度的研究显示，由于政治制度的"刚性"约束和民主政治建设的"渐进性"并未给予社会力量多少发展空间，因此，从全国性层面来看，民主政治制度建设对社会组织并未具有显著影响。但是沿海东部地区的治理创新和“柔性的”制度安排以及各种重大灾害都对社会组织的成长和发展具有显著正向作用。譬如说，通过应对新冠疫情突发公共卫生事件，暴露了我国基层社区治理模式的现状、优势和短板：①现状是中华人民共和国成立后形成的城市街居体制和农村村民自治制度，虽然正在朝着现代社区治理的多元共治方向转变，但是其主导的仍然是基层党政系统带动社区干部开展的群众动员策略。②优势是组织动员能力强。③短板是社区公共服务资源配置失当、专业化服务能力不足、社会工作通过社会组织与社区联动能力弱，容易导致服务不精准等问题。新冠疫情的防控过程使我国社区治理体制明确了今后的发展方向：坚持以人民为中心，强化城乡居民需求导向的服务资源配置，实现政府、社会组织与社会工作的专业联动。

对于能否推进政府与社会关系互动，形成良性合作的制度体系，关键在于政府能否对社会力量释放善意，对社会赋权的程度，即政府梳理自身与社会多元主体之间的关系，赋予社区和公益团体、民间机构和其他社会组织等社会主体更多的生存、发展空间。从“社会管理”到“社会治理”是从党的十六届四中全会到党的十八届三中全会以来对于社会主义社会建设规律的重要发展，也是当前我国关于社会建设与社会治理的最新阐释。党的十八届三中全会首次提出“社会治理”的概念，标志着我们党执政理念的新变化。2015 年，党的十八届五中全会指出，加强和创新社会治理、建设平安中国，要完善“党委领导、政府主导、社会协同、公众参与、法治保障”的社会治理体制，推进社会治理精细化。从党的十八届六中全会“让全体人民共享改革开放成果”到党的十九大报告“共建共治共享的社会治理格局”，其实质就是对于社会治理主体之间关系的阐述。基层社会治理作为国家治理体制与治理能力现代化体系的重要组成部分，在社会治理中发挥重要作用并呈现新的理论内涵。在社会转型的背景下，基层社会治理呈现怎样的形态？基层社会治理是否能够改善？这些成为我们关注基层社会治理的焦点。当前的基层社会治理是治理由于基层社会结构的变动而产生的一系列社会问题的过程。正是因为基层社会本身发生的变化，也迫使我们转变对基层社会固有的狭隘认识观念。一方面，突破传统意义上将基层作为政府管理和政府治理的理念，倡导社会治理主体多元化；另一方面，基层社会治理是动态化的过程，即在治理社会基层过程中要实现社会主体协同、优化实体结构；提升社会化服务水平、拓展功能范畴，实现基层社会整合。

上述关于“政—社”关系变迁的分析，尤其是中央政府顺应政治民主建设的时代潮流，开启“政—社”合作治理的新格局，这种格局中很重要和关键之处就是各级地方政府向社会力量赋权。汶川地震后，在《汶川地震灾后恢复重建条例》中提出的“政府主导和社会参与相结合”宣示了政府向社会赋权的重要政策意义和法制依据，从此以后，各地方政府开始循序渐进地向社会组织赋权，可以说是《汶川地震灾后恢复重建条例》（以下简称《条例》）开启了政府向社会赋权的机会窗口。在《条例》指导下，各地政府陆续为社会组织“松绑”，降低成立社会组织的“门槛”，并在社会治理方面与社会组织“选择性合作”。尤其是在重大灾害后，受灾地区政府更是频繁地向社会力量购买公共服务。实际上，无论是向社会组织购买公共服务还是鼓励社会组织参与各种社会治理活动都是一个政府向社会不断赋权的过程。

（二）从“选择性”合作到制度化联结平台

把政府向社会赋权转化为政策制度体系是实现社会自主成长，增强社会力量的基础。但是政府与社会关系要达到一定高度（即政府与社会实现良性互动）还需要两者之间建立系统的、有效的联结平台。政府与社会的互动关系只能较好地阐释基层社会治理的过程，但难以解释二者的矛盾处理过程。而一个好的制度化联结平台不仅能够成为政府与社会良性互动的载体，而且能够缓冲政府与社会之间的矛盾冲突。中华人民共和国成立后，我国通过“单位”这一特殊的制度实现了国家对个人的重新整合。单位制形成政社合一的整体性支配社会，各级政府几乎掌握了所有的社会资源，通过行政命令和身份制度进行全社会的资源分配。在这种特殊的社会发展模式中，逐渐形成了以单位制为主，街居制为辅的社会管理体制。随着单位制的解体，社会组织开始出现，而且在基层社会组织体系中“自治”越来越受到青睐。改革开放之后，与经济快速发展相对应的是社会民主政治建设也取得了巨大成绩，而且社会本身也发生了较大变化，这就要求在政府与社会之间搭建新的制度平台以供政府部门与社会组织互动和沟通。2003 年的非典疫情和 2008 年的汶川地震，社会力量都参与了疫情防控和灾害救援，这就昭示着社会力量开始参与重大灾害之中的紧急救援工作和之后的恢复重建工作，大量的志愿者和社会组织涌入疫区和灾区，对灾区的社会治理水平提出了更高的要求。这就要求灾区政府与社会力量协同立场，在疫情防控或灾害救援中进行互动和沟通，也是快速实现控制疫情灾害和灾后救援及恢复重建的必要工作。在政府主导下，社会力量参与灾中救援和灾后恢复重建的过程中，其主要特征是政府采取有效措施将各种社会组织参与有效地吸纳到灾害应对的进程当中，因此，可以将其称为政府吸纳社会力量的过程。

在重大灾害应对的过程中，政府与各种社会力量或社会组织达成了快速实现灾后救援和恢复重建的共识，政府处于主导地位，社会组织是协同参与者角色。政府当然是灾后紧急救援过程中推动制度化联结平台的主导者，但社会组织也是制度化联结平台中的重要力量。这种制度化联结平台在重大灾害应对中匆促搭建，使得社会力量在紧急情况下获得政府赋权，实际上是在发育不充分的情况下得到了快速发展的机会。但是，这种制度化联结平台也是动态的、变化的，政府与社会力量借助这个平台进行互动的过程也是一个不断调试与磨合的过程，这种制度化平台需要随着社会发展和结构变化而进行不断完善、调整。这对于重大灾害后灾区的快速发展尤为重要，因为灾害导致的社会结构变革以及灾后政府职能调整可能使得政府与社会力量之间的原有制度化平台变得无效。重大灾害后灾区社会治理中的政府—社会关系视角带给我们诸多启发，对当前基层社会治理研究奠定了良好基础。但总体而言，政府—社会分析视角在基层社会治理研究中存在以下不足：一是政府与社会被想象成具有明确边界、独立运作的实体，其各自内部构成的冲突、分歧、差异与互动被遮蔽。政府—社会的关系实际在纵向的历史维度上和横向的事件维度上都是不同的。在对政府—社会关系进行把握时，亦要看到不同时期、不同事件乃至不同层面上政府—社会关系在表现形态和构成方式上的差异性。二是政社关系中的社会组织研究被直接化约或降低为政府—社会组织层次。这种研究仍然属于一种“局部观察阶段”，将城市基层空间中“社会”当作“实体”研究，忽视了社会概念本身所包含的丰富性与复杂性。由于对基层社会治理中社会概念的片面理解，也让我们陷入研究中的盲区，“只见树木，不见森林”。鉴于此，在政府—社会理论分析的范式下，提出“政府吸纳社会”的概念，即政府吸纳社会力量参与基层社会治理的系统过程，对基层社会治理做系统阐释。比如，对于在重大灾害后的灾区长期扎根和成长起来的本土化社会组织发展，灾区政府需要根据客观实际调整与他们的互动合作方式。在宏观制度性建构方面（制度体系的建立），政府吸纳是目前主流的解释之一，即通过地方政府将社会力量有序化和制度化地吸纳与整合到政府体系中。在重大灾害后的灾区恢复重建进程中，“党委领导、政府主导，市场运作，社会力量参与”的发展模式被称为“政府吸纳”，也有学者认为这是一种典型的法团主义，也可以被称为国家法团主义。

政府吸纳模式或法团主义中的“领导”可以从两个维度来理解：一是社会力量被以某种方式整合或吸纳到了政府主导的社会治理体系中。二是通过政府与社会的互动合作实现社会的成长、发展及市场的培育、成长，比如社会公益组织的发展、民众市场意识和社会责任感的加强。由于社会力量的组织化不断变化，尤其是各种社会组织积极参与并且不断创新参与灾区恢复重建及社会治理的形式，不断丰富参与的内容，使得实现地方政府对不同社会力量的吸纳与整合过程变得漫长且效率不高，这就需要创新政府与社会互动合作的各种制度化联结平台或机制。

最后，政府与社会的制度化联结平台实际上是一个多元的协同体系。在非典疫情、新冠疫情及汶川地震后，社会力量在政府号召和主导下参与紧急救援和灾后恢复重建的进程中，政府在不同阶段有不同的目标，与此同时，社会组织在受灾地区的救援与重建过程中不断成长与发展，受灾地区政府通过购买社会服务、召开决策论证会议、公众意见论坛等方式吸纳多种社会力量参与。尤其是政府与社会力量之间的联系与合作在公共服务领域发挥得淋漓尽致，使得政府与多种社会组织的合作、互动更为频繁。在这样的背景下，就有必要建立一个新的制度化沟通机制或制度化联结平台，使得政府与以社会组织、公民团体等为代表的社会力量能够有效衔接，形成一个协同社会治理的整体。这就是“共建、共治、共享”的社会治理格局。

（三）从“依附性自治”走向“嵌入性自治”

“吸纳”指的是政府吸纳社会力量参与社会治理的系统过程即将社会力量整合到政府的路径，而“嵌入”则是政府以某种方式融入社会力量的路径。对于政府“嵌入”社会组织可以从两个方面来理解：第一，政府通过某种制度设计或管理组织有限地介入社会力量。比如，政府出台一系列对社会组织进行管理和规范的制度规则。第二，代表政府的某些官员与社会组织的领导之间存在默契与互动。比如，受灾地区的许多政府官员与社会组织保持了良好的沟通与合作，这种合作有利于协调立场和整合资源，它与之前的最大区别在于：双重管理的制度取消后成立的许多社会组织并无官方背景，而是代表纯粹的社会力量来与政府官员实现沟通和合作。

但是，即使是重大灾害后灾区的社会力量发展到了政府必须认可的程度，并且在救援与恢复重建过程中取得了长足的发展空间，但在路径依赖和资源依赖的大环境下，政府与社会力量之间依然呈现出一种不平衡状态。政府可以通过公共政策制定或资源输入的方式牢牢地嵌入社会力量，而社会力量必须依赖政府赋权和政府资源，处于相对弱势的位置。具体表现为社会组织除了接受一些公益基金会的资助外，其他的大部分项目来自政府。如 2003 年非典疫情防控期间，广东省投入大量财政资金支持社区和社会组织发展，社会力量和社会自治表现出明显的依附性与从属性特征。尤其是，一些疫情严重地区的社会组织纯粹是在疫情防控和社会治理重建进程中，承接政府委托的大量任务得以获取发展的资源。因此，受灾地区政府与社会关系的良性发展是依赖于救援工作的紧急性及恢复重建任务的紧迫性，而非基于一个有良好自治传统的社会来推进的，在灾后救援与恢复重建阶段发展起来的社会组织是在一个政府嵌入明显、自治资源相对不足的特殊社会环境中进行的。在这个政府角色嵌入明显的结构中，仅仅靠社会组织的积极性和自主性是不可能推动社会力量可持续发展的。

政府与社会力量的互动合作，政府需要对自身权力运行有清醒的认识，做到既不缺位也不越位，对自身的权力要有自律，对社会组织自主性成长进行一定程度的监控，对政府与社会组织的互动机制进行动态协调，也就是政府应该对赋权、吸纳和嵌入进行可控性平衡。如果政府过度强调对社会力量的赋权而缺少必要的监控措施，则可能出现“一放就乱”的社会失序现象；过度强调对社会力量的吸纳，则有可能破坏政府及社会组织运行的规律，丧失社会自主性和政府权威性；过度强调嵌入，则会使得社会组织的自主性缺失，办事束手束脚，难以高效率地完成工作。相反，在重大灾害后灾区救援和社会重建的过程中，没有政府赋权就没有社会组织的发展机会和空间，也得不到合法性支持；政府不对社会力量进行适当吸纳，就没办法去规范和引导社会力量的有序参与，没办法实现政治、经济方面的资源整合；政府不嵌入社会组织，就可能导致政府与社会组织之间的断裂和分离，造成社会力量不可控的无序发展，导致在特定的历史环境条件下和现有的制度空间中政府与社会难以实现良性的互动与合作。因此，需要通过制度设计和资源调整来实现各级地方政府与社会力量之间达到赋权、吸纳和嵌入的一种平衡状态，推进政府与社会力量有效沟通、交流，实现良性、高效与可持续的互动合作。

第六章　灾害应对视角下的社会治理变迁

重大灾害后灾区社会治理变迁可以分成物理层面的基础设施恢复重建时期与社会层面的文化心理重建时期（继续发展时期）两个阶段。实际上，第四章从第一阶段，第五章从第二阶段对社会治理变迁的路径和过程进行了剖析。基础设施恢复重建过程与社会文化心理重建过程是紧密联系的，因此有必要把两个过程纳入同一个框架来进行分析。在两个重建阶段，政府与社会力量的互动合作关系主导了重大灾害后社会治理变迁的进程，社会治理变迁进程则表现出“政府选择性、渐进赋权；社会力量有序、分层嵌入”的特征，具体而言，表现为重大灾害后巨灾下的政府对社会力量赋权的决策过程，不同层级政府与社会力量合作互动的过程。本书分析了重大灾害后社会治理变迁及其驱动机制，进而提出重大灾害后社会治理变迁的可能路径。唯有厘清重大灾害后社会治理变迁的路径，才能为重大灾害后社会治理体系建设选择和优化路径模式。

一、“选择性渐进赋权—分层有序嵌入”的理论启示

任何重大灾害及其衍生的一系列经济或社会问题都会对政府与社会力量的行为逻辑产生重大影响。其中，以“政府主导、社会参与相结合”为原则的重大灾害后恢复重建开启了受灾地区的政府与社会力量协同合作开展社会治理的历程，表现出各级地方政府向社会组织有选择性地渐进赋权，社会力量分层有序嵌入的特征，在制度和价值层面同时形成“政府”与“社会力量”各自的特色。“选择性渐进赋权—分层有序嵌入”是一个政社关系自然发展的理性过程。无论是在2003年非典疫情防控和新冠疫情防控期间还是在汶川地震自然灾害时期，社会力量都表现出积极、自发地主动参与紧急救援与恢复重建工作的热情，而疫情和灾害期间的紧急救援和恢复重建恰恰是各级政府的主要职能，因此，在重大灾害之中和之后，政府与社会力量这两个行为主体之间必然存在合

作与互动。在重大灾害后的不同阶段，灾区社会治理任务都会发生变化，不同层级政府与社会力量之间的互动合作关系也会因势、因时和因景地呈现动态变化，这与理解重大灾害后社会治理体系建设密不可分。想要进一步理解重大灾害后社会治理体系建设的路径模式及社会治理变迁机制，首先需要理解“选择性渐进赋权—分层有序嵌入”的根本原因和运作过程。

（一）政府决策与赋权社会力量

大量案例表明，重大灾害发生后，即使是物理层面基础设施及社会生活秩序等方面的恢复重建工作都完成了，但灾难所造成的心理阴影和文化伤怀方面的恢复重建却可能会成为社会治理难题，它就像看不见的暗疾，伤害着社会肌体，公共管理者却束手无策。突发事件所造成的大规模灾难影响了整个社会的方方面面，使得文化结构、社会结构解体或重组等都面临巨大挑战。在混乱复杂的动态环境中，无论是组织机构还是个人个体（各种“行动者”）都必须学会管理和利用各种资源来有效应对各种困境，在混乱中理出头绪，有条不紊地打开工作和生活局面、恢复稳定[①]。整个社会系统中任何一个节点（无论其本身是毫不起眼还是非常重要）都可能在突发事件的打击下显得格外脆弱，像一台大机器的每个螺丝钉一样影响整个系统的运转。在灾难背景下，公共管理当局的任何不作为、低效率、贪污、浪费、不公平、罔顾民意或其他不足等都会被放在显微镜下被放大数百倍，被公众及各种媒体舆论牢牢盯住，显得格外明显。

各级政府机构和整个公共行政体系都处于紧张的压力状态，必须对任何紧急情况作出快速、灵活、高效率反应，稍有不慎就会遭受上级问责或面临社会舆论的谴责。无形中，社会形成一个共识，即地方政府有义务对受灾群众的基本生活需求和其他合理诉求作出快速回应，并尽快使社会系统从灾中的无序、非平衡状态恢复到灾后的有序、平衡状态。譬如说，新冠疫情突然发生，病毒感染性强、传播方式怪、传播速度快、涉及面积广，整个疫情防控期间的高风险地区需要大量的医护人员、医疗资金、救护工具、救援服务、医疗设备材料等一系列资源。纵使在低风险地区也需要大量防护物资如口罩、洗手液、核酸检测设备等，还需要大量人手来实施物理隔阻、日常量体温、交通秩序维护

① 王旭．国家与社会的相互赋权——本质、条件、机制及限度［J］．北京大学研究生学志，2013，29（Z1）：69－80.

等。如此紧急而且繁重的疫情防控、病人隔离救援和各种社会治理任务等，都需要政府及时作出快速的有效反应。相比之前 2003 年非典疫情等重大公共卫生事件发生后，国家力量是疫情防控和紧急救援的主要力量，社会力量参与度不高、信息传播不畅的情况在新冠疫情防控和救援阶段已经发生了明显的变化，其中最为明显的就是互联网使各种疫情信息能及时传播，大量的志愿者和社会组织自发进入湖北疫区开展医疗防护和救援工作，体现了社会力量的力度和广度。中国政府更是及时、主动向世卫组织及国际社会报告疫情信息，并接受了国际救援及外国组织在疫情灾区开展救援工作。由此可见，中国政府在应对新冠疫情时对于国内外社会力量采取了更为开放和包容的态度。这个情况与吸取了非典疫情防控期间的经验教训有关，也与社会力量在非典疫情和汶川地震等重大灾害后得到了很大程度的自主成长直接相关。随着我国实施改革开放政策以及改革开放进程的逐步深入，社会组织、社会自治和社会力量得到了更多的发展和成长空间，1978 年在事实上是我国社会组织诞生的起始之年，许多社会组织独立于单位体制成长了起来。据不完全统计，在新冠疫情的紧急救援过程中有 500 多家社会组织在湖北各地及疫情高风险区域参加医疗物资运送、病毒感染者运输、转移和救护工作。另外，公众成长主要体现在支援精神和帮扶意识的积累上，每一次重大灾害都能涌现更多的志愿者投入到紧急救援和灾后重建中去。重大灾害应对和灾后重建都需要大量的专业社会组织和社会工作者参与。习近平总书记 2020 年 2 月 23 日《在统筹推进新冠肺炎疫情防控和经济社会发展工作部署会议上的讲话》系统地阐明了中央的战略部署和要求，在"打赢疫情防控人民战争"方面，提出"要发挥社会工作的专业优势，支持广大社工、义工和志愿者开展心理疏导、情绪支持、保障支持等服务"①。这是对社会工作的期望和要求，社会工作者要积极予以响应，更加深入有效地参与新冠疫情防控战，促进经济社会稳定和协调发展。

在面对重大灾害需要大量资源的情况下，政府与社会力量都要用"超前半步"的思维去思考下一步可能要处理的问题。突如其来的突发事件打破了原有的社会生活秩序，并需要建构"战时秩序"，几乎所有的力量都被动员起来投入到紧急的救援和秩序维持当中。社区工作者、社会工作者、志愿者也被动员

① 本报编辑．习近平 2 月 23 日在统筹推进新冠肺炎疫情防控和经济社会发展工作部署会议上的讲话（摘要） 毫不放松抓紧抓实抓细防控工作 统筹做好经济社会发展各项工作 [J]．企业与文化，2020 (1)：4－5.

起来，要应对各种突发事件和居民的急迫要求。在灾情或救助发展到一个相对稳定的阶段后，政府与社会组织需要思考："接下来会怎样？该怎么办？"这就是要做"超前半步"的思考。实际上，任何重大疫情或灾害发生后，都有接下来"怎么办"的问题。这种问题可能涉及局部地区和人群，也可能涉及更大范围。作为接下来必然要面对的问题，社会工作者应该有"超前半步"的思维，就是向决策者提出建议，提醒决策者下一步可能要注意或要处理哪些问题。"超前半步"思维的范围是宽阔的，可以说疫情或灾情一开始就有了"下一步"的问题，而且随着疫情或灾情的发展和抗击疫情战役的展开，各个群体面临的"下一步"的问题都会出现，政府部门及社会组织应该综合地思考"下一步"的问题。重大灾害发生后，中央政府和地方政府都会发布应对意见，实际上这些意见最后都将汇集到灾情防控的基本单位——城市街道和社区，最后都会归结到家庭生活、生活秩序、就业和社会保障上来。这就是说，社会力量在政府指导下"超前半步"思考时，要有整体性思维。实际上，在工具性逻辑惯性和对社会组织认知前提下，政府都会及时赋权社会力量参与突发事件之中或之后的紧急救援工作。在紧急救援阶段，社会力量与各级政府都处于磨合阶段，在双方的互动合作过程中必然会出现很多状况，只需双方站在公平、正义和道德的立场上互谅互让，必然能达成一个高效的政社合作救灾模式。政社磨合的过程就是一个探索新型合作救灾模式的过程。在汶川地震后，政府与社会组织采取了很多救灾的合作模式，如"遵道模式"、理县县政府和湘川情基金会合作建立的理县资源协调平台、社会组织和企业代表参与形成的协商平台等。当然，任何合作模式都各有千秋，有成功也有失败，在"遵道模式"中就有一部分社会组织的过度参与被认为是给救援工作"添乱"了。但是，不管如何，社会力量已经在各种重大灾害后的紧急救援过程中发挥了重要作用，成为我国灾后紧急救援和社会治理的重要参与者，在人类社会历史中占有不可忽视的一席之地，是一支弘扬正气、激发社会美德的重要力量。习近平总书记指出的"社会力量要发挥专业优势参与灾区群众的心理疏导、情绪支持、保障支持方面的服务"，实际上是一个自始至终的过程。

对于任何一个国家或地区来说，重大灾害的影响都非常重大，一旦发生，必然会成为国家议程。就拿汶川地震来说，由于我国的政治体制和行政体制，地震之后的紧急救援和恢复重建工作都需要中央政府从宏观层面出台相关政策并相应地作出制度安排，各地方政府才能依据法定政策和程序来进行对口支援。早在2003年非典疫情防控期间，国务院及下辖各部委出台的一些政策，就已认可社会力量参与重大灾害后的救灾工作。从汶川地震中社会力量积极参与救灾的过程和结果来看，社会力量的优势获得了中央政府、灾区地方政府和灾区民众的一致认可，更与援建省份政府展开了互动合作，各级地方政府也接收了大量社会力量的捐款捐物并代为转交给受灾地区的相关部门。

重大灾害发生后，在初期阶段的紧急救援工作基本完成之后，公众与政府的关注点都集中于灾区的恢复重建工作，社会组织和政府部门都会不同程度地参与到恢复重建进程中去，社会力量必然是其中最热心、积极和理性的行动者。在汶川地震和新冠疫情之后，中央政府迅速开启了社会重建的政策议程，一开始就从宏观的制度层面将社会力量作为社会重建的主体之一，赋予社会力量参与重大灾害后灾区或疫区社会重建的合法性。但是，在中央层面的制度设计中也明确了一点，即“政府主导与社会参与相结合”的基本原则强调了政府是重大灾害后救援工作和恢复重建工作的主导者，社会力量处于协同者地位，它们参与灾区的社会治理工作必须得到地方政府的赋权，赋权过程并不是一蹴而就的，而是具有选择性的渐进式赋权。但是，随着重大灾害后社会治理进程的不断推进，政府面临的社会治理问题也会发生变化，治理任务会越来越复杂，政府的治理目标也处于不断调整中，社会组织发挥作用的空间必然会越来越大。事实也是如此，2008 年之后，各级政府新出台和修订的制度文件中，社会力量在防灾减灾中的地位越来越高，得到了政府与社会民众越来越多的关注，社会力量在参与灾后社会治理方面得到了越来越多地方政府的认可，也获得了更多的合法性和制度支持。与此同时，在四川、陕西和甘肃 3 省受灾地区，地方政府向社会组织购买公共服务的范围和内容不断扩大。受此影响，社会力量在全国各地的社会治理中嵌入了越来越多的领域，各地政府都意识到社会力量的优势，社会力量在政府失灵的领域拥有不可替代的优势，因此，政府对于社会力量赋权尺度也越来越大①。

（二）政府与社会力量的互动合作

在我国，政社关系日渐趋向于良性循环，政府与社会力量在社会治理工作中双向互动：一方面是社会组织在法定政策的范围内不断拓展自己的活动空间，以各种方式参与社会治理，千方百计争取国家和政府的“赋权”，努力使自身的社会参与具有合法性并得到地方政府的资源支持；另一方面是国家和政

① 谢蕴枰．国家与社会互动视角下的社区治理［D］．北京：清华大学，2016.

府尊重社会力量并对其进行有效“吸纳”，将社会力量纳入政府的帮助、支持和适度监控之中，并使其常态化和制度化。通过有选择性的渐进式赋权，将社会力量纳入社会建设的正常轨道中是我国政府社会治理的重要策略之一。2013年，《中共中央关于全面深化改革若干重大问题的决定》专章部署创新社会治理体制，第一次在党的正式文件中提出“社会治理”概念，标志着中国共产党的执政理念与时俱进，在新时代有了新变化。“立党为公、执政为民”体现了社会治理的公理性和全民性，从社会治理主体层面来看，政府对于社会力量的固有思维（秩序化的工具主义心态）发生了转变，政府与社会力量从依附关系转变为合作关系，相互合作、相互嵌入成为当前我国政府与社会力量关系的优先选择和理性模式。

汶川地震是社会组织发展成长的一个契机。在汶川地震灾后的恢复重建和社会治理进程中，社会组织的表现可圈可点，赢得了中央政府及各级地方政府的认可，也刷新了人民大众对社会组织的认知，更是获得了国际社会组织的称赞。首先，在地震发生之后尚处于余震的危险之中，许多社会力量不顾自身安危就率先进入重灾区，挖掘倒塌的废墟抢救生命，争取在灾后黄金时间内开展紧急救援工作，紧急救援阶段之后一些社会组织主动与当地政府部门联系寻求合作、资源支持及合法性支持及制度支持。在类似的紧急救灾的大背景下，社会力量参与重大灾害后灾区的紧急救援和恢复重建，不仅很容易被灾区群众接受并自动进入公众议程，而且受到了受灾地区地方政府的认可并被纳入到了当地的政府议程当中。其次，在汶川地震后的恢复重建阶段，“政府主导与社会参与相结合”成为中央政府授权社会力量参与灾后社会治理的重要开端，并自动延伸到后续类似的重大灾害中。但是在恢复重建阶段，在“政治锦标赛”的激励下，各级地方政府都想方设法尽快完成重建任务，对于政府力量难以发挥优势的领域，则通过向社会力量购买公共服务、并给予政策和法理支持等方式与社会力量在一定程度上达成合作，共同完成恢复重建工作，开启了政社关系的新篇章，同时也使社会力量成为重大灾害后社会治理进程中不可忽视的重要力量。最后，在恢复重建工作基本结束之后，援建地政府与大部分的公益基金纷纷退出了受灾地区，灾区能够获取的资源也断崖式下跌，但灾区的社会治理问题却更加复杂多变，各种社会矛盾不仅没有任何减少，矛盾的性质、种类和难度反而发生各种变化，让政府部门越来越难以应付。这些也是任何重大灾害后的灾区社会治理阶段普遍都会出现的现象。但是，矛盾和问题也使各级政府意识到政府力量不是万能的，在有些市场领域和民间领域，政府也无能为力，此时，社会力量的优势得到凸显，在解决一些社会治理问题时社会力量由于专业技能优势更受民众欢迎。因此，社会力量在灾后社会治理体系建设方面的独特优势得到了各级政府越来越多的认可，政府对社会力量的态度也从轻视变成了尊重，它们更愿意拿出部分资源向社会力量购买公共服务，而且购买方式更加创新，购买领域不断拓展，购买内容不断增加，社会力量越来越成为社会治理工作的重要利益相关者，并深深地嵌入到了我国的社会治理体系当中。随着时间的推移，各种重大灾害频繁发生，不同时间段重大灾害后的社会治理任务也在动态变化，不同层级地方政府与社会力量之间的互动关系也在动态变化。当然，社会力量自身也在不断地融入社会治理者角色，它们通过不同的策略和途径嵌入不同层级地方政府的管理视野中，融入各层次、各方面的社会治理结构中。社会力量在社会治理实践中探索嵌入政府的策略，对地市级以上政府采用舆论倡导、提供政策建议，以游说和公关主要政府官员的方式传递社会治理意见，以合理抱怨和诉苦的方式寻求政府的资源支持，以法制程序寻求政府的合法性和制度支持；对县级以下基层政府（含县级）则采取加强联络，优化自身服务来融入政府的社会治理工作。在重大灾害后社会治理的变迁中，政府采取有选择性的渐进方式向社会力量赋权，并部分分享合法的公共财政资源，以达到对社会力量吸纳与监控的目的，同时在一定程度上增加社会力量的自治权利和自主能力，起到赋权的正向效果①。正是政府与社会力量之间不断的双向赋权和嵌入，二者在灾后的公共管理和社会治理领域形成了越来越深入、越来越灵活创新的互动合作关系，从而初步形成了政社合作治理、共享共治的时代新格局。

二、重大灾害后社会治理变迁

一般来说，重大灾害后受灾地区的社会治理要经历两个阶段：第一阶段是经济重建，主要包括物理层面的基础设施恢复重建时期；第二阶段是文化重建或继续发展时期，主要包括社会层面的文化、心理重建时期。在这两个阶段，政府与社会力量通过不断磨合、双向赋权和嵌入，合作推动社会治理的变迁。

① 丁南．中国民法典与社会本位［J］．政法论丛，2020（4）：41－52.

(一) 重大灾害后灾区的社会治理变迁

对于国家的社会治理而言，遇到重大灾害后可能会有三种失灵：政府失灵、市场失灵以及第三部门失灵，需要有一个跨越界面的沟通和协作。我国由于政治体制的优势，一旦遇到重大灾害，在紧急救援和恢复重建过程中不仅不会出现政府失灵和第三部门失灵，相反，政府力量凸显空前强大，政府拥有强大的动员能力，以社会力量为代表的第三部门也活跃在灾后恢复重建的每一个阶段。但是，在短时间内，重大灾害后的受灾地区也会面临一次社会结构的剧烈震动，然后是社会结构迅速整合与重构，也伴随着社会治理的剧烈变迁。

"政府主导与社会参与相结合"的模式打破了我国传统的政府绝对主导、民众自立自强和自力更生的重大灾害灾后救援和恢复重建策略，社会力量被引入到了灾后恢复重建和社会治理重建的进程当中。同时，或多或少地冲击了原有的政府居于绝对主导和权威支配地位的社会治理单一模式。社会力量一跃而起，成长为重大灾害后不可忽视的、重要的社会治理参与者，社会治理模式也变成了"政府主导、社会力量协同参与"的合作模式。根据政府与社会组织的力量对比和关系变化（从绝对控制和选择性赋权，合作分治和有序嵌入两对关系）将重大灾害后社会治理变迁划分为政府单一治理、政府主导和社会协同治理、参与式治理和合作治理几个阶段（图 6－1），在这个过程中社会治理的创新理念和多元主体理念被越来越多的社会治理利益相关者接受，政府与社会力量的相互嵌入和协商合作机制不断被法制化，社会治理合作新格局逐渐形成。

在 2003 年非典疫情和汶川地震等重大灾害发生之前，全国都处于政府垄断的单一治理模式，万能的政府和政府控制一切的观念在社会公共管理领域占绝对的支配地位，社会力量若有若无，几乎可以忽略不计。因此，政府一家独大，承担主要的公共事务管理职能，在很大程度上对社会力量采取绝对控制和任意支配的方式，政府掌握全部的社会管理权力，社会组织无权参与社会治理，政府是社会事务的主体，社会组织服从政府安排。这个时期，我国的社会力量还处于萌芽阶段，没有任何影响力，完全没有成长起来，大部分地区几乎没有社会组织，纵使在沿海的广东和江浙等经济发达地区也只有非常少量的社会组织。内地大部分地方也是在经历了非典疫情、南方雪灾、汶川地震等重大灾害的冲击性影响后，才陆续出现一些不以营利为目的的公益组织和行业协会为代表的社会力量。在重大灾害后，灾区在经济恢复重建阶段，灾区的社会治理处于政府主导、社会协同参与的阶段，社会治理的理念和路径模式已经在2003年非典疫情、汶川地震等受灾地区初见端倪。在这一时期，政府仍然处于主导地位，但主动向社会力量（主要以志愿者和社会公益组织为代表）释放和赋予一定权力，鼓励它们参与灾后恢复重建和社会治理。政府通过注册、批准等法定程序向社会力量提供合法性、政策性支持，通过任务外包，或购买公共服务等形式向社会力量提供资金和资源支持，社会力量因此得到了成长的机会，拥有了越来越大的发展空间。当然，政府也通过政策支持和资源扶持等形式实现了对社会力量的嵌入，保证其社会治理的主导地位，具体情形如图6-1所示。

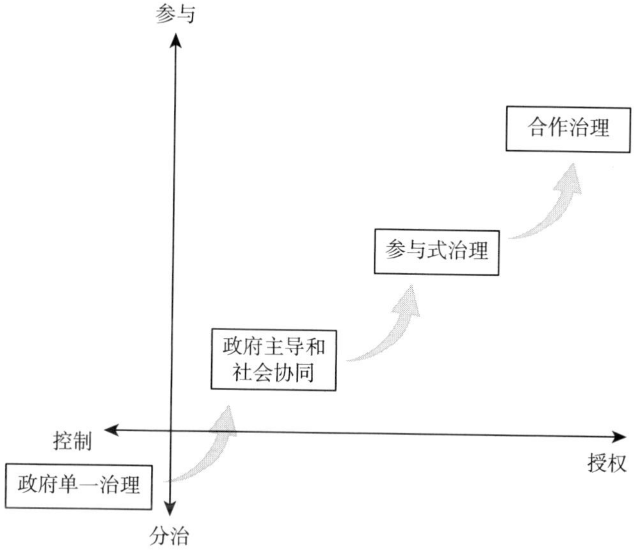

图6-1 重大突发事件后灾区的社会治理变迁

到了重大灾害后灾区的文化重建时期或继续发展时期，随着社会力量嵌入到了更多的社会治理领域，很多原来自发组成的志愿者组织通过在受灾地区民政部门登记注册后转型升级成为正式的社会组织，民间性质的志愿者团队也变得更正规、更制度化和组织化。受灾地区的社会治理模式也有了一定程度的创新转变，逐渐转变为政府与社会力量共享共治的参与式治理和合作治理模式。在这一阶段，中央政府转变执政理念，地方政府改变治理方式，通过一系列法律和政策文件把社会力量纳入防灾减灾救灾体系中。社会治理任务外包和公共服务向第三方购买的制度体系不断健全和完善，社会力量参与公共服务和社会治理的范围进一步开放和扩大等，社会力量得以不断发展和成长，参与社会治理的能力不断变强，自我组织能力和生存能力也不断提升。[①] 政府与社会力量的关系通过“双向赋权、双向嵌入”等合作模式变得越来越成熟，双方在公共事务管理和社会治理中有了更多、更深的互动合作。

（二）社会治理新理念的产生

“新”理念的萌芽、成长、扩散和稳定是任何一项政策变迁的核心环节和全过程。根据霍尔（Hall）提出的“政策范式”，范式变化表现为政策连续性的中断或政策渐进过程的中断（因此也被称为中断—平衡模式）。根据政策分析者的观点，政策范式是与政策活动者紧密相关的智力构造，本质上是相关的公共政策活动者所持有的一系列知识、经验、观念。霍尔认为，政策范式可以分为六个阶段：①范式稳定阶段。在这一阶段，居于主导地位的“正统”开始法制化和制度化，并进行政策调整。②反常的积累阶段。在这一阶段，与现存“正统”不相适应或相矛盾的现象出现，或现实世界的发展超越了“正统”所能解释的范围。③实验阶段。在这一阶段，人们努力扩展现有的范式，以说明反常的出现。④权威的破灭阶段。在这一阶段，人们对官员和专家失去信任，新的参与者向现有的范式发起挑战。⑤争议阶段。在这一阶段，争论遍及公共领域，并包含了更大的政治过程（包括选举和党派争论）。⑥新范式制度化阶段。在这一阶段，新范式的倡导者经过或长或短的时期而使政策范式获得支配地位，他们改变现有的组织和决策安排，以便使新范式制度化。库恩认为，政策范式转换的核心要义是达到更好的社会治理状态，也就是以达到更好治理为目的的社会学习。在政策范式转换的过程中，影响政策制定的关键是三个主要变量：即政策的总体性目标、政策的手段和工具及其政策水平设置的精确度。根据这三个变量，政策变迁也可以分成三种形态：第一，总体性目标和政策工具、手段不变，政策工具设置水平发生变化；第二，总体性目标不变，政策工具、手段可能发生战略层面的创新，政策工具设置也相应发生变化；第三，总体性目标、政策工具和工具设置水平都发生变化。根据上述政策范式理论，重大灾害发生后灾区的社会治理变迁过程有如下几个步骤：

1. 关键节点与议程的开启

在重大灾害后社会治理重建的进程中，灾后经济重建阶段与文化重建阶段

① 胡皓然．我国村民自治制度的检视与构建［J］．学术界，2016（7）：156-167，327.

所面临的问题具有较大的差异，经济重建阶段的核心任务是修复房屋、公路和桥梁等基础设施，恢复灾区的经济生产和生活秩序。而文化重建阶段的关注重点在于恢复社会文化，消除重大灾害对灾区造成的长期影响，以社会文化重建和社会心理重建来促进受灾地区经济社会的继续发展。从纵向的历时性维度来看，对于重大灾害后两个不同阶段重建概念的界定需要找出具有决定性特征的关键节点。

关键节点一：举国动员、对口支援式重建的启动，高度关注和资源堆积。在经济恢复重建阶段，中央政府高度重视，从政治高度分派对口支援任务，国内外高度关注受灾地区，海内外都掀起捐赠热潮。因此，受灾地区不仅在财政转移支付方面得到了中央、对口支援的省（市）及上级政府的支持，而且大量的社会捐赠资源（人力、物力和资金等）从四面八方涌入灾区，迅速推动了受灾地区在物理层面完成了恢复重建，并全面促进了灾区经济的快速发展，也产生了一系列的社会后续效应，推动了制度变迁和社会变迁，社会治理也面临更多更复杂的对象和事物。

关键节点二：文化重建阶段（也可以称之为继续发展时期），外界关注程度降低和捐赠资源减少。在初期阶段物理层面的基础设施重建和经济恢复完成之后，进入更复杂更漫长的文化重建阶段。此阶段的显著特征就是：大量参与灾后恢复重建的企业、社会公益组织和志愿者撤离灾区，国家的公共财政支持直线下降，对口支援省份的支持力度也大幅下降，捐赠资源出现断崖式下跌，外界关注趋向于平静无声，灾区经济发展减速，各种社会问题凸显，社会治理任务更加复杂繁重。

2. 政策图景与政府决策

政策图景（社会情境和舆论倾向）的变化在很大程度上影响政府公共政策。也许，像 2003 年非典疫情、汶川地震和新冠疫情等重大灾害会在一定时期内震撼了全中国甚至全世界民众的心灵，引起全社会的高度关注，成为媒体舆论界的热点和焦点。来自海内外的大量热心志愿者和社会组织自发来到灾区协助当地政府进行紧急救援和恢复重建，灾区居民也预期和希望得到外界救援，这些也就汇集成无形的民意压力，倒逼中央和受灾地区政府想方设法筹措资源解决灾区民众的生存和发展问题。但完全依靠政府力量和资源还是难以完全覆盖灾区民众的全部诉求，政府不是万能的，在某些领域政府力量难以有效施展，而与此同时社会力量参与灾区救援和恢复重建可以带来大量民间资源并可以解决许多政府难以解决的市场问题，因此，借助社会力量解决市场问题的考虑就理所当然地成为推进公共政策变革的关键因素。譬如说，在非典疫情防控期间的紧急救援阶段，我国首次接受国际医疗资源的援助，汶川地震和新冠疫情防控期间我国也接受了许多国外援助，这在一定程度上也反映出这几次重大灾害（疫情和灾情）的严重性，需要更加广泛的海内外援助。对于重大灾害后的灾区恢复重建来说，“对口支援”和“政府主导与社会参与相结合”等相关的救援政策也是中央政府为了借助社会力量来扩大救援面和深化救援点而出台的。

3. 反常积累与理念转变

在马克斯·韦伯看来，来自社会内部和外部的合力推动了社会制度或规则的变化，其中，外部条件是次要的，属于“参与的外生因素”，内部条件才是首要的内生因素，内生因素的“反常”才是推动社会规则发生变化的决定性条件。对于社会治理体系而言，重大灾害往往会打破原有社会的“平衡”状态，直接进入到“反常积累”的阶段，促使社会治理体系发生重大变化。尤其是以中央动员为政治保证的举国救灾以及“政府主导与社会参与相结合”的救灾重建原则首次出台，大量“反常”因素堆积，导致“反常情况”发生①。

譬如说，汶川地震发生后，超过历史规模的民间组织和志愿者蜂拥而入受灾地区开展紧急救援、社会秩序维持、民众心理辅导和基础设施恢复重建等工作，进入灾区的社会力量数量之多空前绝后，相较之前发生的任何一次重大突发自然灾害事件，这就是一种“反常”现象。对于社会治理主体而言，唐山大地震、1998 年特大洪水等突发事件的救援与恢复重建中，国家是绝对主导，灾区群众主要还是自力更生和自立自强，很少有社会组织和志愿者自发参与，这是传统的社会治理理念。但汶川地震后，“政府主导与社会参与相结合”出现在党和政府的正式文件中，既是一种“理念转变”，一定程度上也可以视为一种“反常”现象。而在社会文化重建或继续发展时期，一些地方政府的部分社会治理任务外包给社会组织的尝试，包括购买社会工作服务和文化心理服务等，都属于“反常积累”的过程。社会组织管理制度也“一反往常”地从政策程序即注册和管理上为民间社会组织松绑。社会力量的社会地位有所提升，得到了政府和社会民众的称赞与认可，社会组织参与社会治理的领域范围得到极大拓展，在社会治理格局中占据了超越历史的位置，在社会治理上发挥着不可

---

① Elsensohn A，Shiu J，Grove N，等．鉴别神经纤维瘤与结缔组织增生性黑素瘤价值［J］．临床与实验病理学杂志，2019，35（7）：803.

忽视的作用。正是诸多“反常积累”和国家治理理念的转变，促使社会力量参与重大灾害后的救援与重建工作从理论经验上升到了制度实践层面，也促使重大灾害后受灾地区社会治理理念发生转变和创新，进而由点到面扩散到全国层面的社会治理理念创新。

4. 制度学习与治理升级

学习既是过程，也是动力，是公共行政管理学中经常使用的一个范畴，但人们对它的认知方式和理解程度各不相同。有人根据政策变迁是自觉驱动力的来源将公共政策决策主体的社会学习划分为外生学习（其动力来自组织外部的其他行动者）和内生学习（动力来自组织内部）。霍尔（Hall）认为，作为政策制定主体的行政组织适应社会环境变化，政策制定主体对历史经验的分析和总结以及根据新的社会环境来调整政策目标或者施政手段，当这样的社会环境回应或手段调整以某种公共政策的形式表现在社会公众面前，学习就发生了。显然，学习可以发生于个体层面，当个体进入新环境并回应新的信息；或发生于组织层面，当新的社会氛围和政策环境产生时，组织就会学习新精神并出台新的政策、计划或目标。

譬如，在新冠疫情灾后的社会治理中，疫区地方政府组织从多个层面开展多种类型的学习（表 6－1），为应对未来的重大灾害做好知识预备。在政治/战略学习方面，中央政府以“政府主导、社会协同参与”为基本原则，将其作为重大灾害后紧急救援及恢复重建的法理依据，受灾地区各级政府在新政策指导下接受新的公众参与方式，社会力量可以协同政府部门参与社会治理，如参与到灾区的紧急救援、文化重建、心理治疗、理想信念重建和社会服务等更广泛的领域当中。以汶川地震后“受灾地区自力更生、生产自救与国家支持、对口支援相结合”为例，在对口支援的援建省份帮助下，一些受灾地区提前实现了产业转型升级，援建省份先进的社会治理理念融入受灾地区，对灾区的社会文化、公众心理和理念等方面产生了深刻的影响。在工具学习层面，以武汉市政府为例，疫情缓解后政府对武汉市卫健委组织班子进行了调整，火速提拔了几名奋战在抗疫一线、表现优秀、业绩突出、群众公认的优秀干部。国家卫生健康委召开电视电话会议，深入贯彻习近平总书记关于新冠疫情防控工作的系列重要指示精神，落实中央应对疫情工作领导小组会议部署及中央指导组的要求，研究部署解除离汉离鄂通道管控措施后全国新冠疫情防控工作。在社会组织管理方面，以汶川地震后的汶川县为例，汶川县民政局设置了社工股，专门服务全县的社会工作。在政府学习方面，汶川县 2011 年《政府工作报告》明确指出："进一步加强社工服务体系建设。加强社工协会、社工管理机构、社工服务中心三位一体筹备建设，加快发展大同社工服务中心等社会工作服务机构，积极开展心理疏导、矛盾调处、权益维护、行为矫治等专业服务。加强社会工作人才队伍建设，建立健全培训、使用、激励制度，发展壮大社工服务组织，稳步推动社会工作职业化、专业化进程，促进社会稳定和谐。"从社会学习的层面，新冠疫情后，湖北的一些受灾地区以"政社"协同理念为指导建立基层社区卫生服务站和村级医疗服务站。具体做法就是：以"地方卫健委统筹＋乡镇人民政府或村、居委协助配合＋医疗志愿者组织执行"的模式开展。从"政策范式"理论的角度来看，这样的"政策范式"转变是通过政策制定的国家主体社会学习实现的。

表 6－1　组织学习的类型

学习类型	学习内容	学习成果
政治和战略学习	学习战略和战术	采用新的公众参与方式 政府与社会力量协同合作
工具学习	新政策工具	特定工具的更改，内部流程的更改 组织内新部门或部门的形成
政府学习	政府组织的职能	发展新平台，讨论政策流程 新目标制订
社会学习	问题和长期解决方案	新战略形成 社会治理政策发生新变化 政策问题定义范围变更

资料来源：文献整理所得。

5. 形成新理念、转变政策范式

冰冻三尺，非一日之寒，新理念的形成也需要一个较长的过程。2003 年非典疫情到汶川地震，从每一次重大灾害后灾区社会变迁和社会治理体系建设的历程来看，社会力量参与从单纯的紧急救援延伸到心理服务、志愿服务等领域，经过了多年的酝酿，政府部门也从购买社会服务开始到"政社协同"，相互嵌入并合作开展社会治理服务，慢慢开拓了更广泛的合作领域。再到如今，经过 10 年的"政府主导和社会参与相结合"的实践探索，逐渐形成"全民共建共治共享"的社会治理新格局。新冠疫情防控期间，政府和社会力量展开了完美的合作，表现出的就是政社关系和社会治理理念的变迁。红花还需绿叶扶持，“制度化的新范式”首先是建立在新理念的基础上。在近几年的重大灾害案例中，社会捐赠的规范和善款使用的程序化可以认为是社会力量参与社会治理的制度化彰显。而国家放低社会组织注册登记的门槛，正是基于党中央对社会组织促进社会发展和社会治理的重要性有了新的认识，由于国家治理理念有所转变，新的理念促进了政策范式的创新和转变。

（三）重大灾害后社会治理变迁的动力机制

通过对重大灾害后社会治理变迁的历史演变进行分析，可以看出，社会力量从最初参与紧急救援到后来深入参与社会治理，其原因在于重大灾害后灾区经济社会的恢复、重建和持续发展对资源需求的急剧增长，同时也是整个中国社会治理变迁的一个缩影。虽然，社会力量进入重大灾害后社会治理的成功实践，也可以延伸到不同时期社会力量协同参与社会治理，与政府合作互动，双向赋权和嵌入，从而成了推进社会治理体系建设的重要力量，这也是中国制度特色和社会治理体系的重要特征。那么，政府与社会力量是如何通过合作互动来推动社会治理结构重塑和社会治理体系建设的呢？社会治理变迁机制主要是分析社会治理变迁过程中的动力何在，社会要素间关系如何，社会变迁中的关键节点如何，以及体现了何种变迁方式等。在历史制度主义的视角下，分析社会治理变迁的作用因素和变迁机制，首先必须明确社会治理变迁的动力机制。

1. 变迁动因

以汶川地震为例，灾后社会治理变迁大致可以分为物理层面的恢复重建和文化层面的重建或继续发展时期两个阶段，第一阶段时间短，效果易于显现，第二阶段时间长，效果不易彰显。面对不同时期有不同的社会问题，制度目标也会不同，因此，制度要素的组合也会有差异，带有各自不同要素矩阵和不同的要素组合逻辑，并且在一定的时间段内维持平衡状态。物理层面的基础设施重建时期，制度目标主要是围绕基础设施的重建和生产生活的恢复。国家和政府层面在税收、财政转移支付和创业就业等方面的优惠政策，来自援建省份的资源支持和来自民间社会的捐赠资源等成为推进灾后基础设施恢复重建的最重要资源。但是在文化层面的社会重建时期，问题和制度目标变得不再那么清晰和明确，许多国家优惠政策被取消了，对口支援力度逐渐变小直到变无。为了受灾地区经济社会的可持续发展，努力消除灾害带来的后续影响，适应物理层面恢复重建后的社会后效与社会变迁，受灾地区需要有新的经济发展战略，需要有新的资源获取方式，更需要有解决社会问题的新方法，因此，社会治理结构必须重新调整，社会治理体系需要新建设，这些都是推动制度变迁和社会变迁的动因。

2. 利益相关者之间的关系

在某个特定的制度体系下，利益相关者的力量是各有差异的，难以形成合力，但可以在某一时间段内维持一种动态的平衡。在我国，面对不同的情景，制度利益相关者可能有一些小的差异，但大同小异，概括起来主要有这样几个政策制度的利益相关者：①核心利益相关者是中国共产党的各级党委组织和各层级人民政府。②重要利益相关者是民主党派、政府框架的事业单位，包括科研院所、公立医院、公立学校等。③其他利益相关者是人民群众、社会组织（非政府组织和第三部门，行业协会，社会团体和民办非企业单位等）①。在讨论公共政策和公共制度变迁时，瓦德尔（Waddell，2011）区分了系统整体变化的增量、改革规模和转型类型。此外，沃多克等人（Waddocketal，2015）将制度大系统变化描述为涉及“大地域（如国家、区域和全球）、多个机构和大量人力资源”，以及“个人、团体、组织、社会和全球层面的多个相互关联和联系的组织、机构、规范和行为”。在不同时期，利益相关者的力量、偏好通常是既有某种一致性，更多的是差异性，这种差异性还会随着时间和情境变化而发生变化。因此，在某一特定时间段内，利益相关者之间可能会达成某种临时的动态平衡，这种平衡会因为时空和环境变化而被打破并在另一个时间点又达成某种新的平衡，总之，这种平衡并非静止的、恒定的，而是动态的、变化的。在重大灾害后物理层面的重建时期，国家政策和财政支持，援建省份的资金、资源帮扶及社会公益组织和民间大众的捐赠资源等打破了原有利益相关者之间的平衡，并渐渐形成了新的平衡。但是，在精神文化层面的重建时期，援建省份的退出，国家关注度的降低，帮扶资源的锐减，社会力量的成长等再一次打破了平衡状态，直到受灾地区慢慢适应新的情景，又一次达到新的平衡。

3. 变迁关系

制度变迁体现为制度利益相关者之间动态的适应、协同合作、互为妥协、相互调整立场。政社关系、社会变迁和社会治理体系建设等是本研究讨论的重要内容，很多国内学者认为重大灾害之后的社会力量参与灾区救援和恢复重建

① 罗正业，刘定巧．困境与路径：基于利益相关者的高校创新创业教育研究［J］．黑龙江高教研究，2020，38（7）：101-105.

工作体现了：我国的社会治理从“强国家—弱社会”状态下的政府引导社会参与，已经逐渐过渡到“强国家—强社会”状态下的政府与社会力量的协同、合作与共治。这种变迁并不是制度利益相关者之间的博弈过程，而是一个政府与社会力量之间的相互影响、双向嵌入、互为赋权和相互作用的过程，具体表现为政府与社会利益相关者之间既博弈又合作的互动关系，如地方政府与社会组织之间互为支持、相互配合的动态适应、共同转型和相互调整。

4. 关键节点

历史制度主义非常强调特定事件发生的时空特征和次序特点，关键节点强调的是能够对某种重大政策制度的形成和发展产生决定性影响的特定事件。譬如非典疫情导致了重大公共卫生制度的改革，汶川地震期间社会力量的大规模进入，使得2008年被认为是“公益元年”，这说明非典疫情和汶川地震的发生都是一个导致制度变迁和社会变迁的关键节点。但是对于重大灾害后社会治理变迁来说，灾情应对过程中和恢复重建期间出台的政策影响了受灾地区后续的社会治理问题、社会治理目标的转换以及后续的社会治理制度及治理机制的设计。

三、重大灾害后社会治理变迁的反思

重大灾害的灾害情境下社会治理可能会面临着两个失灵：一是市场失灵，即市场无法有效率地分配商品和劳务的情况；二是政府失灵，指政府的活动或干预措施缺乏效率，或者说政府做出了降低经济效率的决策或不能实施改善经济效率的决策。充分发挥社会力量的效用，可以在社会治理领域解决政府失灵和市场失灵。譬如说，汶川地震后，许多灾区民众尤其是老人和儿童心中留下了恐惧或阴影，这种情况是无法用政府手段或市场手段来解决的，但可以依靠专业的社会工作者来慢慢疏导灾民，治疗灾民的心理健康问题。在非典疫情、新冠疫情及汶川地震事件中，我国都能及时应对和进行灾后恢复重建，重大灾害后灾区的稳定与发展证明了我国的制度优势，灾区的社会治理制度表现出了很高的效率，震惊了国际社会，也赢得了联合国相关组织和世界人们的尊重。中国也为世界提供了重大灾害后重建与治理方面的宝贵经验。但是，成绩斐然并不代表毫无瑕疵，无论是非典疫情、新冠疫情还是汶川地震，都是震惊世界的重大灾害，虽然疫情防控和震后恢复重建工作都取得了重大胜利，但在防灾救灾减灾过程中必然也会存在部分失误或需要进一步反思的地方。

（一）政府赋权范围与社会力量参与的探讨

在我国近三十年内多次重大灾害之中及之后的恢复重建过程中，我国政府表现出色，没有出现明显的政府失灵情况。但是在每一次重大灾害后，灾区都会面临社会结构短时间内的剧烈震动，及后续的整合与重构。在非典疫情之后，国家出台了《突发公共卫生事件应急条例》，以便能够有效预防、及时控制和消除突发公共卫生事件的危害，保障公众身体健康与生命安全，维护正常的社会秩序。汶川地震后，为支持和帮助受灾地区积极开展生产自救，重建家园，鼓励和引导社会各方面力量参与灾后恢复重建工作，使地震灾区早日恢复正常的生产生活秩序，国务院出台了《国务院关于支持汶川地震灾后恢复重建政策措施的意见》（以下简称《意见》），《意见》指出要坚持“最大限度激发社会活力、最大限度增加和谐重建因素的指导思想”。《意见》也指出，灾后的恢复重建一定要因地制宜，分类指导。根据受灾程度、恢复重建对象的不同，实行分类支持。对受灾严重地区给予重点支持；对公共服务设施和公益性基础设施恢复重建，以政府投入为主，社会捐赠等其他投入为辅；对工商等企业恢复生产和重建，运用市场机制，以企业生产自救为主，国家给予财税等政策支持，带动银行信贷资金投入。立足自救，各方帮扶。贯彻一方有难、八方支援，自力更生、艰苦奋斗的方针，把国家支持、社会援助和生产自救结合起来，调动和发挥受灾地区干部群众等各方面的积极性，立足自力更生，加快恢复重建。

重大灾害后大量的社会组织进入疫区或灾区，要求政府赋予其开展救援活动的合法性和制度性支持，这样就能激励更多的社会力量带来更多的资源推进灾后重建与社会治理。事实上，汶川地震后灾区社会治理变迁的主线之一就是政府与社会力量互动合作、双向赋权和相互嵌入。从赋权方向维度和赋权形式维度来看，主要是以灾区地方政府有选择性地向社会力量赋权，社会力量依法参与灾后恢复重建和社会治理为主线。在政府向社会力量赋权的过程中，必须明确下面两个问题。

1. 赋权边界

政府对社会力量赋权的基本前提就是不增加社会成本，不影响国家政治稳定，不创造或加强政治上的反对力量①。一直以来，政府持有功利性目的，以

---

① 高奇琦．试论政党与公民社会间的双向赋权［J］．学术界，2013（1）：32－43，258－261.

工具性逻辑习惯性地将社会力量视为社会治理的重要工具，把社会力量作为社会治理的补充力量。在重大灾害后，无论灾后紧急救援还是物理层面的基础设施恢复重建等所需要的人、财、物等资源，我国政府都能通过政治动员来完成。在紧急救援阶段，国家可以动用警察、军队等力量来完成，政府是最主要的力量，同时也是最有效的力量。在物理层面的基础设施恢复重建阶段，在我国的政治体制下仍然能够通过“政治锦标赛”的全国动员模式来调动受灾地区以外的地方政府行政力量来对口支援受灾地区完成重建任务，虽然政府力量不能代表全部，但至少起到了压倒性的绝对主导作用。行政力量看似无比强大，但是“过刚易折”，行政力量不具备持久性，尤其是进入到精神文化层面的社会治理重建阶段，如果只依靠政府力量，显然是不可持续的。在灾后社会治理变迁的过程中，随着治理目标转移，社会力量进入的领域从紧急救援、过渡安置延伸到精神层面的恢复重建阶段，在此阶段，政府就显得力不从心了，这时候需要专业的社会组织大显身手。在与政府部门的不断互动和磨合中，社会力量承担的援助项目越来越多，从简单的捐赠和紧急救援工作逐渐丰富化，后来就基本上覆盖了救灾物资发放、住房、医院、学校、道路和桥梁等物理层面的基础设施重建，再到后面，社会力量又参与灾区的纠纷调解、心理治疗、社会维稳等精神文化层面的社会重建工作。经过实践磨炼，社会力量逐渐发展成长为灾后重建和社会治理的重要力量，2008 年开始修订和新颁布的防灾减灾救灾等政策文件也都将社会力量作为重要参与主体。由此可见，对于社会力量的赋权过程也是漫长而艰难的，它仍然受到了传统文化和制度依赖的影响。但是，随着政府赋权范围的拓展，社会力量可参与的领域越来越广，受到人为因素的影响和约束也越来越少，社会力量的参与范围及可选择性和自主性也越来越宽广。

2. 赋权方式

政策目标的达成可以通过行政或者市场两种方式来实现。行政方式指的是政府通过一定合法程序强制要求辖区内的社会组织必须完成，手段生硬直接，适用于强政府—弱社会的情形，这种情况下的社会力量完全依赖于政府生存和发展，缺乏自主性。市场方式则是指政府为社会组织发展提供条件，适当支持但不干涉社会组织自主运作，通过社会力量自主独立的方式来实现，社会力量与政府之间不存在依附关系，二者之间只是在社会治理方面展开互动合作。在非典疫情和新冠疫情防控期间及之后的社会重建进程中，社会组织捐款捐物、主动参与，一些社会组织自带资金和资源参与防疫抗疫工作（如香港乐施会主动捐资帮助上海市政府抗击非典疫情）。在汶川地震后，灾区政府及援建省份的政府，一方面通过政策制度来规范社会力量的捐赠行为并公开善款的去向，另一方面通过民政部门或其他相关部门来协调社会力量参与灾后的紧急救援和恢复重建工作，如“扶贫办”和“社工股”等，这些部门只是协调和指导社会力量的参与方向和方式，并不能干涉社会组织具体事务。政府采取公共服务外包，或直接向社会力量购买公共服务是两种最常见的赋权方式。以汶川大同社会服务中心为例，先有广东省援建组出资向其购买心理治疗和精神文化重建方面的社会工作服务，3 年之后（物理层面的恢复重建完成），汶川县政府安排专项资金向大同社会服务中心购买项目数量更多、服务范围更广的社会工作，包括了调解邻里纠纷、养老服务、法律援助、阳光家庭服务、妇女儿童工作服务和留守儿童教育等方面①。地方政府的一系列赋权行为与中央政府的宏观指导及顶层政策设计相关，以出台政策法规等方式赋予了社会力量生存和发展的法理依据，地方政府则通过购买社会服务的方式向社会力量让渡发展空间。在制度设计层面，先是降低社会组织登记注册的门槛，再把社会力量纳入防灾减灾救灾的领域，紧接着又出台了购买公共服务向社会组织外包的相关制度，再到如今“党委领导、政府负责、社会协同、公众参与、法治保障”“共建共治共享的社会治理格局”等。显然，社会力量协同政府参与社会治理已经变成常态化了，社会力量的高效性和服务性得到了越来越多民众的认可和支持，也有了合法性制度保障和资源支持。

在重大灾害后的紧急救援阶段，一些社会力量秉着道义热心和满腔热血自发涌入受灾地区，大部分社会力量发挥着正向作用，但其中也有一些盲目的甚至不专业的社会力量，由于缺乏组织性和规范性，为救灾工作添乱。在物理层面的恢复重建阶段，由于时间紧、任务重，各层级政府在开展工作时过于心急，可能会存在一些与灾区居民缺乏沟通、交流不畅的情况，造成了一些社会矛盾冲突，这时就需要借助一些专业的社会工作者来为当地群众进行心理疏导、精神治疗，有利于维护社会稳定。

（二）双向嵌入的边界

受西方国家社会组织生存和发展方式的影响，协同参与式发展已经成为我

① 邓纯考，周谷平．农村留守儿童研究范式：问题与超越［J］．教育发展研究，2017，37（18）：78－84.

国社会力量在重大灾害后社会重建中的最常用方式。但是，从中国实践来看，社会组织在防灾减灾救灾领域中不断拓展参与深度，与我国传统的政府支配主导和全面统筹的灾害管理模式相悖，甚至产生某种冲突。因此，有必要进一步完善政社关系，制定与灾害治理相关的规章制度，明确各制度主体之间的关系和边界，拓宽社会力量参与社会治理的领域和渠道。重大灾害后社会重建过程中，政府与社会力量协同合作，遵循政府主导与社会参与相结合的基本原则，政府千方百计支持社会力量参与灾后治理，社会力量积极配合政府的政策指导参与灾后紧急救援与恢复重建工作。重大灾害后的灾害管理与参与主体多元化的治理结构相联系，成为学界和政界讨论重大灾害后社会治理机制的基础。多元化社会主体进入到社会治理体系建设中，代表着多样化资源的异质性，这是有利于满足受灾地区不同群体多元化需求的关键，也有利于救灾模式的多样化。

就我国当前的制度体系来看，政—社之间的互动合作关系只能是以政府赋权为基础，没有政府赋权，社会力量可以生存，但难以发展壮大，没有社会力量的存在，政府照样依法管理社会事务，但不是完美的政府管理。政府主导，社会力量协同参与社会治理，是一种公平、合理的政社关系模式，在这种关系模式中，政府向社会力量赋权，并以吸纳的方式将社会力量参与社会治理予以制度化。无论是赋权还是吸纳的过程都是相对的、双向的，即政府处于主导优势地位，但社会力量也可以向政府部门赋权并吸纳，如香港乐施会在非典疫情防控期间向上海市捐赠善款，并委托上海市民政部门具体使用这笔善款，但乐施会根据其董事会内部章程全程监控资金去向，这就是一个社会力量向政府部门赋权并吸纳的过程。彼此嵌入则是政府与社会力量的一种合作模式，政府嵌入社会力量及社会力量嵌入政府都是以平等合作为基础。但是，凡事有度，政府缺位会导致社会力量发展得不到有效监控，政府越位就会过犹不及，妨碍社会力量的自主发展[①]。政府过多赋权于社会力量，可能导致社会组织权力膨胀、社会失序；过于强调吸纳则影响政府正常行使职能，甚至影响政府部门发展的自主性；政府过度嵌入社会组织则可能阻碍社会力量自主成长。因此，政—社协同社会治理模式的恰到好处，取决于政府与社会力量之间赋权、吸纳和嵌入能否达到动态平衡，这种动态平衡过程也是各层级政府与社会自治之间不

① 朱冠楠．市场拓展与政府缺位：全球贸易体系中的中国近代蛋粉业［J］．清华大学学报（哲学社会科学版），2020，35（1）：189－200，206.

断博弈、妥协和合作的互动过程。在重大灾害后受灾地区遭受巨大损失的背景下，政府赋权使得各种社会力量能够及时参与灾后紧急救援和恢复重建工作。但是随着物理层面的恢复重建工作完成，政府治理目标和治理重心开始转向，面对灾后民众的利益诉求多元化以及潜藏着的各种矛盾冲突可能随时发生，吸纳社会力量参与处理社区邻里纠纷，化解基层社会矛盾，提供符合受灾地区人民多元化需求的公共服务，是社会治理过程中的一种重要、合理、优化的模式选择。而政府与社会力量之间的相互嵌入则保证社会治理变迁过程的有序性。重大灾害事件后灾区社会治理中的“政社合作”模式，可以适当拓展到全国各地区正常状态下的社会治理，政府主导和社会协同符合我国民主、法治、合作的社会治理理念

（三）超越功利性的“工具逻辑”

工欲善其事，必先利其器。政府将社会力量作为社会治理的重要工具，带有工具逻辑的功利性目的，但工具逻辑以有效性为前提，① 社会力量参与社会治理的有效性是政府支持其发展的初衷。在重大灾害后灾区的救援与重建工作中，政府将部分社会治理职能外包给社会力量的行为也在一定程度上受到工具逻辑的影响。这种工具逻辑有利于促进重大灾害后受灾地区志愿者团队的组织化和制度化，促进社会组织的进一步成长发展，社会力量嵌入政府公共事务管理的部分领域，改变了原有的政府单一治理格局。当然，政府与社会力量之间并非完全平等的合作关系，二者有主辅之分，政府处于主导地位，社会力量只是对全能型政府的一种重要补充或协同辅助力量。“政府主导与社会参与相结合”的社会治理模式激发了社会活力，使社会资源能有效参与社会治理工作，尤其是参与重大灾害后的恢复重建工作，发挥社会组织相对于政府而言的专业优势和专业技能，弥补了政府在灾后社会治理领域的缺陷和不足，提高了重大灾害后灾区的社会治理水平，完善了灾后的社会治理体系。但是，基于工具逻辑下的政社关系，社会力量有可能失去主体能动性，过度依赖政府授权，沦为政府附庸，不利于我国的社会主义民主建设，不利于整合资源激发社会活力，不利于社会力量的自主性发展和成长。

党的十九大报告指出“打造共建共治共享的社会治理格局”，这种新型合

---

① 王宇翔．理性之思与澎湃之情——《幸福论：中国共产党人始终不变的初心和使命》评介[J]．山东社会科学，2019（7）：193-194.

作关系需要摒弃单纯的工具逻辑，以协同合作逻辑为基础，弘扬善于协调、妥协和合作的团队精神，克服基于支配、服从和秩序的价值逻辑认知，把重视维护和增进公共利益作为政社合作关系的基本原则。“共建共治共享的社会治理格局”和“党委领导、政府负责、社会协同、公众参与、法治保障”打破了政府与社会力量之间传统的“主从”关系格局，“合作治理”要求更为自由和平等的政社关系格局。“选择性”的支持和合作方式也有必要调整，以公共利益最大化作为政策目标，是我国社会治理理念创新的新趋向。

第七章　现阶段的农村社会治理状况

本研究在第三、四、五、六章中主要围绕非典疫情、新冠疫情以及汶川地震三次重大灾害后灾区的社会变迁和社会治理状况，以政府与社会关系为视角，以历史制度主义为理论范式，一方面将政府治理结构置于历史过程中，从历时性观察社会结构变迁的过程；另一方面又从共时性层面去研究不同级别的政府与社会力量之间的关系。将重大灾害后社会治理分为物理层面的基础设施恢复重建和社会层面的精神文化重建（继续发展时期）两个阶段，分析了重大灾害后社会治理变迁的特征。政府与社会力量之间的关系主导了灾后社会治理变迁进程，“选择性渐进赋权—分层有序嵌入”是灾后政府与社会力量互动的特征，而其中政府目标转移是选择性、渐进赋权的重要因素，并在此基础上，进一步总结了重大灾害后灾区社会治理的经验，为后续关于重大灾害背景下社会治理体系建设奠定基础。

重大灾害往往会左右公共政策议题的选择，吸引组织决策者的注意力，迫使政府暂时中断正常的政策议程，转向紧急救援和灾后社会治理重建工作。从多次重大灾害中的救援及灾后社会重建进程中，可以看出，我国在面临重大灾害等巨灾之时的救援和灾后重建都表现出了明显的社会主义制度优势，基本上摸索出一套应对重大灾害的经验模式：“受灾地区自立自强、生产自救与国家支持、对口支援相结合”和“政府主导与社会参与相结合”，动员全国的行政力量和社会力量积极参与到重大灾害后的救援和恢复重建中。这种经验模式成为重大灾害后能够快速控制灾情并实现恢复重建的制度基础。历史制度主义认为，任何事件或者行为都是立足于一定的社会情境，不能孤立地单体对待，需要将其放在一连串特定的历史事件和社会制度中加以理解，了解其发生的前因后果及其引起的后续反响。政府、市场和社会三种力量的博弈程度和对比格局决定了社会治理结构[①]。从历史制度主义的纵向和横向维度，本书将重大灾害

① 马晓东．政府、市场与社会合作视角下的灾害协同治理研究［J］．经济问题，2021（1）：18－22．

后灾区的社会治理变迁分为物理层面的基础设施重建阶段和精神文化层面的社会重建阶段，通过构建“政府选择性、渐进赋权—社会力量分层、有序嵌入”的分析框架来进行每一个选定阶段政府与社会力量之间的关系分析，进而剖析重大灾害后灾区社会治理变迁和社会治理建设的过程。利用嵌套式案例研究方法在分析重大灾害（主要以非典疫情和新冠疫情以及汶川地震为例）后灾区社会治理变迁及社会治理体系建设案例的同时，分析了案例的多个研究单元，试图回答重大灾害后灾区社会治理变迁和社会治理建设过程的特征，并总结出以下经验结论，同时对导论部分提出的四个问题进行解释和回答：

第一，重大灾害后灾区快速的恢复重建导致了社会治理变迁（包括一系列社会后效影响和社会变迁现象）：宏观层面，重大灾害的暴发推动了市场力量的成长，社会力量被正式纳入了包括防灾减灾救灾在内的更广泛的社会治理服务领域；中观层面，推动了灾区地方经济的补偿式、快速发展，经济结构发生了较大变动，区域性社会治理服务能力得以提升，社区的功能类型和服务种类也发生了变迁；微观层面，灾区居民、参与救灾减灾的志愿者和社会组织也培育出新的适应能力。从社会治理变迁和社会治理建设角度来看，重大灾害后，社会力量进入灾区并参与了灾区的社会治理服务，社会力量接受政府的赋权和认可，从“政府主导、社会协同参与相结合”的灾区恢复和重建原则的确立开始，政府赋予社会力量越来越多的资源支持、政策支持和合法性支持。在灾区物理层面的基础设施恢复重建阶段，社会治理理念有所创新并得到了认可和扩散，灾区地方政府与社会组织合作、协商和互动的机制不断得到完善。在精神文化层面的社会重建阶段，社会力量参与地方性社会治理的能力和优势得到了各级政府的充分认可，而且参与的范围和领域得到进一步的拓展，社会力量参与到了越来越多的社会治理事务之中。

第二，重大灾害后灾区的社会变迁，促进了政府与社会力量在社会治理中形成良性互动合作，共同进行社会治理建设。首先，重大灾害发生以后，大量的民间志愿者和社会组织自发涌入受灾地区，绝大部分社会力量发挥了正面性的重要作用，这成为“党委领导、政府主导、社会协同参与”重建原则的现实物质基础，社会力量参与社会治理事务和社会治理体系建设也因此获得了法理性基础。但是，面对重大灾害之后受灾地区在不同阶段的社会问题，由于制度目标有所差异，导致制度要素的组合表现出不同的逻辑，从而形成不同的制度逻辑，并保持某种相对平衡。随着时间因素、问题因素和制度目标的转变，制度要素之间形成某些冲突，这些冲突构成了推动社会制度变迁和社会治理变迁的内因。在物理层面的基础设施恢复重建阶段，社会力量在制度层面已经被纳入了防灾减灾救灾及更广泛的社会治理事务中，到文化精神层面的社会重建阶段，社会力量进入到了更广泛的心理慰藉、文化建设等社会服务领域。随着社会力量在灾区政府各部门的引领下进入到了越来越多的社会服务领域，政府与社会力量互动合作的格局也在逐渐发生变化，受灾地区的社会治理由政府单一主宰模式逐渐转变为“政府主导、社会力量协同参与”的参与式治理或合作治理模式。从重大灾害后灾区的紧急救援阶段、灾民过渡安置阶段，到物理层面的基础设施恢复重建阶段及精神文化层面的发展时期，社会力量都参与其中并发挥了重要作用。在每一个阶段，社会组织、志愿者、公民个体都通过多渠道和多方式参与社会建设与社会治理服务，成为政府之外的社会建设力量的重要来源。通过行政体制改革、社会治理理念和方式改革、政府购买社会服务的模式创新等，政社关系不断改善，社会力量在制度、资源以及合法性等方面获得了民众的认可和支持。

第三，“政府选择性、渐进赋权—社会力量分层、有序嵌入”是重大灾害后政社协同合作开展社会治理的特征。不同层级政府及不同的政府部门与社会力量的互动发展处于同一个制度空间和社会历史环境中，但是，遵循不同的制度逻辑。譬如说，重大灾害发生后，中央政府会从宏观的战略层面来设计社会力量在灾区发展的基本格局，援建省份和受灾地区省份在“政治锦标赛”和政绩的激励下则会从战术层面为社会力量的发展让渡空间，灾区基层政府从执行层面选择与社会力量合作，具体完成物理层面的恢复重建和精神文化层面的社会重建任务。在重大灾害后灾区社会治理变迁和社会治理建设中，政府赋予社会力量合法性，并在一定程度上分享财政资源，并通过吸纳方式加强对社会力量控制并将其纳入社会治理服务。政府改变社会治理理念，在一定程度上增加社会组织的自治权和自主权，通过财政拨款向社会组织购买社会服务的方式支持社会力量的良性发展，从而真正起到赋权的效果。“党委领导、政府主导、社会力量协同参与”的政社互动合作模式，并不会削弱党和政府公权力，减少政府自主性，降低政府的资源动员能力，这是在坚持以政府为主导的原则前提下充分调动社会资源，发挥社会力量优势；这是一种社会治理理念转变、治理策略创新和治理方式改良的以“强政府—强社会”为目标的政社合作开展社会治理和社会服务的最优合作模式。

第四，“强政府—强社会”逻辑始终在重大灾害后灾区社会治理变迁和社会治理建设中处于主导地位，反映了灾区在社会治理变迁和转型过程中政—社关系的不断磨合、变动和重构。

从 2003 年的非典疫情蔓延、2008 年的汶川地震发生到 2020 年初新冠疫情肆虐，每一次重大灾害发生，社会力量总是自发地进入灾区参与紧急救援与恢复重建工作，正是在各种重大灾害后的救灾和重建过程中我国的社会组织开始崭露头角。尤其是在汶川地震之后，社会力量进入了一个有序、快速和良性发展的阶段，因此，有人将 2008 年定义为“中国公益元年”，认为我国社会组织是在 2003 年开始萌芽，在 2008 年获得快速发展的机遇。学术界，有学者认为从 2008 年开始才有了真正意义上的公民社会，因此将 2008 年称为“中国公民社会元年”。“公民社会的成长必然导致社会治理结构的变迁，而社会力量的不断壮大，必然引起社会治理状况的变迁，进而导致社会治理体系建设模式的改革。”越来越多以志愿者和社会组织为代表的社会力量参与到了重大灾害后灾区的恢复重建和社会治理进程当中，成为推进灾后恢复重建和社会治理建设可持续发展的重要力量，与此同时，政府的社会治理理念发生转变，社会治理结构也发生变迁。这种集权主义与法团主义的有机融合，国家力量和社会力量的完美结合，一切政府资源和社会资源都被充分调动起来，参与到了重大灾害后灾区的社会治理进程中，有效地降低了自然灾害和公共卫生事件向社会灾难转化的可能[①]，化解了重大灾害对社会治理体系的冲击。代表公权力的政府与代表社会力量的社会组织之间双向赋权和互为嵌入的互动和博弈，保障了重大灾害之后受灾地区社会秩序的稳定和地方经济的持续发展。非典疫情、新冠疫情和汶川地震发生之后的灾区社会重建与社会治理为贵州省在遇到重大灾害后的紧急救援与社会治理体系建设提供了新的思路。如果贵州省遇到与上述三大巨灾相类似的重大灾害，如何应对的关键在于发挥政府主导功能和充分利用公共财政资源的同时，尽可能多地动员社会力量和社会资源参与到紧急救援、恢复重建和社会治理建设当中。当然，对进入社会治理体系建设中的社会力量进行有效的引导，赋权、吸纳与嵌入尤为重要。

那么，以非典疫情、新冠疫情和汶川地震为代表的重大灾害后灾区社会治理的经验具有普遍意义和可资借鉴吗？答案是肯定的。虽然各个省份地域之间的社会背景、自然环境存在某种差异，但是重大灾害的危险性（导致的生命伤害和财产损失）都是一样的，对社会治理的冲击也是无差异的，因此，政府和

① 贾先文．行政交界区生态环境协同治理逻辑及效应分析［J/OL］．经济地理：1－15［2021－01－01］．http：//kns. cnki. net/kcms/detail/43. 1126. K. 20201217. 1309. 004. html.

社会所面临的治理问题和所要解决的社会矛盾也是相似的。尽快恢复工农业生产、恢复民众的正常生活、恢复社会治理秩序是保证重大灾害不会进一步引发社会灾害，使整个社会陷入混乱的关键。要实现受灾地区快速恢复重建和良好的社会治理秩序，必须整合一切政府资源和社会资源，需要集中政府力量和民间社会力量①。但是，资源的整合和力量的集中就意味着重大灾害会对灾区产生深远的社会后效和社会治理变迁，这就需要政府在制度层面做出改革和调整。以非典疫情和新冠疫情为代表的重大公共卫生事件，以汶川地震为代表的重大自然灾害，都对我国经济建设和社会治理建设带来了重大冲击，但受灾地区在中央政府的领导下，在地方政府与社会力量的协同合作下，无论是疫情灾情中的紧急救援，还是灾后的社会重建和社会治理建设都取得了伟大胜利。这些经验对贵州省有效应对重大灾害和在重大灾害背景下的社会治理体系建设都是一笔宝贵财富。

一、现阶段农村基层社会治理中存在的不足

社会治理矛盾问题在世界各国都是客观存在的。与西方发达国家相比较而言，反映在我国农村基层社会治理实践中比较突出的问题是社会治理理念滞后、公民社会培育迟缓、治理评价机制不科学、公共服务信息化水平相对落后等②。造成这些问题的背后原因是部分农村基层管理者政绩观有待加强、公共政策陷入肯定性行动悖论、经济文化因素以及技术创新和应用的不足等。通过对我国农村基层社会治理问题及其原因的深入剖析，力求为创新农村基层社会治理提供衡量和检验的依据。

（一）农村基层社会治理理念滞后

理念是行动的先导。强调“社会治理”而非社会管理，不是简单的字面“说法”转变，而是思想观念的变化，但是观念的转化并非一蹴而就，从观念到现实还需要一段过程。应该说，我国的农村社会治理实践长期以来受高度一元化传统社会体制的路径依赖，处于旧的社会体制逐渐解构，新体制正在形成

① 焦克源．社会组织参与公共危机协同治理的困境与出路——以红十字会慈善捐赠工作为例[J]．行政论坛，2020，27（6）：122－129.

② 曾巍．教育信息化促进教育治理水平提升[J]．教育研究，2017，38（3）：117－120.

的过程中，位于“传统依赖—解构—体制转轨”三种张力的中心，导致农村基层政府对自身应该发挥的管理职能定位不清，有限政府的理念没有完全确立，对行政管理权限、市场管理权限和社会治理权限的职能边界划分不清，对农村社会治理该管什么、怎么管和管到什么程度等前提性问题缺乏科学成熟的理解，错位、缺位、越位现象比较突出。比如，与经济发展、招商引资等中心工作相比，基层政府在社会治理上的投入和精力明显不足；一些基层政府和部门对调节利益关系，解决社会化生活矛盾冲突办法不多，重要性认识不到位；现行农村社会治理体制很难发挥相应作用，各类社会主体的利益表达和诉求没有得到应有的满足，导致政策效应打折扣，甚至在一些领域矛盾被激化。

（二）农村地区的公民社会培育迟缓

虽然“中国公民社会正随着市场经济和民主政治的发展而迅速崛起，并且对中国的政治生活、经济生活和社会生活产生日益重大的影响”，但是，我国农村地区的社会组织基础比较薄弱，社会组织的发展存在诸多制度性、政策性困境，社会组织不发达，农民的社会参与意识较低，组织载体、志愿服务意识、公共精神缺乏，导致农村社会治理格局中的“社会”难以作为重要力量参与治理过程。

总体上，国家出台了诸多政策鼓励社会组织发展，如制定关于改革社会组织制度的实施意见，加强社会组织培育发展，设立市级社会组织服务管理中心，为社会组织提供专业培训、宣传推介等各类帮助扶持，积极推进社会组织购买服务等，截至2021年年底，在民政部门登记注册的社会组织已超过90万个。事实上，社会组织发展还受到较大的约束和限制，如注册困境、挂靠困境、扶持困境、监管困境，导致社会组织“进不来”“管不了”“长不大”；大多数社会组织带有“官方”背景，生命力不强，作用发挥不佳；对一般社会组织的多方管理、监管不力等情况仍然存在，政府与社会组织之间合作的伙伴关系、良好的互动关系远未形成。

此外，公民参与社会治理，村民自治、社区自治虽然有所发展，但总体上处于政府指导、形式创新范畴，并未获得普遍意义上的治理经验。

（三）农村社会治理评价机制的科学性问题

在高度集权的政治架构下，同时也受治理传统的影响，目前我国农村基层地方的绩效评估来自上级，绩效评估体制为自上而下的压力型传导体制[①]。上级制定各项目标，如“规划”“意见”，并层层分解，根据完成情况实施考核评价。上级政府每年对下级各单位实行综合考核，考核经济社会发展和党的建设工作，并要求各地各部门根据考核结果开展整改提升，推进工作。考核成绩直接和地方、部门主要领导、班子成员的评价挂钩，进而影响干部升迁。在综合考核中，农村社会治理的考核内容逐年增多，其中，民生保障、脱贫攻坚、生态环境保护、文明社区创建、社会治安综合治理、信访维稳等内容是必考项，而且很多是“一票否决”事项。如某一项工作出现严重错误或出现严重后果，即使其他工作成绩再好，总体考核也会被列为不合格。某种程度上这也是社会治理“内卷化”的表现。

事实上，农村社会治理评价机制仅有年度综合考核是不够的。其一，综合考核以地方经济发展数据增长为主，以党建绩效为重，社会治理则处于相对边缘地位。其二，综合考核中的第三方评价机制，以及广泛听取社会公众意见还很不充分，使得评价结果更多反映完成上级所制定的目标情况，而不能紧密贴合社会治理实际和体现公众的意愿和需求。

(四) 公共服务信息化水平不高

近年来我国电子政务发展迅猛，大数据等公共服务信息技术得到更加广泛深入的运用。在2018年机构改革中，贵州、江苏、广东等省相继设立大数据（发展）管理局，旨在深化大数据战略和新型智慧战略，让大数据成为新型农村建设的有力抓手。国家对公共服务信息技术高度重视，各级党委宣传部门、网信办、发展改革委、经信委、公安、政务服务中心等部门牵头实施，着力打造智慧中国，加强数据在农村社会治理中的应用。

但是，信息化应用特别是在农村社会治理领域的应用，与需求相比，信息供给显得捉襟见肘。如政务公开网站更新频率还不够高，存在信息滞后的情况；公开的范围和内容具有随意性，对同一事项往往一些部门公开而另外一些部门不公开；一些政府部门网站的信息公开内容大多是一些新闻、学习、会议情况，缺乏有效信息供给；地方基层政府的自媒体如“两微一端”虽然每日更新推送，但信息供给不对称，大多是领导活动、信息公告，缺乏有效互动。更为重要的是，在政务服务过程中，让数据多跑腿、群众少跑路的目标远未实

① 陈宏彩．国家监察体制改革绩效评估问题探析［J］．中州学刊，2020（1）：9－14．

现，数据之间还存在部门利益的藩篱，未能做到互联共通。同时，在微观经济政策调整、社会弱势群体帮扶等领域，社会组织是重要的参与者，也是重要的信息源，但政府与社会组织、公民之间信息沟通渠道十分有限。因此，通过信息技术扩大社会组织、公民参与社会治理是努力方向，但探索如何变为现实有待于进一步的实践。

二、现阶段农村基层社会治理存在问题的原因

（一）缺乏科学的政绩观

作为农村基层社会治理的主导力量，县、乡（镇）政府在农村社会治理中的作用举足轻重。政府治理权力的配置至少包括三个方面，即治理职能、组织架构、治理权力，应注重三者之间的能动协调，做到权能相符、权尽其效。科学的政绩观对执政者理解和把握治理职能、设置主体等具有举足轻重的影响。

在相当长的时期内，对地方基层官员政绩考核突出的是推动经济增长和保持社会稳定两个重要方面。考核经济增长是激励因素，考核社会稳定是保障因素①。在现行考评体制下，虽然各级基层地方政府在人力、财力、物力等方面对创新农村社会治理给予了大量投入和必要保障，但对农村社会治理成效缺乏科学、量化的专项绩效考核评估体系。如，对某地经济发展有指标分析，但对社会治理情况并无考核结论，基层满足于不出事、不出大事，得过且过，对推进农村社会治理创新缺乏动力。在这样的政绩观支配下，即使开展创新也往往是为了弥补经济增长的不足，为了改革而改革，为了创新而创新，造成新的形式主义和浪费。如 2016 年，媒体曾曝光某县城管执法局为了规范市容环境，在本县一处繁华主干道的人行道边设立护栏，本是一件好事，结果护栏拦住了过街斑马线，导致交通更加混乱。像这样不切实际的政绩工程，就是政绩观偏差所导致的。如信访工作，考核进京上访、赴省会集体上访的数量，各地为了年终取得好成绩，高度重视劝返和接送上访人员的工作，并有人数销号制度，但是对群众上访的源头化解重视不够，对矛盾隐患排查重视不够，治标不治本，陷入了社会治理的“内卷化”陷阱。

---

① 林永生，郭治鑫，吴其倡．中国市场化改革绩效评估［J］．北京师范大学学报（社会科学版），2019（1）：147－157.

（二）公共政策陷入肯定性行动悖论

在现代社会治理中，大多数国家通过“肯定性行动”来应对和解决不同群体、人群之间的差异性，以修正因历史、政策原因和其他因素形成的落差，促进不同群体、人群之间的权利、机会上的公平正义。如美国，针对弱势族群等制定具体优惠政策举措，弥补先前在政治、经济、社会机会方面的弱势地位甚至歧视政策。“肯定性行动”并非具体的政策措施，而是较为抽象的政策导向和价值理念。在我国，日常的农村社会治理中较为明显的“肯定性行动”是脱贫攻坚行为和高考加分政策行为。国家对西部地区加大扶贫力度，对农村低保户给予财政帮助，对少数民族考生给予高考加分等都是一种“肯定性行动”。“肯定性行动”在治理政策中的集中体现，即社会公共资源分配上对弱势群体的优惠政策。如按照国家部署开展脱贫攻坚行动，对农村地区认定的贫困人口实行各种政策扶持，使其脱贫。“肯定性行动”带来的好处毋庸置疑，但也应注意政策惠及不同人群可能产生的新差异。如农村地区尽管生活不宽裕但又在贫困线以上、未被认定为贫困户的群众，因不能享受一系列力度大的优惠政策，可能会形成普通群众不如贫困户的状况，造成“反向歧视”。又如，在对农村大力扶贫开发的同时，对城市和城镇困难弱势群体的帮扶显得相对轻了。

（三）经济因素和文化因素影响

经济因素。以贵州省为例，2017 年，贵州省农村居民人均可支配收入为 16 704 元，仅为当年全国平均水平的 88.9%。贵州省位于我国西南地区，在区域内经济实力是相对落后于重庆、云南等省（市）的，与周边的湖北和湖南等地相比较也存在较大差距。经济发展落后对社会治理的影响是全方位的。首先，对民生保障投入带来限制，进而影响到社会保障和社会救助水平。其次，经济发展不充分不平衡对就业造成影响，产生一定程度的失业现象或者“一人挣钱养活全家”的家庭，对劳动力开发管理带来困难。再次，对公共服务造成影响，如对治安管理上的新技术新设施的投入捉襟见肘，等等。相比长期积累形成的巨大公共服务差距，近年来在自身的努力和中央财政的支持下，贵州省的公共服务水平在一定程度上得到提升，要真正实现社会治理体系和治理能力现代化还有很长一段路要走。显然，其他省区的农村社会治理状况也大同小异。

文化因素。文化的社会治理功能体现在社会价值建构、社会冲突整合以及社会发展导向这三个方面。依然以贵州省为例，贵州省地处云贵高原，东连湖南，西靠云南，另与广西、重庆和四川搭界。因此，湘楚文化、巴蜀文化、云滇文化及部分广西文化相互交融，属于多元文化的荟萃之地。随着经济社会发展，社会结构的分化，社会文化也在不断调整，传统文化和新的外来文化交织，对贵州省农村社会治理带来渗透和改变。在社会价值构建上，社会主义核心价值观成为全体人民共同信仰，需要不断深化；在社会冲突整合上，“契约”精神、法治精神的深入人心还需要过程；在社会发展导向上，推动社会治理创新、形成多元主体共治格局还需要进一步挖掘发挥文化的作用。

（四）技术创新和应用的欠缺

社会治理体系和社会治理能力是一个有机整体，相辅相成。社会治理能力的重要方面，在于技术能力的提升和融合水平。以政府购买公共服务为例，项目评估工作涉及项目需求、项目设计、项目实施和服务发展、项目的影响或结果、项目的绩效。每一个方面，都涉及大量技术应用，有专业的规划、评估、实施制度，甚至公共服务“项目化”本身就是社会治理中财政预算系统的技术和理念的升级[①]。社会治理实践中，广泛存在解决社会问题信息化技术运用不充分，难以支撑实际需求的情况。如社会信用信息系统建设方面，各部门硬件上难以联网，造成查询、管理、使用等方面的效率低下，社会和公众也难以获取有效信息。又如社会治安综合治理信息系统方面，主要内容来源于视频采集、部门系统采集和社区网格化三大渠道，很多部门只为应付任务进行部分信息整合，仍然存在以各种理由拒绝整合以及采集整合困难等信息壁垒，另外，基层社区网格信息采集制度有点无面、更新升级迟缓，还存在制式不匹配等问题，严重影响了信息化建设进程和社会治理的智能化水平。

---

① 杨凯，韩秋林．现代公共法律服务体系建构的基本逻辑［J］．法治论坛，2020（3）：123－139.

第八章　农村社会治理体系建设

社会管理与社会治理，虽只有一字之差，但其内涵差别很大。社会管理突出政府部门的工具意义和统治功能，强调公权力的权威性，政府与公民社会处于对立状态，是管理者与被管理者的关系；社会治理则强调整合各方资源，协调利益相关者的多元化立场，发挥各方面的合力作用，突出全社会的协同合作和共同治理。从“社会管理”到“社会治理”，反映了当代中国公共管理理念的转变。习近平总书记指出：“加强和创新社会治理体系建设，关键在于体制创新，核心是人，只有人与人和谐相处，社会才能安定有序。”这一论断蕴含着社会力量参与社会治理工作即群众路线的核心内涵，彰显了以群众为代表的社会力量参与社会治理的真理性和时代性，是社会治理工作必须持续坚持的价值原则，群众是构成社会组织、行业协会、人民团体等社会力量的主体。事实上，群众工作是社会治理体系建设的基础性和常态性工作，社会治理与群众工作有机融合的现实经验说明了政府与社会力量的协同合作是社会治理体系建设成功的基础性制度保障。社会治理体系建设同样需要以坚持走群众路线为圭臬，尤其是在重大灾害背景下，更需要通过地方政府和基层组织发动广大群众、激发社会力量潜力，不断提高创新社会治理能力、创新社会治理机制。

现阶段，我国依然存在区域发展不平衡的情况。与东部和中部地区相比较而言，我国西部地区，具有“民族成分多、地处偏远、自然条件差”的特点，在自然因素、历史因素、文化因素和宗教因素等多重影响下，社会治理体系建设任务任重而道远。面对纷繁复杂的局面，一旦出现重大灾害并造成巨灾，西部省份的社会治理体系建设任务比东部和中部地区省份更加艰难，因此，西部地区在社会治理体系建设中必须始终坚持“党委领导、政府主导、社会力量协同参与”的群众路线，尤其保持同偏远山区群众及少数民族群众的血肉联系，形成“党委领导、政府主导、社会力量协同参与”的多元社会治理范式，以广大群众为代表的社会力量是社会治理体系建设的重要力量，也是重大灾害后灾区恢复重建和社会治理工作得以顺利开展的民意基础。坚持群众路线、顺应群众思维、尊重群众意见、做好以群众为主体的社会组织工作及充分发挥社会力量参与社会治理体系建设，与全民“共建共治共享”“党委领导、政府主导、社会力量协同参与”的社会治理原则连理同枝或一脉相承。[①]

一、社会治理体系建设的价值意蕴

（一）社会力量价值导向的内涵

发动社会力量参与社会治理的价值导向内涵就是群众路线在社会治理实践中的灵活运用。群众路线来源于马克思主义的人民群众观，“人民群众观”是中国共产党群众路线的理论源泉和思想基础。马克思、恩格斯和列宁的光辉著作中有许多关于人民地位与作用的理论观点，这些伟大的、天才的理论观点经过中国共产党人的实践检验和理论改造后汇集成了我国“群众观”的核心内容。而我党的群众路线适合中国国情，体现中国特色的同时也继承了马克思主义群众观的基本方法论，它把马克思主义基本原理与中国国情及社会实际有机融合并着重突出人民群众是革命事业和社会主义事业的创造者，形成了马克思主义在地化的工作路线和工作方法，“关于党的群众路线思想，在社会主义革命和社会主义建设实践中经历了三次系统的提炼和总结，对党的群众路线的最终形成及它在具有中国特色的国情中持续发展起了至关重要的作用。”中国共产党对党章进行了几次修改，党章的修改充分体现了群众路线在国家建设实践中与时俱进，与时代同步，与民众共心，反映了党对群众路线的内涵与要求经历了不断深化认识和在认识中不断发展的实践过程。尤其是改革开放以来，党章中加入社会治理与群众路线相结合的内容，党的十二大党章中加入了：把党的公共意志上升为法律，并逐渐内化于群众之心，外化为群众之行动，而群众之行动则是社会“善治”的基础。习近平总书记在党的十八大以来的一系列重要讲话中，提出了社会体制创新和社会治理创新的新理念、新思想。这些新理念和新思想具有重大的现实意义和指导意义，我们必须认真学习、领悟于心并施行于实践之中，以人民群众利益为核心，在党的领导下团结一切社会力量，致力于社会治理体制创新和社会治理方式改革，构建全民齐心协力、共建共享的社会治理新格局，维护风气良好、和谐稳定的社会新环境。关于密切联系人

---

① 张锋．中国社会治理：语境、演进、特征和展望［J］．中共中央党校（国家行政学院）学报，2020，24（6）：71－78．

民群众方面，习近平总书记也多次强调：党必须密切联系群众，唯有立党为公才能经受得住执政考验；唯有执政为民才能经受得住改革开放和市场经济的考验，只有坚持群众路线才能经受得住自然环境和社会环境的考验。无论风吹雨打，只要坚持与人民同呼吸共命运的立场，牢记全心全意为人民服务的宗旨，中华民族就能屹立于世界之林，因为群众才是振兴民族、创造历史、改写国运的真正英雄，这就是马克思主义唯物史观。国家社会治理理念创新体现了群众路线的核心内涵即人民群众主体论，主要包括以下几方面：

第一，人民群众创造了历史，人民群众是社会治理体系建设的中坚力量。人民创造历史、人民改造社会和人民治理社会是马克思主义唯物史观的重要内容；密切联系群众，紧密团结群众，依靠群众力量来治理社会，团结社会力量来完善社会治理体系，实质上都是与唯物史观相对应、与马克思主义相符合的方法论。坚持人民是社会治理的主导者和中坚力量，是对马克思主义群众观点的中国化。马克思在《神圣家族》中针对历史动力和历史主体的问题，做出了精辟的阐述，他认为历史活动从根源上来说就是人民群众的活动。人民群众是一切社会活动的践行者，他们又是时代纤夫，拉着历史巨轮在时间长河中勇往直前，也是一切社会物质财富和精神财富的创造者、管理者和消费者，是稳定社会秩序的决定力量。这是马克思主义哲学对群众力量和人民历史地位的高度肯定，也是对人类社会文明进化和社会治理变迁规律的高度抽象。因此，发挥社会力量和发动人民群众是创新和加强社会治理的核心。社会是由单个人构成的综合组织，它的细胞就是人，细胞间错综复杂的关系网络就是人与人之间相互联系的社会关系网络。因此，只有理顺了人民群众之间的关系，厘清了人民群众之间的矛盾，社会才能平顺有序、和谐稳定，才能平稳、高速和持续发展。也就是说，社会治理的关键在于取得人民群众的支持，人民群众幸福、安定生活是社会“善治”的根本。古今中外，所有关于国家管理和社会治理的历史事实证明，任何社会制度变迁、社会治理创新和社会治理体系的高质量建设，都需要依靠人民群众的智慧，在总结人民群众的实践经验基础之上建设好和完善好社会治理体系，离不开代表社会力量的广大人民群众的参与和支持。由此可见，社会治理创新和社会治理建设需要依靠由广大群众所组成的社会力量，这里的“社会”是一种抽象化的总括，包括各类社会主体，如纯民间的行业协会、民间团体等群众组织；也包括一些有官方背景或官方资源的基层群众性自治组织如村民委员会，还包括宗教团体、非营利组织、志愿者团体及其他各类社会组织等。这些社会组织都有权力，也有义务积极参与社会治理和社会治理体系建设，努力实现社会公共事务的多方合作、齐心协力、共同治理。

第二，一切权力都来源于人民，人民群众是社会治理的主体。我国实行人民民主专政，也就意味着人民是国家的主人，也是社会治理的设计者、主导者和执行者。因此，在社会治理和社会治理体系建设中，人民群众是主导力量，也是基础和重心。协同治理的精神培育、参与治理的能力锻炼、治理理论的实践开展、治理效能的提高都需要在由人民群众组成的基层组织或社会团体中实现。完善人民群众为主体的社会组织和民间团体参与基层社会治理的体制机制，确保人民群众参与社会治理，通过各种渠道、形式和方法依法管理社会事务的权利；最大限度利用社会资源并激励社会力量参与社会治理，发挥社会力量的积极性、主动性和创造性，才是政府、社会、公民间良性互动，齐心协力、共同致力于社会治理并达到社会“善治”的有效途径。我国法律和中国共产党章程都明确规定，一切权力来源于人民、属于人民、服务于人民，人民群众有权力依法参与社会治理，依法使用社会资源管理社会公共事务。国家从法律高度明确了人民群众参与社会治理的法律依据，执政党用党章来确保人民群众参与社会治理的政治保证和组织保证，确立了人民群众在社会治理中的主体地位，为社会力量参与社会治理提供了法源基础和组织程序。我国的其他一些法律也规定了人民参与社会事务管理的权力。无论是非典疫情和新冠疫情等重大公共卫生事件，还是汶川地震和南方雪灾等重大自然灾害，都需要社会组织和广大人民群众一起群策群力、众志成城，共同应对疫情灾害。民间志愿者、社会组织、公益团体等群众力量自发、自觉地参与疫情防控、灾区救援，捐钱捐物、献计献策致力于灾区的恢复重建和社会治理体系建设工作。

在我国，党与群众“血肉相连”，二者的关系犹如“鱼和水”，彼此相依、永不分离。这种密切的党群关系也顺理成章地反映在社会体系建设和社会治理创新之中，自始至终地坚持群众路线，坚持群众路线的工作方法，时刻维护人民群众的利益，治理为人民，为人民治理。在社会治理中，坚持人民群众在社会事务管理中的主体地位是中国共产党作为执政党开展社会建设的基本方针。党的十八届四中全会将坚持人民主体地位，作为实现全面推进依法治国总目标的一项重要原则，将民主精神和法治精神融合于社会治理体系建设和社会治理实践行动之中。必须坚持党的领导，只有在党的领导下依法治国、厉行法治，人民当家作主才能充分实现，国家和社会生活法治化才能有序推进。我国宪法对人民群众管理社会公共事务的权力作了进一步重申，充分阐明了人民群众在创新社会治理中的地位和作用。

总之，群众路线的内涵是一个不断丰富和完善的过程。作为社会主义国家的执政党，中国共产党坚决坚持马克思主义思想，坚持群众路线，尊重人民群众的根本利益，这是它的一贯立场和基本遵循，也是中国共产党被我国历史和人民选中的根本原因。共产党由无到有、由弱到强，以星火燎原之势发展壮大，都归功于人民群众的支持，也体现了群众路线的真理性和正确性。在贵州省的社会治理体系建设中走群众路线和维护群众利益，进而发挥群众积极性和鼓励社会力量参与合作治理，是贵州省社会治理体制创新、实现社会治理目标的重要方法，也是重要途径。

（二）坚持群众路线在社会治理体系建设中的意义

社会治理是各级政府部门的重要职能，同时也是公民个体、群体、公益组织等社会力量的社会需求，是政府与社会双向互动的动态过程。① 在公共事务的决策、管理、执行和监督中，人民群众所代表的社会力量应该拥有知情权和话语权。要使社会力量的参与性权力得到充分保障，关键在于构建群众参与社会治理的有效机制和长效机制，而坚持群众路线则是构建这一机制的唯一有效途径，因为任何社会治理的问题都离不开人民群众。对于广大农村地区来说，由于地域区位的特殊性、历史文化的差异性、民族风情的多样性和社会管理理念的滞后等因素，一旦发生重大灾害，农村地区的社会治理体系建设将面临更加艰巨的挑战。因此，农村地区社会治理体系建设中，更加需要坚定不移地走群众路线，坚持发挥社会力量的积极性，尊重少数民族群众参与社会治理的愿望并采取有力措施保障他们参与社会治理的权力。

与社会管理相比，社会治理更加强调政府主导下的社会力量协同参与，因此，群众路线必然是实现农民参与社会治理体系建设的重要方式。人民群众参与社会治理在本质上具有先赋性，没有社会群众参与的社会管理将成为人民群众的对立物，因为群众性和民主性是社会治理的基本属性。党的十八届三中全会提出：要坚持全面治理、全民参与、系统治理，加强党委领导，发挥政府主导作用，鼓励和支持社会各方面参与，实现政府治理和社会自我调节及居民自治之间的良性互动、有效合作。② 群众路线的工作方法在贵州省社会治理体系

① 刘睿．群众性与法治化：信访制度改革的张力及其反思［J］．政治学研究，2020（5）：27－38，125－126．

② 周扬明．构建政府主导与多元共治相结合的新模式［J］．群众，2014（8）：23．

建设中的重要意义主要体现在几个方面：

第一，社会治理体系建设只有坚持群众路线，才能实现源头治理。社会治理，唯有从源头狠抓落实，才能达到“善治”的新常态。社会治理的源头，主要体现在经济社会发展面临的特殊挑战。近年来，我国经济发展大有起色，但西部地区尤其是广大农村地区大多集“老、少、边、穷、山”为一体，自然条件极其恶劣，社会发展相对滞后。西部农村的民族问题、宗教问题依然存在，各种社会纠纷纷繁复杂，社会治理形势严峻，这些都成为阻碍西部地区经济发展、影响西部地区社会稳定的不和谐因素。要应对这些挑战，必须把包括少数民族群众在内的社会力量发动起来，协同推进社会治理体系建设，维护好社会治安、创建平安社会，给人民群众一个好的社会环境，真正赢得群众的衷心支持，才能筑牢社会治理体系的铜墙铁壁，才能实现社会的和谐稳定，从源头上打赢没有硝烟的脱贫攻坚战。这就要求在社会治理体系建设中，坚持党委领导、政府主导，尊重群众的主体地位，发挥群众智慧，激励社会力量，精准研判社会形势的发展变化并做出相应对策，从源头上消除矛盾冲突产生的土壤。

第二，在社会治理体系建设中走群众路线，是提高社会治理效率的有效途径。根据社会治理理论，随着社会的日益发展，公共事务日益增加并更加纷繁复杂，为了扭转公共事务管理成本日益提高的趋势，政府单一主导的行政管理应逐步向多极中心、多元主体的治理格局转变，社会治理重心向基层下移，推动职能部门权力下放，明确基层街道社区的职权事项清单，推动办事流程标准化和规范化。这是解决公共事务管理效率低下和加快社会治理体系建设的有效路径之一。由于地域区位、地形地貌的差异性，除了东部发达地区及少数中部地区基础设施较好之外，我国大多数区域还是地广人稀、山高路险、居住分散，偏远山区的群众生活水平相对较差。虽然已经实现县县通高速，但乡镇的交通、通信等基础设施建设相对滞后，在许多边远山区，现代技术手段难以发挥应有的效果，致使社会治理体系建设难度较大、效率较低。在社会治理体系建设过程中坚持群众路线，使党员干部和社会管理部门工作人员能主动深入基层、服务群众，化被动的僵化管理为主动的热情服务，能有效解决因山高路远而忽视管理的问题，使社会主义春风能够翻山越岭普惠山区普通老百姓。党员干部下乡，发挥基层的社会力量，能够弥补社会建设滞后的缺陷，堵住社会治理漏洞，及时了解掌握并解决群众的困难和问题，不留社会治理死角，在广度上可以提高社会治理的参与面，在深度上提高社会治理的精准度，从而加快社会治理体系建设进程，提高治理效率和增强治理效果。

第三，在社会治理体系建设中走群众路线，是提高社会治理水平的必由之路。在我国的现有政治体制下，社会治理是党委领导、政府主导和社会力量协同参与下的多元协作的共同治理模式。既需要政府提升自身的治理能力，也要求作为社会力量主体的群众、群众团体、社会组织等增强自我管理、自我服务的自我治理能力。社会力量参与的社会治理属于群众的自治行为，一定时期的群众素质和能力，影响着该时期的社会治理体系建设和社会治理水平。同时，群众参与社会治理也有利于其不断实现自我提升、自我完善、自我发展。随着经济社会的发展，我国的社会结构也在发生着深刻变化，但社会组织力量依然比较薄弱，群众参与度比较低，社会管理方法比较单一，因此，我国社会治理水平还相对滞后，尚未从权威管理模式向合作治理模式转变，尚未把社会力量当作合作对象而是当作被管理的对象，依然延续政府单一管理的传统模式，未能充分发动群众，整合社会资源，发挥社会力量的巨大潜能，还习惯于政府万能、包办一切，因此，政府越位、缺位的现象时有发生，该管的管不好，不该管的乱插手，影响了社会治理体系的有效建设。加快社会治理体系建设和提升社会治理水平，关键就在于坚持走群众路线，转变政府单一管理模式，健全社会自我调节体制和完善群众自治机制，把社会力量组织起来，充分发挥人民群众的主观能动性，促进社会治理体系建设走上正确轨道，唯有如此，才能不断健全和完善社会治理体系，提高社会治理水平。

（三）贯彻群众路线创新社会治理的方式方法

社会治理体系建设既要坚持正确的政治原则，也需要采取符合国情、适合民心的有效方式方法，促进我国社会治理体系建设。

第一，坚持党委领导和政府主导。凡事有度，有度参与和有序参与是社会治理体系建设的基本前提。坚持党委和政府主导是政治原则，不容置疑，这是确保社会治理体系建设的正确方向。没有党和政府的坚强领导，就无法整合社会资源，凝聚不起社会治理的强大力量，社会力量也会一盘散沙。坚持党委和政府领导，是我国开展社会力量协同参与社会治理的政治优势和体制优势。党曾经团结和带领各族人民英勇奋斗、顽强拼搏，最终推翻三座大山，建立新中国，然后致力于社会主义建设、改革开放和脱贫攻坚，经济社会取得了跨越式发展，使人民群众过上了幸福生活。“共产党好”“社会主义好”深入人心，党和政府在广大群众中具有崇高的威信。加快社会治理体系建设，关键就在于坚持党和政府的领导，全面践行党的群众路线，充分发挥基层党组织和基层政府的战斗堡垒作用，科学组织和妥善引导基层群众积极、合法、有序地参与社会治理事务。

第二，建立联系和服务社会力量的体制机制。联系和服务社会力量是群众路线和群众工作的细化和具体化。在社会治理体系建设中走群众路线，就是要通过深入基层发动群众、服务群众，使群众在思想上明确社会治理与自身公民权利的关系，改变千百年来形成的政治冷漠心理，在行动上积极参与社会治理，在精神上支持共建共治，实现政府与社会力量齐心协力、互为支持的良性互动。通过建立健全群众与社会组织等社会力量协同参与社会治理的体制机制，营造公开、透明、高效的社会力量参与环境，畅通社会力量参与社会治理的渠道，动员和组织社会力量依法、理性、有序参与社会事务管理和公共服务，使社会力量充分、有效地参与到社会治理体系建设中来，实现公民社会的高度自治、高度发展，实现社会组织的自我管理、充分成长，为建设高效的社会治理体系贡献力量，形成人人参与社会事务管理，和谐社会共建、共享的良好局面。概括起来，就是下基层、入社会、听民意、解民忧。下基层、入社会，即主动深入基层群众和社会组织中调查研究，了解掌握群众和社会组织的生产生活情况；听民意、解民忧，即建立民众的利益诉求表达渠道，广开言路听取群众的意见建议和诉求，并向群众宣传相关方针政策和法律法规，使群众和社会组织认识到参与社会治理既是义务也是权力。帮助群众和社会组织解决生产生活中的困难和问题，以大力发展社会经济、保障和改善民生作为社会治理体系建设的根本。在这几个要素中，联系是前提基础，服务是保障手段。通过联系和服务社会力量，增强政府与群众和社会组织的信任资本，赢得人民的认可、社会的信任和拥护，从源头上减少社会矛盾和问题①，加快社会治理体系建设的进度，提升社会治理水平。

第三，维护和保障群众和社会组织的合法权益。社会治理体系建设和社会治理的任务不能只简单地局限于维护社会秩序稳定，简单地认为社会治理就是解决邻里纠纷、群众上访和群体性事件等问题，而要思考如何维护人民群众利益这个社会治理的根本性问题，否则将导致层出不穷的各种社会矛盾，单靠政府权威只能是治标不治本，在经济发展相对落后，少数民族多的西部地区更是如此。在社会治理体系建设中，必须坚持把维护群众和社会组织利益作为社会治理的出发点和落脚点，力争标本兼治，加大对社会治理体系建设的投入，加

① 陈天祥．乱问责现象溯源及治理之道［J］．人民论坛，2020（34）：30－32.

快民族地区经济的发展速度，强化民族地区的基础性社会保障，解决好群众和社会组织最关心、最直接、最现实的利益问题，社会和谐稳定、社会治理才有基础。

第四，深化群众和社会组织的自主自治。虽然通过建立民族自治区或民族自治州、县等政府机关及其下辖的组织机构并实施民族自治政策，使少数民族地区的社会生活秩序得到了基本保证，进而促进了整个少数民族地区的社会治理体系建设。但由于少数民族地区的特殊性和复杂性，仅靠民族自治政府来建设社会治理体系，处理好各种社会事务，远远不够。因此，强化社会治理体系建设，唯有通过多元行为主体协同合作，充分吸纳社会力量的参与，充分体现社会治理工作的公共性、民主性，充分整合社会资源并发挥社会力量，才能有效协调各种社会利益，促进社会公平与正义，提升民族地区的社会治理水平。也就是要积极适应社会发展新形势、顺应民众新期待，加快社会治理领域的改革创新，鼓励和支持社会组织参与社会治理，健全机制、畅通渠道，加大政府简政放权力度，加快推进社会组织的自主自治程度；构建政府“权力清单”，把绝对权力关进笼子里，规范权力运行程序，进一步激发社会力量活力，充分发挥社会力量在社会治理体系建设中的作用，促进政府与社会力量的合作互动，提升社会治理水平。以贯彻落实《中华人民共和国宪法》《中华人民共和国民族区域自治法》为核心，充分考虑我国的地域、民族特点，根据国家法律和各省、市、自治区的社会特点进行社会治理体系建设。在此过程中，必须充分发挥作为社会治理重要主体之一的群众和社会组织的主观能动性，坚持走群众路线，激发群众性社会力量参与社会治理的积极性，促进各地区的各级政府和全体干部改进和转变作风、创新群众工作的思维，提高群众工作的能力，加强基层群众和社会组织的自治水平，大力支持各级各类社会组织开展扶贫济困等社会公益服务，充分发挥政府、群众和社会组织等各方的力量，形成社会治理合力，促进社会治理体系的建设。

总之，加快社会治理体系建设，提高社会治理效率，必须坚持党委领导、政府主导、社会力量协同参与的合作治理原则。在民族成分较多的自治区域，充分尊重少数民族的地位，维护少数民族群众的合法利益；领会群众路线的精神，运用好群众路线的工作方法，充分协调立场、整合社会资源，发动一切社会力量推动社会“善治”。社会治理体系建设应该点线面相结合，重在创新治理制度、突出社会治理特色、精准辨识治理难点、精心设计治理机制；贵在深化公民自治、坚持法治精神、沉心服务人民，唯有这样才能达到标本兼治，从源头上消除治理隐患，为我国和谐社会建设打牢基础、创造条件，确保我国的社会治理和社会治理体系建设取得实效。

二、改进社会治理的方式

在倡导社会治理理念创新和治理体制创新的时代背景下，发展中国家和社会主义初级阶段的发展特点，决定了我国社会治理体系建设对于维护国家安全、维护民族团结，促进社会经济发展，保持生态平衡，实现脱贫攻坚战的伟大胜利都具有重要的现实意义。社会治理体系建设的高度和社会治理目标的顺利达成，都取决于能否紧紧围绕脱贫攻坚、保障民生、改善生活质量，最终消除贫困，达到共同富裕。也取决于能否围绕形成科学有效的社会治理体系等提出具有参考价值和实际应用价值的对策措施，确保经济快速发展，社会充满活力，民族安定团结、社会和谐有序。社会治理体系建设一方面要遵从社会治理的一般规律，另一方面又要结合国情有所创新，以马克思主义思想及其中国化成果为指导，在中央全面深化改革部署的宏观领导下，积极推进社会改革，推动社会治理体系建设创新，提高社会治理水平，确保全国人民幸福生活、社会和谐安定，循序渐进地改进社会治理方式，整合社会资源，释放社会力量活力，健全公共安全体系。通过开展系统、有序、创新的多维构建，推动社会治理体系建设，提高社会治理水平，走出一条具有社会主义特色的社会治理创新之路。

（一）坚持社会治理建设的系统化

社会治理建设的系统化，具体表现为系统治理，即单一主体权威治理向多主体协同治理转变，也就是说，从过去的“政府单一包揽”的社会治理模式向“政府主导、社会力量协同参与”的合作治理模式转变。通过系统治理的构建，形成政府有效治理、社会力量参与治理、公民社会高度自治、多元主体良性互动的多维格局，同时优化配置社会治理的构成要素和健全社会治理运行机制。系统治理范式有效促进党政层面与社会组织的良好合作，推动政府规制同社会自治的水乳互融，引导道德调节和法治保障相辅相成、互为弥合，有利于提高党的执政合法性和执政能力，提升社会治理水平。

1. 社会治理建设系统化的涵义

社会治理建设系统化主要用于社会整体环境问题的系统治理之中，是针对现有的社会秩序、社会发展、社会环境问题，结合整个政治、经济和文化即社会生态系统进行有计划、系统性的综合治理，防治结合，标本兼治，不留后患，是一种全局式、整体性的社会治理方式。关于把系统治理思维运用于现代社会治理体系建设中，无论是理论界的学者还是公共管理实践者都有不同的理解方式。公共管理系统分析法认为，任何公共管理系统都是包容的和开放的，即它不断地与内外部社会环境之间发生资源或能量交换，这种能量或资源交换表现为公共管理系统资源或能量的输入与输出。公共管理系统的资源或能量输入即外部社会环境对公共管理系统的影响，资源或能量输出则是公共管理系统对外部社会环境的影响。公共管理系统意味着一系列互动行为，是社会系统中与公共资源有相关性，与社会性价值的权威性分配有关联的行为组合。伊斯顿的公共管理系统分析类似系统治理在社会治理中的含义，从宏观角度看待系统，系统中的任何活动包括其资源或能量的输出和输入都是一种系统性的互动行为。也有学者把社会治理的系统化界定为多元利益主体之间的能量交换、资源互补与利益博弈等互动关系，这种定义把重点放在社会治理主体上，即强调社会治理体系的系统化是由社会治理的多个主体之间进行利益交换、相互协调、合作互动而完成的。本书更倾向于这样的观点，社会治理的系统化不能从字面含义来理解“系统”，社会治理体系建设中的“系统化”更多的是体现社会治理的整体规划性、协同合作性内涵，体现社会治理是从政府单一的权威管控模式向社会力量与政府力量博弈互动、共同参与的协同治理模式转变。因此，多元主体共同参与治理是社会治理系统化最恰当的阐释。① 党的十九届三中全会指出：加强社会治理体系的系统化建设，加强党委领导，发挥政府主导作用，鼓励和支持社会力量参与社会治理②，齐心协力、信息共享、资源互补，实现政府和社会良性互动，共建和谐安定的社会主义社会。它阐明了新时代社会治理主体的多元化，明确了各个利益主体之间相互协调的关系及利益相关者之间互动的方式。

改革开放以来，我国社会结构发生了剧烈变动，随着经济快速发展，阶层分化加剧，贫富差距也有所扩大。社会结构性变迁需要社会治理理念和治理模式的转变，基于集权体制下行政权威的社会管理方式朝着法治民主化、公民大

① 李锋，孙艳．公共突发事件视域下我国社会治理机制及实施路径［J］．行政论坛，2020，27（6）：130－138.

② 边慧敏，陈家建，马双．社区居民公共事务参与意愿与成因研究——以中国家庭金融调查与研究中心的数据为例［J］．中国机构改革与管理，2016（11）．

众化的社会治理转变，社会治理主体越来越多元，社会治理的利益相关者协调立场、整合资源，实行多元共治模式是社会主义民主建设发展的必然。面对复杂多样的现代社会，信息资源更公开，社会结构更多元化，价值利益诉求也是多元的，在做社会治理决策时不可能是某个单一组织单方面决定，或少数几个社会主体间简单的合作就能承担和决策，决策的过程需要更多具有专业技术、丰富经验和不同意见的利益代表共同参与，需要更多行为主体和利益相关者的协同参与并共同承担责任，不论是代表“公”权还是代表“私”利的各方利益相关者都要共同参与，共同协商。国外学界普遍将社会治理主体概括为政府部门、公共事业机构、私人营利机构和非营利组织，用我国的话语体系表达则是指政府、市场与社会力量。这些多元主体及利益相关者之间的关系既相互独立，又要相互合作，还有可能是竞争与合作之外的博弈，在民主理念的支配下，这些都不妨碍社会治理多元主体共治的形成，恰恰促进了多元主体的产生与发展。

2. 社会治理系统化的展开路径

我国人口结构复杂，经济水平相对落后、公共服务体系不够完善，存在很多公共问题亟待解决又难以适用现行制度。我国不仅存在民族团结、提升人民生活水平等艰巨的社会任务，还易受社会基础设施落后、外在市场经济和整体政治经济政策的影响。构建创新型的社会治理体系，推行系统治理的观念，发展多元共治的模式，有利于社会问题的有效解决。

首先要强化党委领导、政府主导，充分发挥各级党委和政府的领导核心作用。在广袤的基层农村地区，离开了各级党委和政府的正确领导，是不可能进行民主、有效和可持续社会治理体系建设的。社会治理体系建设与各级党委和政府的执政、施政能力提升有着深刻的内在联系。党委领导、政府主导与社会力量协同参与、公民社会自治是互为促进、相辅相成的关系。社会治理体系建设创新，首先要建立符合国情、民情，与经济社会实践发展相适应的运作机制和领导机制，使之更加科学、完善和高效。因此，必须加强和改进基层党组织建设，为创新社会治理体系建设提供坚强的政治保障。基层党组织是党团结、带领群众奔小康、追求幸福生活的战斗堡垒，是党在人民群众心中的旗帜。加强基层党组织建设，关乎党在人民群众中的威信和形象，关乎党在全国的执政地位。针对经济社会发展的主要矛盾和特殊矛盾，持续发展经济是优先任务，维护社会稳定则是首要责任，必须“两手硬、两手抓”、不可偏废，这就需要构建协调有序、运行良好的社会治理体系和完善、高效的社会治理运行机制。

应该将创新社会治理体系建设的实际需求同基层党建工作的实际情况紧密结合起来，只有党的执政能力提升、政府市政水平提高，才能加强和创新社会治理体系建设，最广泛、最民主、最充分地调动一切积极因素，最大限度减少不稳定因素。加快社会治理体系建设，应着重从党的组织广覆盖、党的阵地超巩固、经济建设快发展等方面加强和改进少数民族地区基层党组织建设。一是全力消除落后、偏远地区的党员空白村，确保不管山有多高、路有多远，只要有群众就有党员，只要有党员就有党组织，创新党组织设置方式，实现党组织覆盖全域，党组织要逐步向村民小组和自然村延伸，不留死角、不留空白。二是加强基层组织阵地建设，在大力发展民营经济的同时也发展壮大集体经济，保证基层党组织经费有保障、议事有场所，特别在宗教活动盛行的地区必须拥有党组织，加大经费、资源投入，建立和巩固党组织活动阵地，保障基层党组织强大的战斗力。三是抓好基层组织的人才队伍建设，提高基层党组织的社会治理能力，加强基层社区（村委）的突发事件应急能力、矛盾纠纷调解、带领群众脱贫致富等能力建设，提高基层党组织的管理能力和服务能力，为社团服务、为群众服务，唯有提高基层党组织的社会治理能力，才能把党的政治优势和组织优势转化为社会治理服务优势。

其次要坚持广大群众的主体地位，提升社会治理体系建设的科学化水平。“立党为公、执政为民”是党的根本宗旨，加强和创新社会治理体系建设离不开包括人民群众在内的社会力量的协同参与。在服务、保障和推动社会治理及其创新的过程中，必须坚持广大群众的主体地位，最大限度地调动和发挥群众的主观能动性，激发和引导群众积极参与社会治理体系建设工作，增强社会发展的主体活力①。首先是转变治理理念和政府职能，从威权管理型政府向民主治理型政府再向合作服务型政府转变，由依赖单一的行政权威手段向同时运用法律、市场等综合手段转变，由政府单一管控向政府主导、社会力量协同参与社会治理转变。其次是引导基层党组织紧紧围绕带领农民共同富裕，把工作重心放在做好农村、农民、农业工作上来；紧紧围绕为群众服务，把工作重心放在防范社会风险、化解社会矛盾、提供公共产品、提供优质服务和提升社会治理水平上来。然后是切实改进工作方式和转变工作作风，使党员干部谦虚谨慎、认真务实，深入基层社区或村组去教育引导群众并充分发挥群众的智慧和力量，创新做群众工作的方法，增强做群众工作的能力。党员干部在面对群众

① 查建友．文化发展活力论［D］．北京：中共中央党校，2019.

的利益诉求时，要放低姿态、摆正位置，正确理解和精准把握人民群众的长远利益和阶段性利益，带领群众共同富裕，让人民群众共享改革发展的成果，为社会主义社会的和谐稳定奠定基础。

（二）以法治精神推动农村社会治理体系建设

1. 法治精神的涵义

法律体现国家集体意志，不容任何个人或团体凌驾于其上。对社会治理体系建设而言，法律是刚性的社会规则，对一切社会主体具有强制约束力，国家、政党、社会组织、行业协会、公民个体等都以法律为基本行为准则。以法治精神推动农村社会治理体系建设就是要用法治的理念、依照法律法规对农村社会所涵盖的一切组织机构和公民进行规范，用法律手段来保证社会治理体系的顺利建设，用法治精神对全体公民开展法治教育和开展社会治理工作。在农村社会治理领域坚持法治精神坚持依法治理，需要在国家法律的指导下建立、健全、完善农村地区的涉农法律法规，以国家法律和地方法规为支撑保障农村社会治理沿着法治轨道有序运行，形成依法办事、依法解决社会矛盾和社会问题的法治环境。社会治理领域立法的滞后，尤其是适合农村地区的涉农性法律制度缺失，将会阻碍农村社会治理体系建设的有效进程。在农村地区尤其是少数民族农村创新社会治理体系建设必须全面贯彻党和国家的方针政策，并结合本地实际制定适合农村地区的专门法规，创造性地开展农村地区工作。坚持、完善党和国家的相关法律及涉农政策，依法维护农民的合法权益，是推进农村社会治理体系建设的出发点和落脚点。以法治精神推动农村社会治理体系建设，在有民族自治州和自治县的农村地区更为重要，既能依法保护少数民族群众权益，也能依法开展农村社会治理，打击少数心怀不轨的分裂分子。如果说社会治理体系建设系统化是解决治理主体即谁来治的问题，以法治精神推动农村社会治理体系建设就是解决农村地区多元治理主体用什么方法与用什么工具来治理社会的问题。我国自改革开放以来一直在提倡法治精神，通过大力修改立法的方式来推行国家层面的法治建设和地方层面的法规建设，还通过司法改革来保障法律法规的正确适用。因此，发扬法治精神，坚持依法治理，运用法治思维推进社会文明建设和运用法治方式化解社会矛盾，理所当然是农村社会治理体系建设创新的重要思路。

2. 法治精神的特征和要求

第一，强调法治精神是做到依法治理的基本前提。从法律的社会性来看，法律分为三部分，一部分是用于维系社会秩序即用以保证人们的生产生活秩序；另一部分是用于保障公民人身安全和保护公民合法权益方面的规范；还有一部分是法律化的各种技术性规范。相对而言，前两类是原则性较强的刚性法规，后一类是灵活性较强的柔性法规，这三类法律规范共同发生作用于社会生产管理、社会公共事务管理、社会公共秩序维持以及公民自由和权利保障等重要领域，维护全体社会成员的公共利益和体现全体社会成员的集体意志。法律只有受公众认可和信仰才能得以形成，一旦形成则对全体公民具有强制约束力，但只有公众自觉自愿地遵守，法律才能有效发挥其应有的作用。因此，公民的法治思维和法律信仰是依法推行社会治理体系建设的前提。社会治理体系如果仅仅是机械、僵化地依照法律法规条文来建设，就无法体现真正的法治精神，也难以发挥其应有的作用，为能达到社会治理的应有效果，必须从法治的多维度出发。

第二，加强立法工作是发扬法治精神的重要基础。随着社会经济快速发展，社会关系越来越复杂，人际关系也更为新颖和复杂，但法律条文是静态不变的，难以适应社会治理领域的新变化，因此，需要在社会治理领域加强立法工作，用法律来规范公民行为、协调人际关系，同时适度制衡公权力的过度使用以保护合法的公民私权利。加强立法工作首先要提高立法质量，切实保障社会治理体系建设中的法治精神，促进社会治理的法律化和制度化。部分地区出台了许多地方性涉农规章制度，但尚未形成一种正式的、相对稳定的、制度化的公共管理领域的农村社会规范，部分地方性涉农法规还未上升到国家的政策和决策层面，还有部分地方性涉农政策只是简化国家的相关涉农条文，缺乏地方特色和农村特色，缺乏具体适用性。一些规范性文件的内容难以适用农村地区的社会治理工作，涉及法律类的信访案件在排查协调方面有所欠缺，针对影响民族团结和社会稳定的潜在问题，缺乏专项研究和防患于未然的专门力量；引导农民群众通过行政和法治途径或行业调解等渠道来化解社会矛盾纠纷的排查处理方式尚有待加强和提高。

第三，正确使用法律是法治精神的核心。执法机关严格执法，规范执法程序和执法方式；司法机关公正司法，不枉不纵，只有正确地使用法律才能保障法治精神得以体现，法律的适用性是依法治理的关键环节。首先，执法机关要严格遵守执法程序，在法律限定的范围内执法即依法治理。法律无明文规定和明确赋权则不可为，更不能滥用公权力损害私权；其次，司法机关在司法实践中要严格依法开展工作，以事实为依据、以法律为准绳，严格保持司法活动中立，力求法律纠纷的公平公正解决。依法治理离不开作为农村社会治理主体的全体农民群众的共同知法、懂法、守法。只有每个村民或每一个农村社会团体、农村组织都自觉学法、遵法、守法、用法，才能使依法治理得以顺利实施并充分体现法治精神，这也是建立以法治为中心的多元主体共治的基本要求。

三、激发农村地区社会组织的活力

社会组织的大量存在和健康发展是农村社会治理方式多元化的重要标志，也标志着农村地区社会治理体系建设取得了较大进步。党的十八届三中全会提出，正确处理政一社关系，加快实施政社分开，改善社会组织的生存空间和发展环境，保护社会组织的合法权益，推进社会组织自主发展、明确权责、独立核算、自负盈亏、依法自治。显然，农村地区亟须在激发社会组织活力方面取得突破。

（一）正确处理“政一社”关系，为社会组织的成长提供合适土壤

历史唯物主义认为，社会是一个复杂的有机整体，政府是社会的衍生品，人类群体一经产生，就顺其自然地形成了人类社会，政府则是在人类社会的漫长变迁和发展中，基于社会事务管理的需要而逐渐产生的，社会先于政府而出现，因此，政府可以看作是人类社会的衍生品。政府在一定程度上是国家的代表，是国家统治的管理机构，因此，政府代表国家与社会发生千丝万缕的联系，而国家是社会与民族的共同体。因此，政府来源于社会，是由广大人民群众选举产生的，它一方面作用于社会，另一方面也受制于社会。根据政府在整个社会中的地位和发挥作用的程度，可以把政府与社会的关系大致归纳为四种模式：大政府与小社会模式、小政府与大社会模式、大政府与大社会模式、小政府与小社会模式。其中的“大”与“小”，主要是针对社会自身的自主程度而言，表示政府对社会所能施加影响的程度。

1. 我国的“政一社”关系模式

我国“政一社”关系在不同历史时期有不同的表现，但大体上可以划分为两个阶段。第一阶段为 1949—1979 年。1949 年随着中华人民共和国的成立，中国大地上出现了第一个计划体制的“万能”政府，政府计划与政府影响无处不在，政府规划着整个社会，所有的人都是“计划体制”这台机器上的零部件，社会生活被高度计划化和政治化，政府与社会关系变成支配与被支配的关

系，政府通过社会意识形态、各层级组织结构、党员干部队伍以及有效的政治思想教育实现了对社会生活的全面组织与支配，对经济资源及各种社会资源全面掌控并实施计划生产和计划分配。政府与社会呈现出一元从属关系模式，社会从属和依附于以政府为代表的国家，公民依附于各级政府机关，政府直接代替市场，全盘计划和管理社会生活的方方面面，政府替代社会，二者几乎合二为一，经济、政治和思想意识形态都通过“单位”这个一元化的集体组织形态而高度统一起来，整个中国社会成为一个以中央集权为顶尖的高度“单位化”的金字塔社会。政府与社会的关系模式体现为“大政府、小社会”甚至于达到“有政府、无社会”的程度。政府与社会关系严重失衡，社会发展空间近乎无，公有制取代一切市场机制，社会组织被全部取缔，社会力量全面萎缩，社会活力被窒息，社会创新创造能力严重下降，社会功能发育处于全面停滞状态。

第二阶段为 1979 年至今。随着改革开放的力度不断加大，政府对社会释权的力度也不断加大，随着农村家庭联产承包制的实行，人民公社完全解体，社会单元由集体和单位制向社会人个体转变，单位或集体对公民个体不再具有绝对控制力。政府对市场经济的干预越来越少，私营企业逐渐出现，个体工商户犹如雨后春笋般成长起来，私营企业和外资、合资企业的快速发展，都标志着政府逐渐放松对社会力量的控制，这是一个改革的过程，是社会组织成长发展的机遇，也是政府顺应时代和社会经济发展需要而主动放权、开放的过程。国家集权主义逐渐被稀释，单位依附制度逐渐解体，政府选择性地把部分领域的权力向社会开放，而社会力量也随之相应地积聚，社会组织生机勃勃地发展壮大起来。政府对社会组织开始了由控制到赋权的历史性转变，社会获得了在国家集权模式下无可比拟的发展空间，被政府赋予诸多自由与权力来参与社会治理，社会民主和社会自治程度日益深化。在经济领域，以社会资源为基础、以市场需求为导向的民营经济随之兴起，体制外“非单位”组织迅速发展起来，如乡镇企业（集体经济）和私营企业、股份公司、中外合资和完全外资企业、合作经济体等迅速发展。在社会领域，经过几次较大力度的政府机构改革，事业单位实行人事制度等改革，在政事分开和社会优化方面取得了突破性的进展。伴随而来的是公民个体权力得到解放和发展，社会组织繁荣发展，政府与社会关系进一步改善，社会治理体系更加完善。同时，政府更加尊重市场规律，社会治理的手段更加规范，在政府必须保持控制的领域，控制方式也由直接的具体控制转向间接调控，调控手段更加尊重法治精神，依法治理成为社会治理的基本原则。

总体上看，目前我国政府与社会的关系仍属于大政府与小社会模式，政府对市场的干预和对社会的控制仍然较多。但随着全球一体化浪潮的迅猛而来、互联网的日益普及，社会力量与市场力量被不断释放出来，利益主体和利益相关者日益多元化，因此，政府在主动退出一部分领域的同时主动赋权给社会组织，要求社会力量和市场功能要不断增强，以协同参与社会治理，这就需要有一个“强社会”来承接政府退出的领域，以弥补政府治理的不足。同时，由于利益主体的多元化和社会力量的猛然释放，必然带来市场的无序而导致社会风险加剧，需要强有力的政府来整合和引导社会利益需求，对纷繁复杂的社会矛盾进行疏通或解决，对未知的市场风险和社会风险进行研判和管控。

2. “政—社”关系的磨合与调整

政府与社会关系的不断磨合与调整，是中国社会治理创新和转型发展的一个基本层面，民族成分多、经济发展相对落后的农村地区也不例外。时代在发展和改革在不断深入，如何适应时代的发展，与时俱进地调整“政—社”关系，成为一项紧迫的历史性课题。

第一，重新定位政府与社会的关系。在我国的历史传统中，政府都是社会的中心，紧紧控制社会并凌驾于其上，政社关系表现为“控制与依附”。按照现代民主政治理念，政府应该小而美，它可以规范、引导和服务社会而不能控制社会，两者的关系应该由“控制与依附”向“合作与互动”转变。这意味着政府与社会是一种平等的关系，在平等的基础上博弈、互动与合作，政府治理理念应该转变和创新，从社会控制者角色向社会服务者角色转变。

第二，以法治建设和依法治理推动政府与社会的关系调整。随着我国公民社会日渐成熟，公民意识和民主意识日渐加强，社会力量的天然弱势凸现出来，从而对政府的社会治理体系建设提出了更高要求，社会力量不再是社会治理的旁观者，而应该主动融入社会治理体系。政府与社会关系的调整应该进入法治化进程，以法律手段和市场手段的有机结合来推动政府与社会关系的规范化、平等化和程序化，以此保证社会治理的合法性、公正性和有序性。

第三，以社会组织的成长来推动社会的发展。从组织形态上来看，社会是由公民个体及公民组织如民间团体、行业协会和公益环保社团等构成的。政府与公民社会能否构建平等、互动的合作关系，其前提是有一个独立于政府之外的社会力量，即自强、自立和自主的社会组织体系存在。现阶段，我国的社会组织大多从原有的事业单位转化而来，或者具有官方背景如妇联、残联和民主党派等团体，它们甚至与政府具有一定的隶属关系，属于典型的“红帽子”社会组织，导致很多社会组织缺乏自主性，自治化层次较低。也有一些社会组织是纯粹民间和公益性质的，但又与政府有千丝万缕的关系，如中国红十字会等。造成这种状况的原因有多方面，有的是国有单位出于利益目的不愿意放手，如我国的部分独立学院（民办高校的特殊种类），有的是政府主管部门控制动机太强的原因，还有一些是社会组织主动依附于政府以获得资源和经费资助等原因。这些因素客观上会影响和阻碍社会组织的自主发展，也不利于社会力量对“大政府”的制约和监督，更难以形成“大社会”。

第四，推动政府与社会形成平等、民主的良性互动与合作模式。由于历史传统的惯性、地理区域的局限和资源条件的制约，广大农村地区的社会经济发展程度较低，民主建设速度相对缓慢，目前农村的社会治理体系建设还比较落后，政府管理模式尚未摆脱“全能型”的窠臼。国家管理和社会治理达到“善治”状态，需要公民社会的认同、支持和配合，只有在自发、自觉、自主、自愿的民意基础上，政府与社会力量协调立场、通力合作，才能实现稳定、高效和高能的治理。农村地区实现社会治理体系建设的现代化，需要一个政府与公民社会友好合作、交流畅通、互动良好的社会治理新模式，需要一个善于弥合分歧、整合资源、调动社会组织积极能动性的社会治理新机制。与计划经济体制下“大政府、小社会”的关系模式不同，市场经济体制下强调“小政府、大社会”，而我国进行社会主义市场经济体制改革的长远目标，则决定了“强政府、大社会”模式的必然性，这方面可能与市场化程度较高的西方发达国家有所不同。这意味着公民素质及社会整体素质的提高，政府对公民人权、人格的尊重，各类民间团体和社会组织的发育发展，社会保障服务体系的完善。通过新型政社关系的构建，使政府本着“小而美”的高效政府理念，主动赋权社会组织；让社会力量集聚更强大的自主自治能力并承担起更多社会职责，保持同政府部门的双向嵌入；政府与公民社会充分信任，形成合力，共建共治共享。

3. 政府与社会合作伙伴关系的形成

实现政府与社会的平等、合作与互动，建立政府与社会的合作伙伴关系，需要政府主动赋权、让渡空间，帮助、扶持社会组织的发育发展，进而培育健康有序的市民社会。在政府和社会的新型关系形成过程中，由于政府长期习惯于传统的、单一的威权式管理，依靠强硬的命令式行政手段对公民社会进行支配和控制，在转型初期，对规范化、程序化的法制手段和制度化的调控方式比较陌生，要实现政府公共管理和社会服务方式的转变还有很长的路要走。同时，公民社会也因为长期处于被支配、被控制的休眠状态，导致其缺乏足够的自主自治性，如果一下子对社会赋权太多并贸然放松管控，也会产生副作用，导致社会混乱、失序。从目前农村地区社会组织的发展状况来看，还存在自主能力不足、自治性较弱、发展程度参差不齐、良莠不分等诸多问题，难以有效承接政府让渡的部分职能和社会服务。

第一，以政社分开为宗旨，推动政府与社会的分权。关键是从法律制度上明确政府的权力边界及社会组织的职能延伸范围和领域。政府官僚机构最大的顽疾就是具有自我扩张的内在冲动。因此，政府需要借助法治力量来自我设限，坚持有所为有所不为，把绝对权力关进笼子里，回归理性：不缺位、不越位。重新定位政府职能，将其“权威管制”职能转变成“公共服务”职能，市场和社会能做好的事情绝不插手，大胆放权，政府从具体事务中脱身出来，把更多精力放到宏观指导方面，服务社会发展，把力量投放到市场失灵和社会失灵的领域，如公共产品和公共服务的领域。毕竟，政府不是全能的，也有政府失灵的领域，把这些领域交给社会，能更好地发挥社会力量。在充分保证政府不懒政不怠政的前提下，通过机构改革、财政制度改革、行政审批制度改革等方式进一步简政放权，合理改变资源配置方式，确保社会组织能够获得其应得的资源并与其承担的社会责任相适应。政府放权不等于一放了之，在放权的同时，政府还应该履行监督管理的责任，不能放任社会组织一盘散沙。通过相应的法治建设以及法定监督程序来依法规范社会组织的价值目标和依法监督社会组织的职能行为。政府要尊重规范者和监督者的职能边界，不能贪权越权，更不能越俎代庖，坚决将政府行政管理职能范围之外的事务交给社会和市场，将其让渡给社会组织去实施并依法监督。完善社会力量参与制度，强化社会监督机制，同样需要社会对政府工作有权监督和评价，需要推动社会力量有序参与社会治理，有效参与公共服务工作。

第二，积极培育社会力量，增强社会组织自我管理和服务能力。社会主义市场经济发展和社会主义民主建设在客观上都需要有一个“大而强”的社会。社会组织的自治能力和社会的成熟程度直接影响和制约着政府的职能改革。没有独立自主和自治功能的社会组织，必然出现一个没有生机活力、效率低下的公民社会。要从根本上改变我国农村地区的社会治理现状，必须限制政府越界、越权包揽社会事务，管得过多过宽的习惯性心理，必须激发人民群众主观能动性，释放社会能量，大力扶持和推动社会组织成长、发展和壮大。具体来说，从资源配置上赋予社会组织更多优质资源，从运行机制上保障社会组织的独立自主权，从法律上确保社会组织依法享有更广阔的空间，从市场准入方面降低社会组织的限制性门槛。积极创造条件，吸收社会组织参与社会事务管理，参与社会治理体系建设，以提高其自主和自治能力，成为联接政府和群众的桥梁纽带，为经济发展和社会稳定贡献力量。

第三，积极拓展政—社合作领域，为社会组织的成长发展提供广阔天地。在欧美发达国家，政府与社会是平等的“合作伙伴”。政府和社会组织为乡村建设共同出力，构成建设乡村村镇的合伙人关系。在这种“合作伙伴”关系模式中，政府除了在国防外交、公共安全、法制建设及公共基础设施建设等方面行使行政管理职能之外，其他方面则宏观调控，依靠各种社会组织提供资源。因此，随着时代的发展和社会的进一步成熟，我国也可以适度借鉴欧美发达国家的成功经验，拓展政府与社会组织的互动范围和合作领域，在党委领导、政府主导和社会力量协同参与的大框架下，政府放下身段，主动以平等的姿态与社会进行交流、沟通、互动和合作，形成社会治理360°立体网络，建立顺畅的政—社对话机制，确保社会各阶层、各行业、各团体与政府的信息交流通畅、互动顺畅，在政府和社会之间搭起合作的桥梁，建立起更为紧密的合作伙伴关系，使社会组织能够整合更多资源和动员更多的社会力量来参与社会治理建设和经济建设，并在政府失灵的领域里发挥应有作用，从而提高社会治理效益。

（二）农村基层政府支持，提升农村社会组织的公共服务能力

社会组织是公共关系主体，是公民社会的构成基础，是社会实施自我管理、协调和服务功能的具体承担者，也是社会治理的重要参与者。作为公民社会的基础，各类社会组织不仅在国民经济发展中发挥重要推动作用，在社会治理体系建设中也同样扮演重要角色，对关系协调、资源配置、利益平衡、矛盾化解等方面发挥积极作用，还可以充当政府与公民对接的中介桥梁，更好地反映社情民意，大幅度降低社会治理成本，提高政府管理效能。社会组织的活力体现在处理事务中所表现出的高度灵活性及其对社会资源的整合程度、对公共事务管理的嵌入程度、对社会民主建设的贡献程度、对社会治理的协同程度。增强社会组织的活力，关键就是要提升社会组织的社会参与能力和公共服务能力，这也是社会力量的核心价值所在。

第一，加大农村基层政府职能体制改革力度，将部分职能让渡给社会组织。农村基层政府精兵简政，扩大赋权范围，从本属市场和社会的职能领域退离出来，加大简政放权力度，建立社会治理权力清单和责任清单，管好自己专

属的那一块，既不缺位亦不越位，赋予社会组织发挥作用的空间。将社会组织与政府部门提供的服务一视同仁、公平对待，切实推进农村社会服务提供主体的多元化，社会治理主体的多元化。

第二，完善对社会组织扶持政策，为社会力量成长提供资源帮助。贯彻落实好《关于政府向社会力量购买公共服务的指导意见》，充分运用资源配置、财政转移、税收减免和政策扶持等手段[①]，加强对社会力量的培育和扶持；搞好社会服务工作人才队伍建设规划，加大高等教育改革力度，制定专门法规和政策措施以促进高校建设社会工作专业，着力培养社会工作人才，解决制约社会力量发展的人才瓶颈和资源短缺问题；建立社会组织风险融资机制，扩大社会组织的经费筹集渠道，探索成立公共财政和社会捐赠为基础的基金会为社会组织筹措运营经费。

第三，建立社会组织的孵化培育基地。围绕社会治理体系建设的需要，有意识地调整社会组织的地域分布以促进地方经济社会的发展，优化社会组织的发展结构及整体布局以壮大其整体功能，结合地域特色建立社会组织培育基地，将一些热心公益、发展潜力大的民间团体组织引进基地加以规范化培育，在资金、项目和资源上重点扶持，在办公场地方面支持，使其健康成长和发展壮大，最终打造出一批示范性强、辐射力广的社会组织及一些影响力大的社会服务项目品牌，成为社会组织全面发展的模范和标杆。

第四，强化农村社会组织自身建设，规范其社会服务行为。基层政府机构改革、职能调整和简政放权并向社会赋权，是农村社会组织加强自身建设的重大契机，有利于其推进组织改革、规范行为和强化公益服务，按照政社分开、政资脱钩、管办分离、明晰产权的要求，清理那些挂靠政府部门、具有官方背景的社会组织，取消诸如“红顶中介”“帽子组织”等，简化行政程序和多头审批环节，促进社会组织成为真正独立的法人主体，具有自负盈亏、独立核算、自主承担风险、自主管理和经营的能力。政府应该借鉴国际经验，参考西方发达国家的现代社会组织标准，依据我国国情来制定宏观的社会组织准入标准，各地方政府则可以根据当地实际情况灵活掌握准入门槛，因地制宜地出台社会组织管理监督办法，具体制定支持扶持、监督管理、奖励惩罚等措施，为社会组织的健康、有序运行保驾护航。打铁必须自身硬，作为公益性质的社会

① 黎清华，刘冬．政府向社会力量购买公共服务的实践与思考——2014 年荆门市试行政府购买服务工作启示［J］．中国政府采购，2015（1）：45－47．

组织也应该摆脱对政府的依赖心理，加强自身建设，按照法制化、透明化和公平正义的要求完善各种管理制度，合法、规范开展各种公益活动，不断提高社会组织的行业服务能力和整体服务水平，提高社会公信力和行业认可度。

（三）充分发挥政府功能，积极引导和激励社会组织的良性发展

我国历来高度重视对社会组织的引导、支持和管理，制定了一系列相关政策和制度，保证社会组织能够较快地平稳有序发展。目前农村社会结构情况大体可以分为：政府系统（以地方政府官员为代表、以地方政府机关和部门组织为基础）、市场系统（以行业企业为代表、以行业组织为基础）和社会系统（以公民个体为代表，以社会组织为基础），形成“三足鼎立”的稳定局面。要实现农村社会组织的良性、高效和有序发展，基层政府要善于利用媒体舆论加强引导，利用法律制度强化监管和规范，在坚持党委领导、政府主导的原则下，激发社会力量的活力，保护社会组织合法权益，保证公民社会的独立话语权，建立社会协商对话机制，鼓励和支持以公民个体、社会组织为代表的社会力量参与社会公共事务管理、经济文化管理等治理实践活动和社会治理体系建设，实现国家政府和公民社会的互动合作，达成政民共建共治共享的社会治理目标。

1. 以法治精神规范社会组织有序发展

2013 年 9 月，国务院办公厅印发《关于政府向社会力量购买服务的指导意见》（以下简称《指导意见》），从宏观上明确政府对社会组织的赋权和支持。[①] 该《指导意见》分为四个部分，一是概括性阐释，主要是说明政府向社会购买服务的含义、特征和重大意义；二是方向指引，规定和说明政府向社会力量购买服务的未来发展方向；三是程序规范，说明政府向社会力量购买服务工作必须遵循什么程序和采取什么方式，分层次、渐进性地为社会组织的生存和发展让渡空间；四是有效监督，在扎实、有序推进政府向社会力量购买社会服务的工作过程中，依法实施有效监督和管控。打开行业通道，降低准入门槛，简化行政程序，推动实施四大类社会组织向民政部门直接登记，而无须挂靠某一特定国有单位，同时放宽民间团体、行业协会和商会的准入条件，使其能公开、合法开展各种社会管理、服务工作。放宽行业协会或商会成立的限制

① 顾朝曦．释放改革红利激发社会活力促进社会组织健康有序发展——学习贯彻落实《关于政府向社会力量购买服务的指导意见》[J]．中国民政，2013（10）：11－15.

性门槛：设立协会或商会只需按照行业分类的小类标准，而且可以按照产业链的环节、经营方式和服务类型来设立相关组织。乡村基层政府应该严格按照中央关于简政放权、转变政府职能的要求，简化审批程序，取消不必要的审批环节，下放管理和监督权限，为农村地区社会组织更好、更快发展创造良好条件。

2. 依法监督和服务农村社会组织

基层政府扶持农村社会组织的通用做法和主要手段是：政府出资，社会组织出力，也就是说，政府就特定管理和服务项目面向社会招标，社会组织通过竞争获得该项目，根据完成质量来获得政府的资金支持。从调研资料来看，目前农村地方政府（主要指乡镇和县级政府）向社会组织购买服务的数量频率远远低于大城市，许多社会组织很难获得政府购买社会服务的项目，只有不到35％的社会组织能够按质按量完成政府的招标项目，享受“被购买”服务。要让社会组织具有发展空间，能够在公平竞争的基点上获取资源，就必须贯彻执行国家“关于政府购买社会工作服务”的相关政策，乡村地方政府要加快制定细则措施，制定相关的指导目录和落实办法，在政府预算中安排专项资金向社会组织购买社会服务，分层次、有序地扩大购买领域，并适当放宽购买对象的条件，使更多的社会组织能够依法承担部分政府职能，也使政府购买社会服务具有程序正义，通过规范、公开、透明的方式引导社会组织参与社会治理。通过政府购买方式，一方面帮助社会组织摆脱资金困境，另一方面有利于政府依托购买手段对社会组织进行引导和调控。

完善社会组织监督管理机制，加强社会力量的引导、管理与服务，在管理中提供服务，在服务中实施管理，有利于农村地区的社会治理体系建设工作。坚持政府按需购买，社会组织公平竞标，提高绩效管理水平，引入第三方机构进行评估与考核，依据项目绩效管理来推动社会组织提升社会治理参与能力，以自律、高效来赢得政府及公众的认可。强化对服务购买项目事前预评、事中监督和事后审计，确保政府购买公共服务的正向效应。在项目实施过程中，社会组织必须主动接受民政等职能部门的监管、评价，主动接受新闻舆论和社会公众的合法监督。政府则需要按照法治精神建立完善的淘汰机制，对未能按质按量完成相关项目的社会组织限制其以后的社会治理参与行为，从而有效监督社会组织规范运行；职能部门要依法查处社会组织的违规行为和偷工减料的投机行为，完善行政执法制度，履职尽责地制订社会组织发展的中长期战略规划，保障社会组织规范、健康和有序发展。

3. 用党建引领农村社会组织可持续“发展”

在农村社会组织中积极开展党建工作，强化党在农村地区社会力量中的民意基础。坚持党的领导，社会力量的发展才能沿着正确轨道前行。目前农村地区公有制经济组织党建工作取得显著成效，但总体上来说，农村社会组织中的党组织仍然存在功能定位不明确、作用发挥不显著和覆盖面不广等问题。以贵州省松桃苗族自治县为例，全县范围内建立党组织的社会组织仅占1.8%，覆盖率低。发展党员难度大、障碍多，党员数量偏少、比例偏低。2018年，私营性质的社会组织中发展党员共349名，只占全自治县发展党员总数的8.6%，占全县从业人员总数的5.2%。已成立的党组织也缺少必要设施和基本活动经费，有组织形式但缺乏党建活动的问题依然存在，党组织难以有效开展活动，党员作用难以发挥。亟须扩大党组织在农村社会组织中的覆盖率，提高在农村社会组织从业人员中党员的数量和比例，提升党建活动的有效程度和覆盖面。明确农村社会组织中党组织的功能定位、工作职责和模范带头作用，发挥好党组织在社会组织成长发展中的方向引领作用，领导社会组织积极参与农村地区的社会治理工作，增强民主自治功能，实现健康、自主和有序发展。

四、创新机制，有效预防和化解社会矛盾

如果社会问题得不到及时、有效的处理，就会转化为社会矛盾。在多元化经济快速发展与社会结构变化加剧的转型时期，原有的社会结构被裂解、平衡状态被打破，各种社会矛盾和纠纷也逐渐增多并日益显化，这些现象在农村边远地区尤其是少数民族地区表现得更加突出。创新机制，有效预防和化解社会矛盾、维护社会稳定，完善维护乡村群众权益的社会机制，蕴涵着积极协调不同民族、不同地区、不同阶层、不同群体、不同行业之间的利益关系。

（一）建立重大决策风险评估机制

重大决策需要慎重，决策之前应该召集相关专家预先评估社会稳定风险，尽可能降低决策风险或把风险限定在可控范围。决策风险评估机制是相关主体（包括决策者、学者专家和各界具有相关经验的管理者）运用科学的统计分析方法和模型分析法对重大决策可能带来的正面影响和负面影响进行预测和推

演，并根据预测和推演的结果采取对应的风险防控措施，包括对决策内容的适度调整及多套应对预案的制定。决策风险评估机制的主要优势是，对重大政策出台或决策推出是否可能引发群众恐慌、抵制或者导致群体性突发事件进行沙盘推演，先期预测它的社会风险性、判断风险程度和预定介入方式。2012 年，偏远农村山区较多的贵州省先走出改革第一步，探索建立了社会稳定风险评估试行制度，重大项目上马和重大决策出台之前先进行风险评估，评估其是否具有影响社会稳定的潜在或现实风险，将决策风险评估作为做出决策、发动改革、上马各种项目的硬性要求。2016 年 5 月，贵州省在贵阳召开全省综治维稳工作会议，要求各级政府务必谨慎决策，对重大事项交由第三方进行风险评估，进一步健全民主决策制度，杜绝独断专行，完善重大决策第三方评估机制。决策风险评估涉及诸如国企改制、地方征地拆迁、教育体制改革、医疗保健改革、环境生态保护、安全生产等各种易引发社会矛盾和社会关注的领域，将是否进行重大决策风险评估情况作为地方政府社会综合治理的重要参数。通过不断总结经验、吸取教训来探索创新重大决策风险评估的制度机制，基本形成“党委领导、政府指导、利益无关的第三方组织具体实施”的风险评估组织体系。地方基层政府和职能部门应该把建立健全决策风险评估机制作为依法决策、科学决策和衡量社会主义精神文明建设进程的有效工具，着重从民主决策制度、推动决策风险评估工作、化解社会矛盾和社会稳定风险四个方面开展工作。譬如说，2018 年度，农村地区人口尤其是少数民族人口多、区域面积广的贵州省对 8 400 余件重大涉农事项进行了决策风险评估。

贵州省是中国大陆众多省份中的一员，它的重大决策风险评估具有一定的普遍性；但贵州省又是一个经济发展相对落后，少数民族众多、山多地少，没有平原的西部山区省份，因此，贵州省的重大决策风险评估又有其自身的特殊性。在容易激发社会矛盾的领域与其他省份有相似之处，但也有较大差异，比如说高原、山区地形的特殊性造成了贵州大部分农村地区经济发展相对缓慢，不同地区间经济发展不平衡、差距进一步拉大、社会人口净流出量持续增长、生态环境恶化等问题。正由于经济基础相对薄弱，贵州省社会发展既要保持快速度，还要充分评判快速发展过程中的社会风险，因此，推进重大决策风险评估工作，是贵州省维护农村和民族地区社会稳定和降低风险成本的有效途径。从当前情况看，重大决策风险评估在贵州省的农村社会治理实践当中需要厘清以下几个方面的问题。

第一，在思想认识方面要解决“为什么评”的问题。这是基于对重大决策风险评估生成背景的考量，显然，沿用传统的社会治理方法和经验，已经难以彻底解决由于经济快速发展和社会结构日益多元化而引发的越来越多的社会矛盾。而建立重大决策稳定风险评估机制，有利于用民主制度的多方协调预防专制独断，能防微杜渐，从源头上预防和化解很多农村地区的社会矛盾，改变过去那种被动“救火”、四处“应急”的社会维稳方式，形成“防患于未然”“防微杜渐”的社会常态。

第二，在工作内容上，要解决“评什么”的问题。毫无疑问，要把事关贵州省农村发展大局、事关农民尤其是少数民族群众利益等容易发生纠纷矛盾的各个领域都尽可能地纳入风险评估范畴。值得注意的是，有些在其他地区看似普通的事情，但在多民族的贵州农村地区却因为掺杂着民族风俗习惯、少数民族文化、地域环境等复杂因素，有可能在不经意中就演化为重大社会群体性事件。因此，贵州省重大决策风险评估的基本分析框架表现在：“准确区分社会的一般风险与农村地区的特定风险，并针对特定风险，制定相关制度安排，采取特定的措施加以控制”，这是在贵州省重大涉农决策风险评估工作中要特别考虑、研究和分析的问题。从内容上看，重大涉农决策风险评估机制有一个优先顺序，首先考量农村社会稳定风险，其次是考虑农村经济风险，然后是考虑利益相关者的价值诉求以及决策的时空范围等几个方面。

第三，在方法选择上，要解决“如何评”的问题。为了更好地提高重大决策风险评估的时效性，有必要引入社会风险管理，这个概念最初是由世界银行提出的，为应对经济全球化带来的潜在风险与挑战，从社会综合治理视角提出了“社会风险管理”，这也是一种基于风险管理的社会保护政策。各国政府通过制定风险预防措施来控制重大决策可能带来的社会风险，并建立以保险赔偿机制为核心的社会风险管理政策体系，综合应用社会保险和社会保障等政策手段处理日益复杂的社会风险，以实现经济有序、可持续发展。把社会风险管理理论与我国农村地区社会治理实践相结合，再根据不同阶段的公共政策特征，把多种风险评估方法进行灵活组合。此外，将重大涉农决策风险评估常态化和法制化，既具有很好的理论意义也具有现实实践价值，从目前情况来看，贵州省尚未将涉农重大风险评估纳入法律法规运行的轨道之中，从法治精神来看，把重大涉农决策风险评估法制化和常态化的时机和拐点已经到来，应该充分利用少数民族区域自治制度的优势和特点，通过地方立法将重大决策风险评估制度纳入贵州省的农村地区（尤其是民族地方）法规内容之中，再通过地方人大予以进一步确立其适用性，这样才能增强约束力，对未经风险评估的重大决策追究其责任人政治责任和法律责任提供法源依据。

（二）广开言路，建立多元化的沟通渠道

建立多元化的沟通渠道并使之畅通有序，有利于满足乡村群众的利益诉求表达。公众可以通过人大代表、政协委员、县长热线、信访办和媒体舆论等多元化渠道充分表达自己的利益诉求，构建政府与民众之间的信任资本，是提升各民族民众的国家认同，推动农村地区社会治理体系建设，维护农村地区社会稳定的重要环节。

1. 建立多元化沟通渠道的意义

社会沟通机制的建立和有效运行目的在于增强治理行为的社会弹性，提高党委的决策科学性、提升政府的政策执行能力、增加社会力量的资源整合凝聚能力和增长社会治理的综合能力，拓展公共行政社会化的能力，从而夯实党委执政合法性的基础。首先，建立多元化沟通渠道并使之畅通有序有利于促进乡村地区的族际凝聚。涂尔干认为社会整合是指“一种建立在共同文化信仰、道德情感或价值观基础上的个体与个体、个体与团体、团体与团体之间的，以结合或吸引为特征的凝聚状态”。其次，建立多元化沟通渠道有利于农村相关政策的制定和落实。在农村相关政策的制定过程中，农民群众与政府之间保持有效沟通非常重要，一方面，农村基层政府能充分听取农民群众中不同阶层群体的价值诉求，直接掌握真实信息和现实客观情况，保证政府制定政策的科学性，提高行政效率，另一方面，政府所制定的政策更能获得广大农民群众的拥护和支持，增强农村相关政策执行的有效性。再次，多元化沟通渠道有利于国家制度在农村地区的贯彻执行。畅通无阻的沟通能增进乡村群众对政府的信任和认同，增强农民群众对社会治理政策的认可，使乡村群众拥戴党和政府，衷心支持乡村振兴制度的实施，并且能自觉理解和遵守政府政策、规章和制度，争做守法公民。民众对政府的信任程度越高，遵纪守法的自主性和积极性就越高，进而提高政府治理绩效并降低施政成本。另外，“政府信任构成了市场经济最为基本的道德支柱。”民众对政府的信任，可以延伸到市场领域，有效降低市场交易成本，完善和改革市场经济体制，推动农村地区经济社会发展，提高乡村群众的物质生活水平，改变群众的精神风貌和文化素养，进一步增强农民群众对基层政府的支持和认同。从这个意义上讲，多元化沟通渠道密切了农村基层政府和农民群众的关系，二者的信任程度提高是维护农村地区政治稳定与社会稳定的源头基础。

2. 社会治理与建立多元化沟通渠道的关系

农村地区经济发展水平不一致，风俗习惯与社会认知存在较大差异，政府与民众间的沟通、群众之间的沟通都会较大程度地影响到农村地区的社会治理和社会治理体系建设。多元化沟通渠道的建立既要从施政角度反映党和政府的治理措施和治理程序，还要从民众角度观察分析群众的利益诉求和价值表达，从中发现民众所关注的问题、所关心的社会领域是什么、社会治理的效果如何、社会中急待解决的问题是什么，等等。通过人大代表、政协委员及基层干部等渠道与基层社区或农村村居群众交流、沟通，并引导群众中正面、积极、健康的意见和建议有序传达给相关部门，并上升为主流舆论；对群众中消极、不满的情绪和意见，各渠道也应该理性对待，正确处理，化解矛盾于未然。

倡导政府主导、社会力量协同参与的“合作式治理”来加强政社沟通和引导乡村民众交流，培育和谐共生意识，应该成为建立多元化沟通渠道的重要选项。“合作式治理”是政府与社会力量基于共建、共治、共享互动关系的“伙伴式”合作治理形式。农村地区可能因为历史缘由产生各种矛盾纠纷，这就需要农民群众之间加强交流、沟通，增进理解互信，摒弃前嫌，才能化解历史恩怨、和睦相处，共同建设社会主义事业。地方政府可以通过公益项目的方式赞助一些民间节日，也可以通过提供公共服务的方式举办社区（乡村）运动会、乡村旅游节等，并以民间民族节日或乡村民间活动为载体，通过拓展公共交流领域互通有无，宣讲不同民族的历史，实现文化交流和人文资源互补。这种政社和谐意识的形成，不仅需要公民社会信任、理解政府，同时也要求政府要尊重、包容公民社会。政府与社会之间的信任是双向的，通过政府与公民的互动、政府与社会组织的合作，是激发和培育公民社会信任政府的前提和关键，在这样的政社互动实践与公民文化价值背景下，政府与社会保持密切的沟通和交流，民众尊重和理解政府的社会治理需求，基层政府了解农民民众的实际需要和价值诉求，有助于提高公民幸福感和政府公信力。这样，农民群众在与政府工作人员沟通和互动过程中，群众依法监督了政府的工作，也正确认识和理解到自己的法定权利和责任。此外，“合作式治理”模式的构建还需要以基层政府管理的阳光透明为基础，要树立“政府信息是一种公共资源，及时、真实公开信息是政府部门的职责和义务，随时、公平获取信息是公民的法定权力”的法制民主信念。以建设阳光政府来建立畅通有序的多元化沟通渠道，这个过程并不是只有政府单向的努力，也包括公民社会对政府的依法监督。因此，各级地方政府作为乡村群众利益的代表，应从为民服务、捍卫公共利益出发，以

"合作式治理"为追求，将政府的社会治理建设置于各民族群众的共同监督之下，才会增进公民社会的信赖和信任。

"合作式治理"应该以提高农村群众的公民素质为基础条件。事实上，并不是所有农村地区的群众及社会组织都热心公共事务并主动参与社会治理服务，相反，"合作式治理"在部分农村地区遇冷，群众疏离公共事务，冷漠对待社会治理。根据问卷调查显示，这与部分农村地区的经济社会发展程度及当地民众的教育程度和公民素质差异有关，政治是经济的产物，社会经济的滞后发展会影响群众参与公共事务的热情。因此，地方政府在努力提高群众参与公共事务的热情和深度的同时，还必须致力于当地经济建设，发展好经济才能为群众提供政治参与的条件。从政府视角来看，推行"合作式治理"应该从提高政府工作人员的素质入手，这样可以提升公共服务水平，提高政府与群众的沟通能力，从而引导民众从多元化渠道理解更多的政治生活和公共服务。这样，政社双方在对等水平的状态下沟通交流，政府可以发挥群众自主和社会组织自治制度的职能，推进农村基层民主建设，提高基层政府与农民的双向信任度。此外，在提高农民群众的公民素质上，地方政府可以通过加强基础教育、中等教育的设施建设，拓展高等教育的覆盖范围，为农村地区的群众提供良好的教育条件，增进农民群众接受教育的公共利益。

3. 沟通渠道的多元化范式

沟通渠道多元化范式是在一元化沟通渠道存在严重缺失的情况下，政府与公民社会通过多渠道进行沟通交流，以多种方式提出和倾听意见、建议，通过政府工作人员依据公共服务的规范化程序，在良性互动的过程中为民众、社会组织提供多样化的服务，打造政府的亲和力与亲民化形象。

信访工作制度改革是创新农村社会治理体系，构建畅通有序沟通渠道的重要方式之一。历史上，大部分农村尤其是少数民族地区地处偏远、民风淳朴、几乎与世隔绝，但随着历史变迁，当前社会转型和阶层分化的加快，异地而居、多种民族混居的现象日益普遍化，各种邻里纠纷、宗族矛盾、婚姻情感问题易发多发，处理起来复杂棘手。在这种形势下，信访制度和信访工作就成了收集问题、解决问题的重要渠道，是基层政府部门与民众沟通的桥梁。但是，行政成本偏高、舆情压力过大、文化和语言差异等，成为农村地区信访渠道不畅、信访工作效率不高的原因，针对这些问题，需要民主精神和法治思维来建立畅通有序的信访秩序。结合农村地区地形复杂、山高路远和交通不便的特点，各级信访部门应该化被动等民众上访为主动下基层访察民情；在信访工作过程中注意民族习惯、乡土文化、民族语言的差异，信访工作人员应该主动了解和掌握农民群众的行事风格、生活状况和价值诉求，公平对待上访群众，积极引导群众遵循正式渠道反映民情民意；以现代互联网引领信访工作制度的改革创新，使互联网系统逐步成为农村地区信访系统的主要阵地，微信、QQ 和邮件成为群众表达诉求的主渠道，减少信访成本、提高信访效率。通过上述措施不断深化和完善农村地区的信访机制。

听证制度也是多元化沟通的有效渠道之一。听证就是公开决策过程，让社会民众有机会了解政府做出决策的原因、方式及过程，从而更有利于民众依法监督。听证就是要使公众参与到公共事务的处理程序中，让弱势群体有表达观点的机会，让第三方公众可以监督行政决策，通过公开公正、民主包容的讨论，使政府和公众能实现信息共享、过程透明和决策平衡，实现利益相关者博弈后获得利益的最大化。同时，还有助于将政府决策阳光化，把政府行为置于公众监督之下，从而增加政府公信力。当前，农村地区的听证制度推广力度不够，而且还存在一些瑕疵，最大的问题就是没有真正倾听群众的意见，没有扩大群众听证的范围，听证程序不规范，听证方式单一、听证参与人特定化，听证会流于形式，农民群众发表意见也无用。有时候，听证会变成了“走秀会”“涨价会”等，久而久之，听证会在农村社会中产生了负面影响。要使听证制度真正在农村社会治理中发挥作用且能常态化，关键就是要让农民群众真正参与决策进程，能自由发表意见，并使这些意见得到重视并发挥作用。因此农村地区的听证制度有待完善，提高听证的科学性、有效性、真实性和规范性，使听证制度获得农民群众的信任。

合理引入新闻媒体是多元化沟通渠道的重要组成部分。新闻媒体可以跟踪报道民众和社会组织的利益诉求，主动筛选出高热度、高价值的信息事件，利用舆论监督来促使有价值的热点问题得到及时、有效解决。同时，通过新闻媒体集中反映乡村地区的经济、政治和文化发展、社会生活习俗、民族风土人情，把农村地区的民族特色和地方特色传递给外界，也通过新闻媒体把国家和大城市的新闻资源输入乡村，深入挖掘，将国际、国内及地方新闻有机结合，真实、及时地给老百姓传递有用信息并提供各种服务，使地处偏远的农民也能够感受到党和政府的春风。新闻媒体在关注热点问题的同时，对相关政策进行深入浅出的分析，为群众释疑，化解社会矛盾，维护社会稳定。

人民代表大会制度和政治协商制度从政治上给予多元化沟通渠道强有力保障。人民代表大会制度作为我国的根本政治制度，具有重大意义，它使党的执政更具广泛性、代表性与合法性，人民代表是由各地区、各行业人民推选产生，他们是公众与政府进行沟通的重要桥梁。政治协商制度为民主党派参政议政提供了合适渠道。民主党派代表了多元化的利益相关者，实行政治协商制度，有助于形成多元化利益表达渠道，使广大利益相关者能够以主人翁的姿态表达各自的利益诉求，参与国家政治生活和社会事务管理。我国的《中华人民共和国全国人民代表大会组织法》明确规定："人大代表应当同原选举单位和人民保持密切的联系，听取和反映人民的意见和要求。"① 但现实中，无论是人大代表还是政协委员，他们和农民群众的接触时间太少，沟通方式过于单向，影响了沟通效果。对于农村地区来说，通过乡镇人大代表及政协委员，在一定程度上能够把农民和政府紧密联接起来，但其现有的沟通渠道和沟通方式还有待更进一步的强化和创新。构建畅通有序沟通渠道和改善政社关系，应该先从现有体制入手，运用好政治协商制度和人民代表大会制度，积极探索人大代表公开演讲制，代表向选民述职、政协委员基层调研制度等方式，把人大代表及政协委员们深入基层、密切联系群众的原则制度化、法律化，为农村地区多元化沟通渠道的建立提供制度基础和实践平台。

政府阳光施政，充分公开依法公开的政府信息，依法治理，一切都在阳光下进行，不搞暗箱操作，保障政民沟通无阻，政民交流渠道畅通。按照《中华人民共和国政府信息公开条例》规定，政府应该主动依照法定程序公开（除了法定保密的信息以外的）一切信息，或者接受民众或其他社会组织的请求公开专门的相关信息，以便公民和社会对政府依法行使合法的监督权。各级地方政府应该在执行《中华人民共和国政府信息公开条例》及《中华人民共和国保守国家秘密法》等相关法律的同时，根据本地区的实际情况制定和完善与之相配套的辅助制度。尽管国务院办公厅出台了《关于施行〈政府信息公开条例〉若干问题的意见》（以下简称《实行意见》）②，但还只是宏观方面的指示，而各级地方政府尤其是农村基层政府还应该发挥主观能动性，在《实行意见》的基础上根据客观实际来细化公开内容，并坚决执行政府信息公开制度。对于农村地区而言，应该根据农村地区的特点规范公开程序和公开内容，使科学合理的政策更加清晰明了并被乡村民众接受。

---

① 卢鸿福，董伟．人大代表应"常回家看看"[J]．人大建设，2012（9）：51.

② 卢超．民营化时代下的信息公开义务——基于公用事业民营化的解读[J]．行政法学研究，2011（2）：44－51，140.

（三）完善矛盾纠纷综合调解机制

之所以产生社会矛盾纠纷，其根源在于公众利益分配难以完全公平，利益关系难以得到合理、有效的调节，这些矛盾纠纷往往会涉及当地百姓最关心、最现实的利益问题。农村地区基于经济社会发展的历史因素及现实状况、条件制约等影响，民众法治观念相对淡薄。法治素养的培育是一个渐进过程，法治精神的养成需要民众在社会实践中经过长时间对法律法规的接触、了解和接受，法治的种子才能生根发芽。在农村地区处理各种矛盾纠纷，实行“调解优先”原则，通过沟通、协调使矛盾双方互为让步，才能从根源上化解纠纷、消除矛盾，从而维护乡村社会的和谐稳定。各地应该循序渐进地建立“大调解”工作格局以便完善矛盾纠纷综合调解机制，力争在基层化解各种矛盾，把矛盾留在基层不上交。需要在地方党委和政府主导下，由司法、行政部门牵头，行业组织协会和乡镇、村寨调解员协调配合，共同组成人民调解委员会，充分发挥司法调解、行政调解、行业协会调解、人民调解等作用，从而构建全方位的人民调解工作体系。总体来说，人民调解是一线调解的前沿力量，是社会治理的第一道屏障，司法调解则是后置调解，是社会治理的最后屏障，而行政调解和行业协会调解则属于协调调解，具有折中的意义。各种调解组织构成横到边、纵到底的立体的矛盾纠纷综合调解机制。

第一，充分发挥人民调解和行业协会调解的作用。人民调解制度起源于革命战争时期苏维埃人民政府在革命根据地创建的群众自治制度，即依靠人民群众自己解决民间纠纷的一种自治制度。行业协会调解制度则是改革开放之后，各行业纷纷成立自己的协会如商会、律师协会、宗教协会、酒店协会等社会组织，当行业内部出现矛盾纠纷时，由行业协会出面协调解决。人民调解和行业协会调解是把纠纷矛盾化解于基层，避免矛盾激化上升，是人民司法工作的重要补充和得力助手。严格来说，行业协会调解也属于人民调解中的一种。人民调解制度是一种具有中国特色的纠纷化解机制，它是以国家法规政策、行业公约和社会公德为综合依据，对民间个体之间的纠纷当事人晓之以理、动之以情，说服双方在互谅互让基础上达成谅解；对行业内不同组织之间的矛盾双方明之以法，劝说他们在平等协商的基础上自愿达成协议。因此，人民调解制度实际上是消除纷争的一种群众自治活动。长期以来，人民调解制度在维护基层社会治理、化解邻里纠纷和解决行业矛盾方面发挥重要作用，为世界各国的社会治理做出示范，享有“东方经验”“东方一枝花”的美誉。人民调解制度本质上来说是司法制度的辅助和补充，是人民群众自己通过协商解决矛盾纠纷的重要途径，是社会自主自治的表现，是一种具有中国特色的社会治理制度。人民调解是纠纷当事人自愿（非强迫性）接受人民调解委员会居中协调，在法治精神和契约精神的指导下，按照平等协商的原则达成和解的活动。1982 年版《中华人民共和国宪法》第一百一十条规定："人民调解委员会是基层群众自治组织，居民委员会、村民委员会下设的一个工作委员会，其专门职责是调解民间纠纷"[①]。由此可见，人民调解的组织形式主要在基层，包括乡镇或街道、村或社区人民调解委员会，乡镇司法所肩负矛盾纠纷调解的主要职责，负责指导村、社区开展调解工作。在经济发达地区，部分行业社会组织发挥仲裁、调解行业内部成员之间矛盾纠纷的作用。行业协会调解和人民调解结果具有一定的权威性，但并不具有法律强制力，如果有一方不服从调解结果，可以拒绝执行并有权向法院起诉。在基层农村地区，人民调解与民间调解既有相似性又有差异性，二者在性质、调解原则和权威来源方面有较大差异，这是因为在乡村矛盾纠纷解决过程中，民族风俗、乡贤权威、家族观念等本土文化仍发挥着重要作用。在现实生活中，农村社会仍然存在浓厚的"人情"和"面子"观念，人民调解既释之以法、还需晓之以理、动之以情，法、理、情三者融合于一体，矛盾处理方式简便，过程公正透明，符合农村地区特点和民意。尤其在少数民族地区和偏远的山区，一般的民间矛盾纠纷可以通过一些地方习俗、民族习惯法和村规民约等由村寨中的乡贤主持调解，一些日常的普通民事纠纷就可以"足不出户"地得到化解。民间资源也是人民调解过程中的重要资源，促使乡邻纠纷得到快速有效解决。在多民族杂居比较普遍的农村地区，面对民族关系的复杂性和独特性，仅靠国家出台的成文法典，不足以高效解决乡间的邻里纠纷，而且也不切合实际，并会浪费国家资源，而人民调解则在不与宪法和法律相违背的基础上，遵循地方现实、尊重民族地区的自治法规，在解决矛盾纠纷时充分照顾偏远山区、少数民族的特殊性，适当体现民族地区的风俗习惯，在政策执行方面，拥有更多灵活空间，这有利于偏远山区和民族地区矛盾纠纷的消解。

人民调解作为农村地区社会治理的基本模式，需要在运行机制方面予以加强。首先是健全组织机构，加强人民调解的组织力量。农村地区，当前的乡村调解主要由辈分较高的长者、威望高的族人和村民小组及村民委员会领导成员

① 张希坡．革命根据地的基层政权和群众性自治组织［J］．法学研究，1983（6）：53－60.

主持，这些人本身可能是多种角色的重合，村民委员会调解应该是乡村调解的最权威形式，这种组织模式主要适用于农村中较小的矛盾纠纷。随着经济发展、城镇化速度加快，一些影响较大的矛盾纠纷已经超出现行调解组织机构的能力范围，社会治理需要与时俱进地有所创新。加强基层人民调解的组织建设显得尤为紧迫，无论是城镇的居民委员会和行业协会还是乡村的村民委员会都需要加强组织建设，才能使人民调解制度更具活力。其次是持续强化人民调解的规范化和法制化建设。人民调解的生命力在于自身的权威性和群众的认可度，这些都需要在人民调解员处理矛盾纠纷过程中既讲求技巧又坚持必要的规范程序，有时候需要充当“和稀泥”的老好人，有时则充当坚持原则、铁面无私的法律人，坚持以事实为依据、以法律为准绳，通过多方协调、当事人双向互动，促成他们互谅互让，达成和解协议，增强人民调解的法律效力，维护人民调解的权威性和严肃性。最后，持续提高人民调解队伍的素质和能力。吸收那些“说话有人听、做事有人跟”、在群众中有威信、德高望重的人员加入人民调解员队伍，加强对人民调解员法律法规、沟通技能、谈判技巧等专业知识的培训，提高他们处理矛盾纠纷的业务水平。

第二，改革完善乡村行政调解机制，缓解司法压力。从广义上来说，行政调解也可以算作是人民调解的范畴，是行政机关依据行政法规调解处理矛盾纠纷的社会治理行为。近年来，随着经济社会高速发展，各种纠纷日趋多样化，各类矛盾层出不穷。以贵州省松桃苗族自治县为例，2015 年以来，由行政执法部门调解的矛盾纠纷逐年上升，年平均发生矛盾纠纷 500 多件，纠纷主要集中在邻里纠纷、劳资矛盾、城市征地拆迁纠纷、农村宅基地使用权争执等方面。这些矛盾纠纷不仅严重影响社会稳定，干扰经济社会秩序，制约社会治理体系建设，而且解决难度较大，占用社会资源较多，每年用于矛盾纠纷处理和突发事件处理费用超过 300 多万元。在乡村地区，行政调解程序包括申请与受理、召集双方当事人协商调解、制作调解协议书及监督协议的履行，一般由基层人民政府相关职能部门主持。目前，农村地区的基层政府部门在行政调解过程中，存在着调解协议的权威性不受尊重、法律效率低，当事人不服从、不履行调解协议；行政调解的法规政策不够系统，可操作性和适用性不强；行政调解的程序规范性较弱，主观随意性较大，导致当事人对行政调解通常持消极态度等问题，这些问题使行政调解的功能发挥不够充分。因此，改革和完善行政调解机制成为创新农村社会治理实践的重要生成方式。

一是要利用地方立法的优势，通过地方立法方式明确行政调解的法律效力。如贵州省松桃苗族自治县人民政府通过积极探索，在充分调研论证、广泛征求意见的基础上，于2014年8月制定了松桃苗族自治县《关于进一步加强行政调解工作的意见》，明确规定了行政调解工作的范围、原则、程序、“以案定补”的标准、工作要求等，确立了开展行政调解工作的框架。二是探索“以案定补”机制，激励行政调解的积极性。现实生活中，一些地方政府职能部门有懒政行为，将本可以协商调解的民事纠纷推向法院，还美其名曰“依法治理”，实则逃避责任，增加司法负担、浪费司法资源。为了调动基层政府职能部门和行政调解员的工作积极性，可以根据纠纷类别和复杂程度给予调解人员适当的补贴。松桃县工商局局长陈建华认为：“老百姓特别是贵州省的老百姓并不愿意把民事纠纷变成官司，只有在无可奈何的情况下，才不得已走诉讼途径，通过开展行政调解，既可以快速解决纠纷，又可减少诉讼，节约司法资源。”松桃苗族自治县开展行政调解案件“以案定补”机制以来，在县、乡两级政府已经设立15个行政调解中心，各职能部门建立了38个行政调解室，有效推动了松桃县的社会治理体系建设，形成了“多方参与、上下联动”的行政调解工作网络机制，减轻了司法部门工作压力，促进了司法资源有效流向法治建设。三是积极探索司法调解新途径。司法调解是在法院主持下，当事人在正式进入司法程序之前进行平等协商，达成和解协议，从而有效解决矛盾纠纷所进行的活动，它是避免漫长诉讼的最后一道防火墙。作为三大调解手段之一，司法调解又有着自身的优势和特点，比人民调解和行政调解具有更强的法律效力，对当事人具有更强大的心理约束，更容易得到当事人的认可，更容易得到有效履行。所以，在农村地区，大力加强司法调解工作将更有利于人际和谐，社会稳定，促进农村地区的社会治理体系建设。但是，司法调解只能是行政调解和人民调解无效之后的弥补措施，因为就我国农村地区的现实情况来看，司法资源有限，司法调解不可能完全适用于农村地区社会生活的方方面面，而且司法调解的弹性小于人民调解和行政调解，难以完全适应转型时期农村不断变化的社会状况。司法调解的方法和手段应该随着农村地区的发展变化而变化，从而增加司法调解的适用性和灵活性，其实施过程也会更加合乎实际。从当前情况来看，农村地区司法调解工作中还存在一些需要改进的方面，法律专家丁小平对此做过比较全面的阐述：其中包括过分重视司法调解的作用，影响矛盾纠纷的处理效率，有时为了追求调解结果而导致纠纷旷日持久；缺乏对农村传统习惯地位的明确定位；也缺乏乡村文化风俗的规范化建设机制；法官对地方民俗了解程度不够，对地方文化习惯法运用的重视不足；司法调解后当事人反悔条件的规定过于宽松等问题。

在农村地区司法调解的实践过程中，还需积极进取、深化改革、努力探索，进一步挖掘司法调解潜在的功能和价值，成为化解社会矛盾的一把利剑，集中司法资源处理重大矛盾，突出诉讼调解重点领域，立足于有效服务经济发展，服务农民群众团结和农村社会综合治理大局。在司法调解过程中，既要维护国家法律的权威也要顾及农村地区的实际现实，还要考虑到乡村文化对农民群众的影响。因地制宜创新司法调解工作机制，注重使用基层农村工作人员和地方民族语言进行调解，提高调解效率、拉近农民群众距离。因此，大力培养、选拔、聘用文化程度高、专业素养高的基层地方法官，有利于促使农民群众对司法调解结果的信任和尊重，从而达到有效化解矛盾纠纷的效果，推动农村地区的社会治理体系建设。鼓励乡村地区基层法院立足当地的民情案情，积极用好本土资源处理当地矛盾纠纷，包容理解民间习惯法的相关规定，真正实现社会效果与法律效果的和谐统一。在开展司法调解的同时，还应该在创新社会治理中将各种调解方式有机融合，并发挥行业协会等社会组织的协调参与作用，改变过去三大调解系统分离、手段单一、功能不足的状况，以适应乡村民众对社会治理的各种期待和需求。

五、农村地区社会治理体系建设的路径选择

2019 年底至 2020 年初暴发的新冠疫情震惊了全国人民，其传播速度之快、感染范围之广、时间跨度之长久、防控难度之大，堪称中华人民共和国成立以来最大的一次重大突发公共卫生事件，也是对我国社会治理的重大考验。面对突发的重大公共卫生事件，中国人民打响了举国动员、全民参与的抗疫战，抗疫过程中采取三线并进、部门协同、联防联控和群策群力，全力阻击疫情病毒扩散。第一条线是散布于全国各地的农村基层村居、城镇街道社区，这是疫情防控的最前线，也是有效发动广大群众外防输入、内防扩散的第一道防火墙，一旦失控，后果不堪设想。村居或社区干部群众协同作战，群防群治，早发现早报告，落实各方责任，守一方净土，成为重大灾害中社会治理的第一阵地。第二条线是疫区医院，疫情重灾区的湖北省集结了全国的医护专家，他们不怕牺牲、无畏艰险、全力以赴，采取多种措施救治患者。第三条线是交通要道、公共场所等人口密集、聚集的场所，守住各个要冲，防止人群扩散和移动，从空间上采取物理隔绝。显然，医院是三条防控线中最危险的地方，但基

层农村村居、城镇社区则是任务最重的、防控时间最久、分布面最广的地方。

可以说，“党委领导、政府主导，社会力量协同参与，举国动员，全民发力”是我国抗击重大灾害及灾后社会治理的宝贵经验，在2003年的非典疫情、2008年的汶川地震及其他重大灾害应对中都采取了同样的社会治理模式。本书基于实地考察和调研，从社会治理变迁视角反思我国历次重大灾害，并具体对农村基层社会治理体系建设和治理能力提升提出意见和建议。

（一）创新立体化社会治安防控体系

如何帮助自然条件相对较差，地处偏远山区的乡村群众进入城镇工作并安居乐业，更好地融入临近县城或乡镇区域成为“新市民”，过上更加幸福的生活，是创新社会治理的必然要求。在城镇化发展的大潮中，农村群众就地向临近城镇迁移流动，是社会经济发展进步的反映，也是乡村自身发展进步的体现。进入城镇的乡村群众，大多都是为了谋生计而离开家乡，由于文化水平较低，找工作困难、收入也不高，并且缺乏法律观念和法律知识，加上胆小怕事，人们对乡村入城民众存在不同程度的歧视，使这部分群众的一些合法权益难以得到保障。如果合法权益得不到保障，长此以往则会造成部分离乡群众对社会产生失落感，引发对政府的不满情绪，将会对城镇管理造成挑战。同时，如果不能妥善地处理好涉及离乡入城群众的矛盾纠纷，则很有可能将普通的矛盾纠纷上升到族群问题，造成对族群关系的不良影响，也不利于城镇地区社会稳定。因此，做好离乡入城的群众工作十分重要。

大部分离乡群众是就近进入附近县城或镇区就业安居，县城区域依然属于农村地区。他们进城后，不论是打工还是从事其他工作，总要居住或工作在一个社区里面，了解离乡入城民众的情况，为他们服务与帮助他们，通过社区来开展这些工作是最为有效的方式。作为基本社会单元的社区在改革开放中发展壮大，而社会治理与社会治理体系建设的基础和重心逐渐向基层社区倾斜，社区群众工作的地位越发突出，其作用越发重要。利用社区群众工作来推动城镇的整体群众工作是一项重大实践创新，通过街道社区的宣传教育，向广大社区居民阐述群众工作的重要性，宣传党的政策，介绍农村的风俗文化和生活习惯等，从而将维护族群团结融入广大居民思想意识和日常生活之中。其次，可以适时制定出台《离乡入城民众权益保障条例》，修订《离乡入城民众工作条例》等，切实从法律、政策上保障离乡入城群众在城市生活的合法权益。最后，不断提高对流动人员的服务管理水平。这里有一个顺序问题，就是要在服务的基础上实现管理，先有服务，后进行管理，这其中特别需要关注离乡群众到城市后的生存权问题，既要能够生存得下来，又要活得有尊严，力求达到生存的现实和治理的逻辑相统一。

在方法路径上，要建立法律援助、就业指导、创业帮扶等制度措施以帮助离乡入城群众，使他们更快地适应城镇文化。可以为离乡入城群众提供额外技能培训服务、住房优惠服务等，使他们在城镇中能顺利就业、基本生活和合法权益有保障。充分利用互联网信息共享平台，创新城乡协同管理机制，加强离乡入城群众流出地与流入地政府之间的协同治理，促进农村群众就近向城镇有序流动。值得注意的是，在离乡入城流动人口的服务和管理过程中，有一个“补短板”和“兜底线”的问题，即离乡入城群众的医疗、养老保险和低收入人群的最低生活保障等社会保障服务到位的问题。应切实维护离乡入城群众的合法权益，通过他们所工作的企业或所居住的社区，建立方便离乡入城群众参加社会保险的渠道，并发挥社区作用，充分了解进城群众的生活状况，将低收入的进城群众纳入当地最低生活保障体系中，解决得不到保障的问题。“补短板”和“兜底线”的对象还包括在推进城乡一体化进程中失去土地的易地搬迁群众，如何在解决他们生存生活问题的基础上实现持续发展，从目标上看，就是要使他们的基本生活得到保障的同时，通过鼓励扶持搬迁社区大力发展集体经济，鼓励和扶持搬迁群众利用自身资源发展私营经济，在增加社区对搬迁群众的服务保障能力的同时，促进搬迁群众的自我发展。

在城市群众工作组织体系建构的思维模式上，紧紧依托社区群众工作为标准的“趋同化”原则，从健全城镇群众工作机构入手，强化职能职责，创新工作手段，包括建立城镇群众工作领导协调机构和办事机构，充分发挥各工作职能部门的作用，研究制定并落实好城镇群众工作政策措施；发挥群团组织的作用，搭建族群交流平台，利用各种族群学会、协会、研究会、公益组织和宗教组织等社会组织的作用，协调好城镇中的族群关系；加强“新市民”干部队伍建设，发挥“新市民”干部在协调族群关系、解决涉及离乡入城群众的矛盾纠纷中的作用；加大对群众工作政策法规的贯彻落实力度，定期不定期地对执行情况进行监督检查，建立群众政策监督员和族群关系信息员队伍等。在各级党委政府的领导下，全面推行族群团结进步示范工作，大力开展创建族群团结进步社区等活动，构建城市族群工作网络，维护社会团结稳定。加强对群众团结进步的宣传教育，开展族群知识进社区、进学校、进机关、进企业、进家庭活动，营造促进族群团结的良好社会氛围。真心实意服务离乡入城群众，鼓励机关事业单位、基层社区党员干部与离乡入城群众组成结对，定点联系和服务离乡入城群众聚居区，切实为他们排忧解难，使他们真正感受到党与政府的关怀，享受到国家政策的光辉和温暖，从而在源头上改善族群关系、化解矛盾纠纷，形成和谐的群众关系。

（二）完善乡村网络和信息安全机制

随着网络技术的快速发展，互联网逐渐向山区农村延伸，给农村群众的生产生活带来极大方便，同时，政府可以正确引导网络舆论，对重大灾害灾区的农村民众进行线上灾情说明、政策指导等。在这种形势下，相关安全机制的研究却相对较少，如何避免社会治理危机的发生或者将社会治理隐患消灭在萌芽状态实际上也是成本最小、最成功的社会危机管理方法。因此，加强对重大灾害的网络舆情研判、引导、预警是创新农村基层社会治理和社会治理体系建设的又一关键问题。

1. 正视互联网思维逻辑

互联网给农村经济社会发展带来的变化首先是正面的。互联网的使用促进了农村经济增长，推动了农村产业结构调整和经济增长方式的转变，在为农村经济发展注入活力的同时，提高了地方政府行政管理与基层社会公共服务水平，为农村群众提供了就业岗位，在传统文化交流和传承中促进了网络文化的形成与发展，逐渐成为满足农村群众文化需求的平台和载体。2019 年 12 月底，我国乡村网民规模已达 1 258 万人，较 2018 年增加了 102 万人，增长 8.8%，增速惊人。乡村互联网普及率为 68.5%。乡村手机网民规模达到 2 092 万人，较上年度增加了 365 万人。据统计，2015—2021 年乡村网民人数增速极快，互联网普及率迅速提高。显然，新时期互联网正在全方位地影响着农村人们的生活。因此，农村基层社会治理和社会治理体系建设必须有所创新，不可能再简单地沿袭传统的社会治理方法。

历经 40 多年的经济高速增长，我国经济发展进入新常态，农村经济增长速度也有放缓趋势。以互联网为代表的信息技术产业对经济增长的贡献率日益扩大，并对传统产业形成新挑战。通过不断渗透的方式，线上经济日益冲击线下经济，为乡镇企业发展提供了新方向。腾讯研究院在 2019 年 12 月发布了“互联网＋”指数结果，城市地区的互联网指数是 8.30，而农村地区（包含县级及以下城镇）只有 3.40 的指数，农村明显落后于城市。

在这种不利形势下，农村地区应该奋起直追，务必加大互联网基础设施建设的投入，进一步采取措施优化管理体系，促进互联网行业的快速、稳定发展。2021年以来，乡村地区的互联网发展呈现出渗透领域更广，应用方式多元化，对人们的生活影响日益突出，网络环境呈现出明显改善的良好态势。但是，网络安全问题需要谨慎对待，在一定程度上影响和制约着包括乡村地区在内的全国互联网产业健康发展。根据国家网监中心2020年的统计结果，乡村地区网民的电脑和手机中过病毒或者木马的比例略低于城市地区，比例为26.3%；账号密码被盗的比例为18.6%，在网上遇到消费欺诈的比例为9.5%，低于全国平均水平。显然，网络安全仍然制约了农村经济的高效发展，是一个较为严重的问题。从当前情况来看，网络为乡村民众提供了许多便利，提供了一个广泛的虚拟新环境，网络空间让他们超越了地域限制，与全国甚至全世界民众进行交流。但互联网作为一种新的传播媒介和信息交流平台，具有组织动员、号召行动的功能，为各种利益团体和社会势力在网络上发起群体性行为提供了便利，有时候会成为影响社会安定和社会治理体系建设的不利因素。由于历史因素和现实差距导致了农村发展的相对滞后，让一部分农村群众产生两种思维的可能，一种是满足于现有的社会现实状态，小富即安，小进则满；另一种是温饱之外自我实现不足，在心理上产生落差感。互联网在农村，尤其是边远的少数民族地区社会转型中扮演着重要角色，这就给极端思想在网络上的扩散提供了土壤。这个时候一些别有用心的人乘虚而入，在网络空间颠倒黑白，歪曲历史、抹黑中国现行体制、诋毁社会主流价值观和国家合法性、否定中华传统文化，有预谋地对意见不合的农村群众传输网络极端思想、网络暴力等话题，一些言论甚至超出了最后底线，与主流思想形成对抗，更有甚者，通过利用网络宣扬极端思想、煽动仇恨，特别是对一些涉及少数民族的群体性事件大力渲染，以达到扰乱社会稳定的目的。随着4G、5G等移动通信技术的迅猛发展，以QQ、微信等为代表的移动网络社交应用不断普及，农村民众也在大量使用，在方便沟通交流的同时，也隐含一定风险。随着大数据的运用，许多网络社交工具能够获取个人宗教信仰、民族等私密信息，一些不法分子则可能从非法渠道获得他人的信息，并滥用于谋取私利或实施种族、宗教报复等。农村群众对宗教的信仰，对传统习俗的遵从本是一种常态，在社交网络技术快速发展的今天，有的时候已成为境外极端组织利用的手段，在遇到自然灾害等困难的时候，以Facebook Twitter、QQ、微信等社交网络工具跨国界、跨民族、跨文化的特点，不失时机地展现在需要帮助的人们的面前，试图让农村群众尤其是少数民族群众形成一种误解，错误地认为主流社会不接纳、不认同并歧视他们，反而认为一些别有用心、打着非政府组织名义的西方反华势力团体可以给他们资金支持和恢复重建的可能，进而在农村群众中形成一种过度期盼甚至逆向的群体认同；一旦有不同于他们的思想或政府支持低于他们的预期，就会很容易引起这部分人的厌恶和敌视，放大民众负面情绪，最终发展成群体性事件，影响社会稳定，从而给农村社会治理带来很大挑战。因为这会对社会舆论环境造成极大误导，对农村社会稳定造成侵扰。之所以对主流价值形成冲击，其根本原因是社会治理的混乱，或人民群众对错误舆论的敏感性较差造成的。这就需要政府加强有效监控和引导，并增强应对能力，使农村社会治理能力及社会治理建设水平跟上互联网时代的变化。

2. 创新互联网语境中的农村地区社会治理实践

互联网时代的到来，使各级基层地方政府在行政过程中，更多地考虑与时俱进和创新治理的问题，可以通过对网络舆情的分析，发现社会治理中存在的问题，并据此做出相应的对策，找到治理之本。随着网络经济的发展、互联网服务的改善、网民数量与网民素质的提高，我们有必要从过去“封、堵、压”的管理模式，逐步转变为民主、包容、沟通和合作的社会治理方式，利用好、改造好、管控好各种互联网平台及各类型社交网络，并为网络治理提供经验和借鉴。

首先，从创新农村社会治理的视角来看，互联网时代必须完善相关法律法规建设。“如果离开了法律政策和建立在法律政策之上的管理，纵有最先进的技术，网络舆论秩序也难以得到维护。”农村群众对于网络的需求表现为获取信息、社交、表达意见等，受从众意识的影响，面对海量的信息难以区分其真实性，在表达意见时往往人云亦云，加之网络实名制还未普及，在这种可以随意发表言论的情境下，许多人容易受大多数人观点的影响或集体情绪的裹挟，容易产生一些信谣、传谣的现象，扩大一些事件的影响特别是负面影响，造成少部分群众对社会治理的部分政府行为产生抵制。因此，制定完善农村互联网使用法律法规，依法管理网络，净化网络环境，能有效维护农村群众的网络合法权益。在法律法规建设方面既要结合中国农村的实际特点，又要借鉴国内外、西方发达国家和先进地区的经验，据统计，西方发达资本主义国家先后颁布了 100 多项互联网管理和监控方面的法律法规，以阻止任何个人、组织或敌对国家利用信息技术危害本国及本国公民利益的行为。

其次，要加大对互联网监督力度，构建系统治理互联网的思维模式。由于历史原因，我国互联网管理一直存在多头管理和职能交叉，从而导致权责不

一、效率不高等现实问题。应该采取果断措施，改革现有的互联网管控机制，譬如说，在党委领导下成立专门的互联网管控领导小组，针对网络安全和信息化工作进行及时研究协调解决，部门各司其职、密切配合，充分发挥作用，鼓励和支持社会各方面参与互联网监督和治理活动，共同打击社交网络犯罪。应该加强和创新网络监管法制建设，对公务计算机强制安装“绿坝—花季”护航软件，对个人电脑和民用计算机加强网站系统检查等有效措施。进一步引导公民树立网络安全防控意识、提升防控能力，政府与公民社会协同合作、共同筑牢网络空间安全屏障。具体来说，可以根据《中华人民共和国计算机信息系统保护条例》等相关法律法规，利用地方立法来推动农村地区的互联网信息管理制度，互联网服务提供商、互联网信息服务单位和互联网信息使用单位都要依法自律，切实履行备案制即到当地公安机关网监部门登记备案。加大对社交网络和整个互联网的监管力度，以防止暴力行为，保障互联网视域下的公共安全。

最后，围绕“民族团结进步、乡村繁荣稳定”目标，主动策划宣传活动、加强网上舆论引导，特别要注重培育和发挥农村地区的网络“意见领袖”作用。网络“意见领袖”是指网络“粉丝”众多，其言论能够产生重大影响的一些社会名人、明星、“粉丝”众多的一些知名博客、微博“博主”、网络“大 V”等。因此，要注重从农村专家、学者、干部等代表人物中，培养一些通晓农村当地方言，了解当地乡村文化传统，熟悉当地风俗习惯，与当地农民群众具有深厚情谊的乡贤，这些乡贤充当了当地的网络意见领袖。对于少数民族聚居的农村地区，应该从爱国宗教人士中培养乡村网络“意见领袖”并充分发挥他们文化层次较高、在当地民众中有较高威信和影响力的舆论导向作用，使这些网络“意见领袖”能够在化解群众纠纷、妥善处理关于民族矛盾的突发事件以及维护民族团结方面勇于“发声”。

3. 运用互联网思维加快农村地区信息化步伐

信息化是推进农村经济社会实现跨越发展的大趋势，用世界的眼光来看，人与人之间、地区与地区之间联系越来越紧密，农村群众其实就是“地球村”中的一员，历史上之所以发展滞后，有当时的客观环境因素，但是从主观方面看，也存在闭门造车、自我封闭的原因。只有抓住互联网时代的机遇，向国内国外先进发达地区学习借鉴，才能既加快自身农村地区的经济社会发展，又能过滤一些负面因素，维护农村地区社会稳定，正确挖掘传统文化的正能量。正如习近平总书记指出：“网络信息是跨国界流动的，信息流引领技术流、资金流、人才流，信息资源日益成为重要生产要素和社会财富，信息掌握的多寡成为国家软实力和竞争力的重要标志”①。在这种形势下，勇于创新，大胆制订“互联网＋”行动计划，把互联网技术应用到乡村的脱贫攻坚战略之中，结合丰富的乡村旅游资源和民间工艺，把推动乡村旅游和发展村寨电子商务有机融合。从具有乡村特色农产品的观赏价值和生产价值着手，将“互联网＋”贯穿到现代农业发展、乡村旅游、山地旅游和幸福美丽乡村建设的全过程，进一步提升农村特色产业发展质量和乡村产品经济效益。

在我国乡村振兴战略实施过程中，农村基层政府主动与中国移动公司签署战略合作协议，共同打造“移动互联网＋乡村进步示范区”信息化平台。通过合作，中国移动公司在“兴边富民工程”基础之上，致力于信息化平台搭建至更广泛的农村地区，实现农村地区的百姓有 4G 网络和宽带，并带动“三农”、教育、医疗、平安的信息化解决方案落地，提升农村地区居民生活水平。信息化和经济全球化打破经济藩篱，促进了各地经济的相互联系与融合。正所谓“羌笛无须怨杨柳，春风已度玉门关”，互联网也深深融入了农村经济和社会生活的方方面面，深刻改变和影响着农村山区人们的生产效益和生活方式。同时也要看到，由于农村特殊性，农村人们在接受和利用互联网技术尤其在自主创新方面还相对落后，区域差异较为明显，人均网络资源与城市地区的差距较大，城乡鸿沟较大，互联网在边远山区乡村的发展瓶颈仍然较为突出。建设好通信基础设施，使农村地区主动融入国家战略。以贵州省为例，按照计划，2017—2019 年用 3 年时间，实现 25 个偏远县、110 个偏远乡镇及其下辖边远行政村组要全部开通移动 4G 网络和宽带互联网，但从实际完成额度来看，效果不是很理想，未来之路依然“道阻且远”。“十三五”期间，贵州省民族宗教事务委员会、中国移动贵州公司双方将共同对人口较少的民族聚居区、偏远地区和少数民族贫困问题突出的特殊困难地区实施“宽带乡村”优先覆盖。

随着经济平稳快速发展，乡村群众生活质量持续提高，对新兴网络、技术需求等信息化需求也在不断增长，特别是通过加快互联网向乡村发展的步伐，提高乡村互联网普及应用水平，对缩小数字鸿沟具有积极的作用和意义。从“互联网＋”的模式来看，“移动互联网＋便民服务”乡村振兴战略已经拉开序

① 黄庭满．习近平网络空间治理新理念新思想新战略研论（上）[J]．汕头大学学报（人文社会科学版），2016，32（8）：11－22.

幕，中国移动公司利用“三农”信息化手段协助农村脱贫。①农政通、农信通、移动惠农网、支付通、高原特色农副产品电商等信息化应用的普及，为偏远山区农户、商户提供技术支撑，实现了扶贫项目的全程数字化管理。②“移动互联网＋教育”。2006 年以来，中国移动开展了为期 10 年的农村中小学校长“影子培训”及“城市校长乡间行”活动，移动公司培训乡村中小学校长 60 000 人次，为偏远地区教育水平的改善提升提供了支持。在教育信息化硬件推广方面，远程教育、平安校园、幼教云、职教云等平台借助网络扩展至偏远农村地区。③“移动互联网＋医疗”。偏远农村地区医疗条件落后，为了满足偏远山区民众日常医疗需求、自然灾害中生命急救的需要，中国移动公司在政府的领导和支持下开展了医疗信息化项目，该项目包含远程医疗、线上医疗点、网络医院等应用，而且公司专门派技术人员深入乡村为乡民普及网络应用技术，手把手教他们使用网上医疗程序，取得了较好效果，通过移动信息网络有效地将城市医疗救援体系与偏远农村居民健康档案系统链接起来，也把新农合网络与远程医疗有机结合起来，实现了医院内部系统和乡村居民系统的有效衔接，大大提升了医疗紧急救援整体能力和水平，惠及数千万农民。④“移动互联网＋平安”平台是中国移动公司又一惠民举措，该平台利用互联网创新乡村信息服务、助力平安农村建设。平台自运营以来，发挥远程优势，有效地解决了偏远且分散的农村缺乏公共救助，政府管理和援助鞭长莫及的问题，通过发动农民合作互助，组织农民自身力量，发挥邻里守望相助的传统精神。遇到重大灾害时，该平台可以及时获取相关信息，远程指挥乡村居民采取自救自助，同时提供空中紧急支援，为乡村居民的人身安全和财产安全提供及时而强有力的保障，减少重大人员伤亡和财产损失。从而大大缩小城乡差距，提升农村安全感，提升农民幸福感，成为平安乡村的“护身符”。公司还将不断改进移动平台的功效，进一步提升重大灾害应急能力。

（三）基层乡村社区防控中的多元协作

在这里，基层乡村社区是一定地域（包括县城小区及居民较多的乡镇街道、自然村及行政村）内自愿居住和生活在一起的人们共同汇集在一起的社会共同体，大家拥有共同的文化和相似的生活习俗。基层乡村是抗疫战争中不见硝烟的主战场，乡村的联防联控是应对各种灾害的关键，乡村社区防控的理念和做法在切断灾害进一步对社会造成次生伤害的历史上，历来被认为是一种有效的做法，古今中外都这样，2003 年抗击非典疫情中、2008 年汶川地震的后续重建中都采取了联防联控的做法，成效显著。新冠疫情在世界范围内传播，世界各国不同程度上采取了这样的策略。通过此次对新冠疫情的防控，我们加深了对农村社区在疫情防控中发挥作用的理解。第一，基层农村社区是突发疫情防控体系的源头，是生命救治体系的第一链，是贯彻早发现、早报告的主要场所，只有基层社区筑牢疫情防控的大堤，才能确保后续医疗治理体系不溃坝。社区在防控中的主要任务是协助寻找出病人，通过社区排查、集中隔离、集中收治、分级救治等工作，切断传染源的集中地；第二，社区又是宣传群众、动员群众、结成战疫共同体的前沿阵地；第三，社区还是维系千千万万居民、保证社会秩序稳定的主要场所，社区不牢，地动山摇。此次新冠疫情中，农村基层社区防控工作在社区党委的领导下，村（居）委会、村民小组、城镇小区的物业公司和社会组织各方分工合作，保证了防控工作的有序高效开展。

1. 充分发挥了乡村社区党委的引领作用

灾害应对中，乡村社区党委统筹了基层党组织为核心的社区防控格局，将党（委）、居（委会）、产权（业主）、物业等资源有序配置起来，街道（乡镇）、村民小组或社区、物业公司（村民互助会）分工不分家的“三位一体”，充分发挥出了乡村社区资源互补、荣誉共享、协同决策、风险共担的和谐治理精神，体现了农村社区组织机构的治理能力优势。很多社区确立了“社区（村委）领导、物业实施、业委会（村民互助会）协助”的思路，村委会以身作则带动群众志愿者一起为村民服务，在农民群体中营造了和谐互助的氛围，倡导了高度自治。

2. 充分发挥了业委会（村委会）**在小区**（村居）**防疫工作中的管理自治作用**

村民委员会是由全体村民选举产生出来的群众代表组成，并代表村民行使村级自治管理权的独立组织，是离村民群众心理距离最近的基层管理机构，是农村治理体系的重要组成部分。村委会的成员本身也大都是热心公益事业、责任心强、公正廉洁、具有一定的组织能力的乡村精英。在新冠疫情防控的特殊时期，由村委会带头发起的村寨防疫工作在执行国家和地区的防疫、防控措施时更能调动乡村居民的参与性，更充分激发了乡村居民积极守护自己家园的安危意识，更易在村寨居民中形成统一的抗疫战线。县城以下的乡村也是积极参与防疫工作。以湖南省隆回县的银杏村为例，当武汉采取“封城”措施的消息传出，湖南省拉响疫情一级警报的同时，银杏村委会已经敏锐地意识到了情况的严重性，立马关闭村里的公共阅览室，并从当天开始做好村级公共区域的消毒工作，以及要求居民第一时间采购相应的消毒物资和口罩，随后又在管控措施升级以后第一时间关闭了两条主要村道，在村口建起栅栏，以加强车辆通行管控。同时，在疫情持续期间，在村“两委”的带领下，村委会成员每天都严格监督村里垃圾桶和公共区域是否及时喷洒消毒水，村里进出通道是否及时消毒，充分尽到了监督工作的责任。由于银杏村在防疫工作方面的迅速响应，后续的防疫物资从未出现匮乏和短缺的情况，充分保证了从疫情暴发后防疫工作的顺利开展。

3. 多方合作，在信息传播、疫情教育和心理疏导等方面发挥重大作用

疫情持续期间，有关疫情管控消息每天都在变化，银杏村委会成员在第一时间就将村委的相关规定和意见传递到了各个村民微信群和 QQ 群，同时对于村民们不太理解的政策在咨询村委会以后又一一地给予解答，耐心地敦促村民们积极配合政府的管控工作，同时又将村民们的一些出行和生活需求反馈给村委会，咨询到相关解决方案后又及时地传递给村民。可以说，村委会充分发挥了政府和居民之间传递信息的桥梁作用，将上级有关属地的疫情管控政策及时传递给居民，同时又将居民的合法合理需求传递给乡镇，从而使防控工作总是和乡镇党委、村委会的步调保持一致。

由于疫情防控期间网上谣言满天飞，村委会成员们时时刻刻都在群里提醒村民们不要转发未经核实的信息，同时提醒村民们一切皆以政府部门发布的信息为主，同时也会在每天固定时间将当日的村疫情防控情况汇总成文件转发到各个村民微信群和 QQ 群，真正做到了信息的及时和透明发布。可以说，信息及时有效传播是防控的重要环节。正是由于及时的信息传递才让村民的心在这特殊时刻稳定下来，并积极地配合政府和村委会的防疫防控工作。

此外，突如其来的疫情打破了人们的生活规律，人们容易出现心理波动甚至是心理问题，这既需要专业的疏导，也需要通过活动转移进行心理调适。在此次疫情防控中，有的村民微信群在传播疫情信息的同时，积极发挥自身专业优势开展心理教育、美食教育甚至其他文化体育活动，帮助孩子辅导功课等，有的村民本身就是心理咨询师，更是发挥自身特长开展心理教育、家庭教育等，这些活动大大舒缓了村民情绪，减轻了乡镇党委、村委会的工作压力。

4. 精准施策，保障居民日常生活，为农村社区稳定奠定基础

以贵州省松桃县的丹桂小区为例。疫情的发生让小区居民突然有了新的不同分类，长住户与出租户、疫情返回户与常住户、日常户与隔离户等，不同的楼、不同的单元也有了新的区分。很多小区居委会办公室，挂上了布满一面墙的抗疫地图，一目了然。在社区党委统一领导下，各方人员分工协作，以隔离工作为例，社区工作人员关注隔离户进展，及时调整信息，解答政策咨询、疏导居民情绪；物业公司负责生活用品采购、垃圾收取、封条贴拆等服务工作；业主发挥邻里守望、互帮互助作用，进行生活帮扶等，看似简单的隔离工作，在分工协作中实现了闭环管理，使小区居民被隔离得安心、舒心。

（四）对农村社会治理体系建设的进一步反思

福柯在他的《规训与惩戒》中曾经将现代社会对人的规训与法国历史上瘟疫时期的多人口的管制相联系，认为瘟疫期间的规制为后来的社会控制提供了一种范式，瘟疫反而强化了社会管制。重大灾害不可能完全杜绝，只能总结历史上重大灾害的应对经验应用于重大灾害后的社会治理中，为社会治理能力的提升提供借鉴。在2020年初的新冠疫情防控期间，我国的农村基层社会治理工作表现突出，尤其是乡镇治理方面表现卓越。

1. 强化基层乡镇党建引领的核心作用

在基层重点乡镇成立应急指挥部，使之成为乡镇的核心组织。在乡镇党委的领导下，乡镇政府和村民组织统一协同，分配调度安排工作，责任到人，保证出现问题时村民找得到人，并且问题有人解决，绝不出现工作上踢皮球现象，相互配合，速战速决。每一场重大灾害，都考验着社会的方方面面和角角落落，在基层农村更是考验着农村综合协调和高度调度的能力。从志愿者、村委会干部的到岗到位到人员的总调配；从防疫物资的应急配备到后续及时性保障；从村寨要道管理到升级管控；从起始公安信息为主的重疫区人员信息的排查逐步扩展到多卡口人员信息的排查，最后到所有外地返归户的登记排查和全体村民的动态信息掌握；从居家隔离户的生活保障及闭环管理到全体居住户的宣传及居家期间的管控；从局部到整个公共区域的消杀重任；从人财物的调配到财政的保障，从宣传政策到融会贯通后的执行应对和落实，真正从突发灾害气势汹汹袭来时手无寸铁的短兵相接到十八般武艺全用上的阵地战，无不展现着重大灾害应对的艰难性，这就需要基层党组织的核心引领作用。

2. 加强体系建设，提升乡村社区治理能力

2020年初，新冠疫情暴发期间，一个6人左右的村委会要应付几百户村民家庭所需谈何容易，更谈不上对村内每户家庭的各种特殊人群、突发事件了如指掌。此时，村民小组发挥了重大作用，村民小组可以解决一些日常问题，在日后管理中需要发动村民自行管理。自行约束在村寨治理中是个好办法，尤其是特殊时期，在新冠疫情防控期间的约束封闭管理中，村委会组织完善及党

组织健全的村寨，村民主动参与值守，认真负责。在遇到重大灾害的特殊时期，村民的劝说力度比村镇治安管理员更管用，更有震慑力。因此，发动全体村民相互监督，对居家隔离户和外地回家户能起到更好的作用。

3. 加强乡村社区自组织的建设

乡村社区具有群体性和复杂性，村民组织或社区的兴趣群体、活动小组也会在社区治理过程中发挥越来越大的作用。这些组织没有政治参与的需求和意向，而是专注于提供社区或村镇服务，为灾害事件中的防控工作发挥补充作用。在2020年的新冠疫情防控工作中，有的专家认为乡村社会组织参与乡村社区防疫令人失望。在防疫中，乡村社工机构自身生存难保，在人文精神传递、社会服务提供、议事治理中都基本没有发挥作用，尤其是政府购买服务的场所，在相当程度上都“露了馅”，也许在战“疫”结束后，在心理安抚以及次生灾害救治方面社会组织更能够发挥专业作用。这也启发我们在日后工作中，应当加强乡村社区组织的建设力度。

参　考　文　献

白列湖，2005. 协同论与管理协同理论 [J]，甘肃社会科学 (5).

柏必成，2016. 我国运动式治理的发生机制：一个宏观层面的分析框架 [J]. 学习论坛，32 (7)：49-53.

保罗·皮尔逊，2014. 时间中的政治：历史、制度与社会分析 [M]. 黎汉基译，南京：江苏人民出版社.

本报编辑，1953. 中共中央华北局发出指示动员全区支援灾区人民生产自救的斗争 [N]. 人民日报，9-18 (1).

本报编辑，1960. 浙江　江苏　福建　江西　安徽　上海　大力增产节约支援山东灾区大批食品药品棉衣调往灾区，并派出灾区慰问团 [N]. 人民日报，12-8 (1).

本报编辑，1978. 搬大水　抗大旱　旱多久　抗多久湖北省抗大旱夺丰收纪事 [N]. 人民日报，11-11 (1).

本报编辑，1992. 国家各部委对口支援安徽灾区实在有力 [N]. 人民日报，5-6 (4).

本报编辑，1996. 湖南省对口支援重灾区 [N]. 人民日报，8-13 (1).

本报编辑，1998. 教育部要求全国教育系统对口支援灾区 [N]. 人民日报，10-16 (5).

本报编辑，1998. 统筹安排　注重效益（抓好灾后重建　加快经济发展　国家计委和本报举办灾后重建与经济发展座谈会发言摘要）[N]. 人民日报，9-30 (4).

本报编辑，2006. 国务院关于全面加强应急管理工作的意见 [N]. 人民日报，7-7 (7).

陈振明，2000. 评西方的“新公共管理”范式 [J]. 中国社会科学 (6).

成都日报，2019. 成都市社会组织蓬勃发展吸引众多社会力量参与社区发展治理 [EB/OL]. http：//www.sc.xinhuanet.com/content/2018-08/15/c_1123271672.htm (2019-01-30).

邓道才，郑蓓，2015. 我国“合作社式”农业保险模式探究——基于日本农业共济制度的经验 [J]. 经济体制改革 (4)：184-189.

丁惠平，2015. “国家与社会”分析框架的应用与限度——以社会学论域中的研究为分析中心 [J]. 社会学评论，3 (5)：15-23.

丁忠毅，2018. 国家治理视域下省际对口支援边疆政策的运行机制研究 [J]. 思想战线，44 (4)：76-87.

费雪莱，2018. 伦理视角下我国乡村德治的实践逻辑 [J]. 青海社会科学 (6).

冯开文，2018. 制度变迁视角下新中国救灾主体的演变 [J]. 中国经济史研究 (3)：

151-161.
冯仕政，2013. 当代中国的社会治理与政治秩序［M］. 北京：中国人民大学出版社.
凤凰国际智库，2018.《2018 全球风险报告》发布：风险加剧，全球步入关键时期［EB/OL］. https：//pit.ifeng.com/a/20180118/55234270_0.shtml（2018-12-29）.
付娟，2018. 我国高校“对口支援”政策：成效、问题与优化策略［J］. 浙江师范大学学报（社会科学版），43（2）：101-106.
高新民，2011. 执政党在社会管理中的地位与作用——兼谈政党的社会功能［J］. 学习时报（2）：28.
公益时报，2019. 郭虹：四川灾后重建中的社会矛盾分析［EB/OL］. http：//roll.sohu.com/20110517/n307773041.shtml（2019-01-30）.
管兵，2015. 竞争性与反向嵌入性：政府购买服务与社会组织发展［J］. 公共管理学报，12（3）：83-92，158.
广东省社会组织信息网，2019. 汶川县政协主席王志勇一行与我省社会组织座谈交流介绍汶川震后十年重建工作寻求产业合作［EB/OL］. http：//www.gdn po.gov.cn/home/index/index2/p3uh0612178（2019-02-11）.
国务院新闻办公室网站，2019. 中国的减灾行动［EB/OL］. http：//www.scio.gov.cn/zfbps/ndhf/2009/Document/847130/847130.htm（2019-01-29）.
国家民委政策研究室，1988. 国家民委民族政策文件选编（1979—1984）［M］. 北京：中央民族出版社.
何传启，2016. 现代化研究的十种理论［J］. 理论与现代化（1）：22-28.
何艳玲，2018. 理顺关系与国家治理结构的塑造［J］. 中国社会科学（2）：26-47，204-205.
洪名勇，2012. 中国农地产权制度变迁：一个马克思的分析模型［J］. 经济学家（7）：71-77.
侯波波，2012. 科技对口支援的内涵、模式及发展路径的探析［J］. 自然辩证法研究，28（9）：122-125.
胡鞍钢，2015. 中国现代化之路（1949—2014）［J］. 新疆师范大学学报（哲学社会科学版）（1）.
纪莺莺，2017. 从“双向嵌入”到“双向赋权”：以N市社区社会组织为例——兼论当代中国国家与社会关系的重构［J］. 浙江学刊（1）：49-56.
江必新，2013. 推进国家治理体系和治理能力现代化［N］. 光明日报，11-15.
姜晓萍，2014. 国家治理现代化进程中的社会治理体制创新［J］. 中国行政管理（1）.
姜晓萍，2014. 国家治理现代化进程中的社会治理体制创新［J］. 中国行政管理（2）：24-28.
景燕春，朱健刚，2018. 灾后重建与基层治理模式的变迁：对5·12汶川地震灾后重建中L

镇的比较研究［J］. 理论与改革（3）：38－48.

库恩，2003. 科学革命的结构［M］. 北京：北京大学出版社.

乐施会，2019. 四川地震救援及重建［EB/OL］. http：//www.oxfam.org.cn/field read.php? id=41（2019－01－27）.

李栋，2016. 让人民群众有更多“获得感”［N］. 珠海特区报：12－22.

李宏伟，屈锡华，严敏，2009. 社会再适应、参与式重建与反脆弱性发展——汶川地震灾后重建启示录［J］. 社会科学研究（3）：1－7.

李华燊，陈蓓蓓，侯伟伟，2011. 汶川重建的“文化堕距”现象分析——基于社会影响评估的视角［J］. 城市发展研究，18（6）：59－64.

李靖，李春生，2018. 我国城市基层治理体制变迁研究——基于历史制度主义范式［J］. 湖北社会科学（1）.

李静，2016. 城市社区网络治理结构的构建结构功能主义的视角［J］. 东北大学学报（社会科学版）（6）.

李侃如，2010. 治理中国：从革命到改革［M］. 胡国成、赵梅译，北京：中国社会科学出版社.

李陪林，2014. 社会改革与社会治理［M］. 北京：社会科学文献出版社.

李强，2001. 后全能体制下现代国家的构建［J］. 战略与管理（6）：77－80，82－85.

李小云，2017. 东西部扶贫协作和对口支援的四维考量［J］. 改革，2017（8）：61－64.

李晓燕，2018. 基于生命周期与制度变迁逻辑的地方社会治理创新研究［J］. 当代财经（5）：37－46.

李学举，2004. 中国的自然灾害与灾害管理［J］. 中国行政管理（8）：23－26.

李友梅，2016. 我国特大城市基层社会治理创新分析［J］. 中共中央党校学报，20（2）：5－12.

李元勋，李魁铭，2019. 德治视角下健全新时代乡村治理体系的思考［J］. 新疆师范大学学报（2）.

李忠汉，刘普，2017. “国家——社会”关系理论视野下社会治理的建构逻辑［J］. 中国社会科学院研究生院学报（3）：107－114.

理查德·C. 博克斯，2013. 公民治理：引领21世纪的美国社区［M］. 北京：中国人民大学出版社.

梁来存，皮友静，2018. 粮食作物巨灾保险的纯费率厘定［J］. 统计与决策（21）：90－93.

林毅夫，1994. 关于制度变迁的经济学理论：诱致性制度变迁与强制性适度变迁［C］//科斯，阿尔钦·诺斯. 财产权利与制度变迁——产权学派与新制度经济学派译文集. 上海：上海三联书店、上海人民出版社.

刘鹏，2010. 中国食品安全监管——基于体制变迁与绩效评估的实证研究［J］. 公共管理学报，7（2）：63－78，125－126.

刘玉照，田青，2009. 新制度是如何落实的？——作为制度变迁新机制的“通变”[J]. 社会学研究，24（04）：133－156，245.

刘冰，2016. 精准化服务精细化治理——探索“全响应”网格化社会治理新模式 [J]. 社会治理（3）.

刘德海，2018. 中国强势政府主导救灾模式的成功经验与新挑战 [J]. 电子科技大学学报（社科版）（5）：35－40.

刘宏葆，2011. 跃迁：一个汶川灾区援建干部的亲历与思考 [M]. 广州：羊城晚报出版社：33.

刘能，2018. 灾害、现代性和社会变迁 [J]. 江苏行政学院学报（4）：66－70.

刘圣忠，2010. 理念与制度变迁：历史制度主义的理念研究 [J]. 复旦公共行政评论（6）：74－85.

刘昕龙，世杰，李哲，2017. 地震巨灾保险共同体的风险转移效率研究 [J]. 保险研究（4）：49－66.

卢现祥，朱迪，2018. 中国制度变迁 40 年：回顾与展望——基于新制度经济学视角 [J]. 人文杂志（10）：13－20.

吕爱权，2003. 中国制度变迁的“路径依赖”探析 [J]. 山东大学学报（哲学社会科学版）（1）：124－127.

罗伯特·K. 殷，2004. 案例研究：设计与方法（第 3 版）[M]. 重庆：重庆大学出版社.

罗布江村，张原，汤芸，等，2019. 5·12 地震灾后重建中问题的分析——灾区现状与民意动向调查报告 [J]. 西南民族大学学报（人文社科版），30（5）：11－17.

罗家德，孙瑜，楚燕，2017. 云村重建纪事：一次社区自组织实验的田野记录 [J]. 中国社会工作（19）：65.

马友乐，2016. 社会治理精细化：科学内涵、基本特征与现实依据 [J]. 领导科学（35）.

民政部救灾司，2017. 党的十八大以来防灾减灾救灾工作取得辉煌成就 [N]. 中国社会报 10－09.

莫纪宏，2014. 国家治理体系和治理能力现代化与法治化 [J]. 法学杂志（4）.

乔惠波，2018. 德治在乡村治理体系中的地位及其实现路径研究 [J]. 求实（4）.

乔耀章，2003. 政府理论 [M]. 苏州：苏州大学出版社.

乔榛，焦方义，李楠，2006. 中国农村经济制度变迁与农业增长——对 1978—2004 年中国农业增长的实证分析 [J]. 经济研究（7）：73－82.

施雪华，2010. 服务型政府的基本含义、理论基础和建构条件 [J]. 社会科学（2）：4.

施雪华、林惕，2008. 社会资本视角下的中国乡村治理研究 [J]. 北京行政学院学报（2）.

史柏年，2013. 社会治理视野下的灾后重建 [J]. 中国社会工作（5）：20－22.

四川省发展和改革委员会，2010. 重建篇：三年任务两年完成 [J]. 四川省情（1）：16.

四川省委党校、四川日报联合调研组，2018. 灾后重建与发展振兴的四川答卷 [N]. 四川日报，05-04.
宋才发，张术麟，2019. 新时代乡村治理的法治保障探讨［J］. 河北法学（4）.
苏敬勤，刘静，2013. 案例研究规范性视角下二手数据可靠性研究［J］. 管理学报（10）：1409.
孙涛，2015. 社会治理研究的五个视角——兼论其存在问题与发展趋势［J］. 北京行政学院学报（1）.
孙云霞，2018. 历史唯物主义视域下乡村社会治理研究［D］. 北京：中央民族大学.
谭志满、霍晓丽，2013. 土司时期少数民族社会治理过程中的文化策——以鄂西南地区容美土司为例［J］. 中南民族大学学报（3）.
唐兵，郭伟，2011. 还权于民：政府非常态下管理绩效评估主体的转换——基于汶川特大地震灾区群众对政府工作满意度及其影响因素的分析［J］. 探索（3）：93-97.
唐皇凤，2009. 新中国 60 年国家治理体系的变迁及理性审视［J］. 经济社会体制比较（5）：24-32.
唐皇凤，2014. 中国国家治理体系现代化的路径选择［J］. 福建论坛（人文社会科学版）（2）.
唐俭，2016. 推进社会治理精细化必须实现几个转变［J］. 新疆社科论坛（4）.
唐志红，潘宇森，蒋玥洋，2018. 政府行为对受灾失地农民就业的影响——基于汶川地震十周年阿坝州调研［J］. 当代经济（13）：86-88.
陶希东，2016. 实现社会治理精细化［N］. 学习时报，01-07.
田建伟，等，2019. 社会管理创新形势下社会组织参与基层社会治理实践研究［EB/OL］http：//www.Chinan po.gov.cn/700102/92565/news wjindex.html（2019-01-15）.
田丽，牟晴，2011. 广州对口支援威州灾后重建的客观环境［J］. 经济研究参考（14）：20-24.
童星，2014. 防灾减灾与社会治理［J］. 中州学刊（6）：12-16.
王浦劬，2014. 国家治理、政府治理和社会治理的基本含义及其相互关系辨析［J］. 社会学评，2（3）：12-20.
王晓葵，2016. "灾后重建"过程的国家权力与地域社会——以灾害记忆为中心［J］. 河北学刊，36（5）：161-166.
王东明，2015. 从救灾捐赠角度分析灾害社会治理政策发展［J］. 中国民政（6）：31-32.
王宏伟，2017. 构建有序的救灾社会动员机制［N］. 中国社会科学报 09-27.
王洪兵，张松梅，2011. 清代京畿灾荒与祛灾仪式探析［J］. 东岳论丛，32（7）：39-44.
王辉，2018. 运动式治理转向长效治理的制度变迁机制研究——以川东 T 区"活禽禁宰"运动为个例［J］. 公共管理学报，15（1）：71-83，156-157.
王惠岩，2014. 政治学原理［M］. 第 2 版. 北京：高等教育出版社.
王君超，2016. 国家治理（体系）现代化的政治经济学分析［D］. 北京：中共中央党校：23.
王磊，黄云生，2018. 对口支援政策的演进及运行特征研究——以对口支援西藏为例［J］. 西南民族大学学报（人文社科版），39（5）：26－33.
王磊，黄云生，2018. 对口支援资源配置的效率评价及其影响因素分析——以对口支援西藏为例［J］. 四川大学学报（哲学社会科学版）（2）：161－176.
王力平，许晓芸，2014. 协同与耦合：民族社会工作与社会治理精细化［J］. 社会工作（1）.
王丽萍，2013. 比较政治研究中的案例、方法与策略［J］. 北京大学学报（哲学社会科学版）（6）：34.
王林，许慧，黄利芳，2014. 汶川地震后城镇居民心理空间及生活惯性重构研究——基于“文化堕距”弥合视角［J］. 城市与减灾（5）：13－19.
王玲，2012. 救灾政治：合法性经营视角下的现代国家与乡村社会［D］. 武汉：华中科技大学.
王浦劬，2014. 国家治理、政府治理和社会治理的含义及其相互关系［J］. 国家行政学院学报（3）：11－17.
王瑞鸿，2018. 灾害社会工作：道德、制度及人性［J］. 中国社会工作（19）：6.
王生章，2018. 新乡贤参与乡村治理研究［D］. 曲阜：曲阜师范大学.
王涛，张磊，蒋远胜，2016. 受灾农户长期贷款的违约及其影响因素——基于汶川地震灾区 5 个重灾县（市）的实证分析［J］. 农村经济（6）：83－88.
王燕锋，2014. 去机构化的多元服务：英国城市社区治理［N］. 中国社会报，6－30.
王颖，董垒，2010. 我国灾后地方政府对口支援模式初探——以各省市援建汶川地震灾区为例［J］. 当代世界与社会主义（1）：131－136.
王瓒玮，2018. 日本城市地震灾后社会治理研究——以阪神淡路大地震为中心的探讨［J］. 中国石油大学学报（社会科学版），34（2）：60－65.
王郅强，张晓君，2017. “结构性矛盾”与社会治理体系的构建［J］. 行政论坛，24（2）：87－92.
王郅强，张晓君，2018. 改革开放 40 年以来中国应急管理变迁——以“间断—均衡”理论为视角［J］. 华南理工大学学报（社会科学版），20（6）：70－79.
文宏，2014. 间段均衡理论与中国公共政策的演进逻辑——兰州出租车政策（1982—2012）的变迁考察［J］. 公共管理学报（2）：70－80.
汶川县人民政府，2019. 汶川县 2009 年政府工作报告［EB/OL］. http：//www. wenchuan. gov. cn/p/st_news_items_i_abe8e88bb9ce437093631cdffa4d1dc4/.
吴斌才，2016. 从分类控制到嵌入式治理：项目制运作背后的社会组织治理转型［J］. 甘肃行政学院学报（3）：80－87，128.
吴欢欢，2016. 创新群众工作机制，推进社会治理精细化［J］. 长沙理工大学学报（社会科学版）（4）.
吴晓波，马如飞，毛茜敏，2009. 基于二次创新动态过程的组织学习模式演进——杭氧1996—2008纵向案例研究［J］. 管理世界（2）：152－164.
伍国春，2012. 日本近现代地震及其次生灾害的社会影响［J］. 地震学报，34（3）：408－414.
习近平，2013. 在纪念毛泽东同志诞辰一百二十周年座谈会上的讲话［N］. 人民日报，12－27.
习近平，2014. 切实把思想统一到党的十八届三中全会精神上来［N］. 人民日报，01－01（1）.
习近平，2014. 完善和发展中国特色社会主义制度，推进国家治理体系和治理能力现代化［N］. 人民日报，02－18.
习近平，2017. 决胜全面建成小康社会，夺取新时代中国特色社会主义伟大胜利——在中国共产党第十九次全国代表大会上的报告［M］. 北京：人民出版社：10.
习近平，2018. 在博鳌亚洲论坛2018年年会开幕式上的主旨演讲［N］. 人民日报，04－11.
夏少琼，2011. 国外灾难研究历史、现状与趋势［J］. 广西民族大学学报（哲学社会科学版），33（4）：73－81.
夏少琼，2016. 政府主导与自发发展——社会工程视野下的灾后重建［J］. 青海民族研究，27（3）：23－27.
向玉琼，李晓月，2017. 我国大气污染防治政策变迁的动力分析——兼评多源流理论及其修正［J］. 长白学刊（5）：65－72.
肖林生、陈剑锋，2017. 珠海市社区安全感调查研究［J］. 中共珠海市委党校学报（2）：68－79.
辛向阳，2014. 推进国家治理体系和治理能力现代化的三个基本问题［J］. 理论探讨（2）.
新华网，2019. 民间公益组织灾害救援的“黄金十年”［EB/OL］. http：//www.Xinhuanet.com/politics/2018－08/27/c_1123331782.htm（2019－02－07）.
新浪网，2019. 民政部部长李立国年中会议提出放权民间［EB/OL］. http：//gongyi.sina.com.cn/gyzx/2011－12－31/155831547.html（2019－02－07）.
熊文钊，田艳，2010. 对口援疆政策的法治化研究［J］. 新疆师范大学学报（哲学社会科学版），31（3）：12－20.
徐猛，2014. 社会治理现代化的科学内涵、价值取向及实现路径［J］. 学术探索（5）：9.
徐明，刘金山，2018. 省际对口支援如何影响受援地区经济绩效——兼论经济增长与城乡收入趋同的多重中介效应［J］. 经济科学（4）：75－88.
徐平，2018. 历史、记忆与现实：汶川地震十周年祭［J］. 民族学刊，9（3）：1－9，93.
徐顽强，2014. 国家治理体系中“共管共治”的意蕴与路径［J］. 新疆师范大学学报（3）.

徐湘林，2014. 推进国家治理体系和治理能力现代化［J］. 中国国情国力（4）.
徐晓军，2009. 震后贫困村住房重建中的财富分配与流动——以四川省为例［J］. 华中师范大学学报（人文社会科学版），48（4）：2－8.
徐勇，2010. 中国发展道路：从“以农立国”到“统筹城乡发展”［J］. 华中师范大学学报（人文社会科学版），49（4）：1－5，163.
严庆，2009. 从民族、国家结构类型看民族问题与民族治理的差异性［J］. 黑龙江民族丛刊（3）.
燕继荣，2010. 社区治理与社会资本投资——中国社区治理创新的理论解释［J］. 天津社会科学，3（3）：59－64.
燕继荣，2017. 社会治理的中国经验［J］. 教学与研究（9）.
央视网，2019. 三类社会组织可直接登记公益慈善组织无须挂靠［EB/OL］. http：//news.cntv.cn/china/20110706/101359.shtml（2019－02－07）.
杨先农，2011. 灾后重建中精神文明创建活动对社会管理创新的启示［J］. 毛泽东思想研究，28（4）：80－84.
杨道波，2006. 对口支援和经济技术协作法律对策研究［J］. 中央民族大学学报（1）：64－69.
杨建军，闫仕杰，2016. 共享发展理念视域下社会治理精细化：支撑、比照与推进［J］. 理论与改革（5）.
杨磊，2016. 深圳盐田社会治理创新案例获评全国十佳［N］. 南方日报，11－14（A02）.
杨柳，2015. 珠海市建立健全社区行政事务准入制度［N］. 中国社会报，5－21.
杨瑞龙，1998. 我国制度变迁方式转换的三阶段论——兼论地方政府的制度创新行为［J］. 经济研究（1）：5－12.
杨团，2010. 中国慈善发展报告（2010）［M］. 北京：社会科学文献出版社.
杨小柳，2007. 发展研究：人类学的历程［J］. 社会学研究（4）：188－206，245－246.
杨雪冬，2006. 风险社会与秩序构建［M］. 北京：社会科学文献出版社.
杨雪冬，2011. 过去10年的中国地方政府改革——基于中国地方政府创新奖的评价［J］. 公共管理学报，8（1）：81－93，127.
杨雅厦，2016. 以全新维度提升社会治理精细化水平［N］. 光明日报，01－04.
姚遥，2019. 被汶川地震改写了的中国政治［EB/OL］. https：//cul.qq.com/a/20160512/046015.htm（2019－01－27）.
姚远，任羽中，2013. “激活”与“吸纳”的互动——走向协商民主的中国社会治理模式［J］. 北京大学学报（哲学社会科学版）（2）：141－146.
伊丽莎白·桑德斯，张贤明，2017. 历史制度主义：分析框架、三种变体与动力机制［J］. 学习与探索（1）：42－49，174.
俞可平，2000. 治理与善治［M］. 北京：社会科学文献出版社.

俞可平，等，2003. 中国公民社会的兴起与治理的变迁［M］. 北京：社会科学文献出版社.
俞晓晶，2010. 从对口支援到长效合作：基于两阶段博弈的分析［J］. 经济体制改革（5）：37－39.
袁琤斐，2016. 救灾资金绩效审计评价指标体系构建—基于可持续发展理念［J］. 财会通讯（13）：17－20.
袁卫，吴翌琳，等，2019. 中国城市创业指数编制与测算研究［J］. 中国人民大学学报（9）.
约翰·L. 坎贝尔，2011. 制度变迁与全球化［M］. 姚伟译，上海：上海人民出版社.
曾亚纯，梁快，2015. 对口支援、知识分享与教师职业能力提升关系研究［J］. 黑龙江高教研究（9）：94－98.
翟进，张海波，2015. 巨灾的可持续恢复——“汶川地震”对口支援政策案例研究［J］. 北京行政学院学报（1）.
张养志，郑国富，2007. 中亚五国经济体制转轨的新制度经济学分析［J］. 俄罗斯中亚东欧研究（1）：46－50，96.
张俊，付业勤，2013. 国外灾后恢复重建的研究［J］. 聊城大学学报（社会科学版）（4）：78－86，91.
张琳，程育琦，谢亚凤，2018. 基于COPULA的农险巨灾及累积风险分析—以湖南省种植险为例［J］. 保险研究（2）：65－71.
张晒，2014. 历史制度主义：从“制度回归”到“路径依赖”——兼论在中国政治学研究中的适用性［J］. 理论月刊（3）：112－116.
张文华，2003. 对灾难管理的认识与思考［J］. 贵州财贸学院学报（5）：100－104.
张西勇，杨继武，2012. 历史制度主义视域下我国城市街道办事处的制度变迁［J］. 中国行政管理（12）：69－73.
张晓君，彭正波，2017. 制度环境、公共服务供需对社会组织发展的影响——基于中国省级经验的实证研究［J］. 华东经济管理，31（8）：34－43.
张雪梅，颜鸿钰，黄词捷，2015. 四川省社会组织调查报告（2014—2015）［M］. 北京：社会科学文献出版社.
郑人豪，2017. 政府工作报告［N］. 珠海特区报，1－17（1）.
中国青年报，2018. 社会管理服务首次列入重大灾难灾后重建整体规划［EB/OL］http：//www.chinanews.com/gn/2015/04－15/7207664.shtml（2018－12－14）.
中国新闻网，2008. 中共中央政治局常委会部署灾后重建对口支援工作［EB/OL］http：//news.hexun.com/2008－06－05/106488713.html.
中国发展门户网，2019.《中国的减灾行动》白皮书［EB/OL］. http：//cn.chinagate.cn/whitepapers/2009－05/11/content_17755287.htm（2019－01－27）.
钟开斌，林炜炜，2018. 中国救灾体制的调整与变化：基于典型案例的比较研究［J］. 理论与改革（3）：25－37.
周大鸣，秦红增，2003. 参与发展：当代人类学对“他者”的关怀［J］. 民族研究（5）：44－50，108.
周红云，2016. 全民共建共享的社会治理格局：理论基础与概念框架［J］. 经济社会体制比较（2）：123－132.
周黎安，2007. 中国地方官员的晋升锦标赛模式研究［J］. 经济研究（7）：36－50.
周庆智，2014. 社会治理体制创新与现代化建设［J］. 南京大学学报（哲学·人文科学·社会科学）（4）：156.
周如南，景燕春，朱健刚，2017. 灾后重建中的社区营造——地方治理中 NGO 参与的比较研究［J］. 西南民族大学学报（人文社科版），38（1）：39－45.
周晓丽，2016. 论社会治理精细化的逻辑及其实现［J］. 理论月刊（9）.
周永根，李瑞龙，2017. 日本基于社区的灾害风险治理模式及其启示［J］. 城市发展研究（5）.
朱健刚，胡明，2011. 多元共治：对灾后社区重建中参与式发展理论的反思——以“5·12”地震灾后社区重建中的新家园计划为例［J］. 开放时代（10）：5－25.
朱力，谭贤楚，2011. 我国救灾的社会动员机制探讨［J］. 东岳论丛，32（6）：40－46.
朱明锋，2016. 我国乡村治理的困境与出路研究——以多元治理主体为视角［D］. 北京：中共中央党校.
庄德水，2008. 论历史制度主义对政策研究的三重意义［J］. 理论探讨（5）：142－146.
Anthony O，1996. Anthropological Research on Hazards and Disasters［J］. Annual Review of Anthropology（25）：303－328.
Anthony O，Susan H，et al.，1999. The Angry Earth：Disaster in Anthropological Perspective［M］. New York：Routledge.
Bankoff G，2007. Dangers to going it alone：social capital and the origins of community resilience in the Philippines［J］. Continuity and Change，22（2）：327－335.
Bankoff G，Dorothea H，George F，et al.，2004. Mapping Vulnerability：Disasters，Development and People［M］. New York：Routledge.
Bates F. L，Peacock W. G，et al.，1987. The Sociology of Disasters. Milan［M］. Italy：Franco Angeli Press.
Baumgartner F. R，Jones B D，1993. Agendas and Instability in American Politics［M］. Chicago：University of Chicago Press.
Bennett C. J，Howlett. M，1992. The lessons of learning：Reconciling theories of policy learning and policy change［J］. Policy Sciences，25（3）：275－294.
Berke P. R，Kartez J，Wenger D，1993. Recovery After Disaster：Achieving Sustainable Development，Mitigation and Equity［J］. Disasters（17）：93－109.

Busenberg. G. J, 2001. Learning in Organizations and Public Policy [J]. Journal of Public Policy, 21 (2): 173 - 189.

Button G. V, 2010. Disaster Culture: Knowledge and Uncertainty in the Wake of Human and Environ - mental Catastrophe [M]. Walnut Creek, CA: Left Coast Press.

Canh Phuc Nguyen, Thanh Dinh Su, Thai Vu Hong Nguyen, 2018. Institutional Quality and Economic Growth: The Case of Emerging Economies [J]. Theoretical Economics Letters (8): 1943 - 1956.

Chamlee - Wright E, Storr V. H, 2010. The Role of Social Entrepreneurship in Post - Katrina Community Recovery [J]. International Journal of Innovation and Regional Development, 2 (1/2): 149 - 164.

Chen L. C, Liu Y. C, Chan, K. C, 2013. Integrated Community - bas Paired - Assistance Policy Contributes to the Sustainable Recovery of the Wenchuan Earthquake [Z]. International Conference on DisasterGovernance in Asia, National University of Singapore, Conference Paper.

Christine F, Patrick M. Kuhn, Neil Malhotra, et al., 2017. Natural Disasters and Political Engagement: Evidence from the 2010 - 2011 Pakistani Floods [J]. Quarterly Journal of Political Science, 12: 99 - 141.

Cutter S. L, Boruff B. J, Shirley W L, 2003. Social Vulnerability to Environmental Hazards [J]. Social Science Quarterly, 84 (2): 242 - 261.

Daniel Lerner, 1958. The Passing of Traditional Society: Modernizing the Middle East [M]. Glencoe ILL: The Free Press.

David E. A, 2016. How to Write an Emergency Plan [M]. London: Dunedin Academic Press Ltd: 4 - 5.

Davidson C. H. et al., 2006. Truths and myths about community participation in post - disaster housing projects [J]. Habitat International (8): 3.

Davis I, David E. A, 2015. Recovery from Disaster, 1 edition [M]. Routledge, London; New York.

DebaratiG S. et al., 1986. Reducing the impact of natural disasters: why aren't we better prepared? [J]. Health Policy and Planning, 1 (2): 118 - 126.

Dussaillant F., E, 2014. Guzman. Trust via disasters: the case of Chile's 2010 earthquake [J]. Disasters, 38 (4): 808 - 832.

Dynes R. R, 2002. The importance of social capital in disaster response [Z]. Preliminary Paper: 327.

Dynes R. R, 2005. Community social capital as the primary basis for resilience [R]. Unpublished Paper: 344.

Dynes R. R，2006. Social capital：dealing with community emergencies [J]. Homeland Security Affairs，2 (2)：1-26.

Edin M，2003. Remaking the Communist Party-State：The Cadre Responsibility System at the Local Level in China [J]. China An International Journal，1 (1)：1-15.

Eisenhardt K. M，1989. Making Fast Strategic Decisions in High - Velocity Environments Eisenhard [J]. Academy of Management Journal，32 (3)：543-576.

Emdad H C，Etkin D，2007. People and Community as Constituent Parts of Hazards：The Significance of Societal Dimensions in Hazards Analysis [J]. Natural Hazards，41 (2)：271-282.

Eric C. J，Arthur D. M，et al.，2015. Post-Disaster Reciprocity and the Development of Inequality in Personal Networks [J]. Economic Anthropology，2 (2)：385-404.

Fortun K，2001. Advocacy after Bhopal：Environmentalisms，Disasters，and a New Global Order [M]. Chicago：University of Chicago Press.

Frederick L. B，2019. Disasters. social change and development [EB/OL]. http：//cidbimena. desastres. hn/docum/crid/Octubre2004/pdf/eng/doc904/doc904-1. pdf (2019-01-11).

Furlong S. R，Scheberle D，1998. Earthquake Recovery：Gaps between norms of disaster agencies and expectations of small businesses [J]. American Review of Public Administration (28)：367-389.

Gerber B. J，2007. Disaster Management in the United States：Examining Key Political and Policy Challenges [J]. The Policy Studies Journal，35 (2)：27-238.

Gilbert P，1992. Human nature and suffering [M]. New York：Guilford Press.

Glantz M. H，1976. The politics of natural disaster：the case of the Sahel drought [M]. New York：Praeger.

Glaser B，Strauss A. L，1968. The Discovery of Grounded Theory：Strategies for Qualitative Research aldine de gruyter [J]. Sociology (6).

Guo X，Kapucu N，2015. Network performance assessment for collaborative disaster response [J]. Disaster Prevention and Management：An International Journal，24 (2)：201-220.

Hall P. Policy Paradigms，1993. Social Learning and the State：The Case of Economic Policymaking in Britain [J]. Comparative Politics，25 (3)：275-296.

Hall P. A，1986. Governing the Economy：The Politics o f State Intenrentionin Biftainand France [M]. New York：Oxford University Pres：19.

Heikkila T，Gerlak A. K，2013. Building a Conceptual Approach to Collective Learning：Lessons for Public Policy Scholars [J]. Policy Studies Journal，41 (3)：484-512.

Hilhorst D.，2013. Unlocking Disaster Paradigms：An Actor - Oriented Focus on Disaster

Response [Z]. September 23 - 26.

Howard K, 2015. The Role of Insurance in Reducing Losses from Extreme Events: The Need for Public - Private Partnerships [J]. The Geneva Papers on Risk and Insurance - Issues and Practic, 40 (4): 741 - 762.

Howlett B. M, 1992. The Lessons of Learning: Reconciling Theories of Policy Learning and Policy Change [J]. Policy Sciences, 25 (3): 275 - 294.

Ian D, David E. A, 2015. Recovery from Disaster, 1 edition [M]. New York: Routledge, London.

IRGC, 2005. Risk Governance: Towards an Integrative Approach [R]. Geneva: IRGC: 1 - 38.

IRGC, 2007. An Introduction to the IRGC Risk Governance Framework [R]. Geneva: IRGC: 1 - 25.

Jackie K, 2008. Building Back Better: Post - earthquake Responses and Educational Challenges in Pakistan [M]. Paris: Intl Inst for Educational Planning.

Jessica M, Ilan K, Lorin T, et al., 2010. Framework for Integrating Indigenousand Scientific Knowledge for Disaster Risk Reduction [J]. Disasters, 34 (1): 214 - 239.

Jing Y, Gong T, 2012. Managed Social Innovation: The Case of Government - Sponsored Venture Philanthropy in Shanghai [J]. Public Administration and Policy Review, 71 (2): 233 - 245.

Jiuping X, Yi L, 2013. A Comparative Study on the National Counterpart Aid Model for Post - Disaster Recovery and Reconstruction: 2008 Wenchuan Earthquake as a Case [J]. Disaster Prevention and Management, 22 (1): 75 - 93.

Johnston D, Becker J, Paton D, 2012. Multi - agency community engagement during disaster recovery: Lessons from two New Zealand earthquake events [J]. Disaster Prevention and Management: An International Journal, 21 (2): 252 - 268.

Jon P, 2000. Debating Governance: Authority, Steering and Democracy [M]. New York: Oxford University Press: 138 - 140.

Kaibin Z, Xiaoli L, 2015. "One in Trouble, All to Help": The Paired Assistance Program to Disaster - Affected Areas in China [A]. Caroline Brassard, Arnold M. Howitt, David W. Giles. Natural Disaster Management in the Asia - Pacific, Disaster Risk Reduction [C]. Springer, Tokyo: 87 - 100.

Kaibin Z, Xiaoli L, 2017. Exploring the Administrative Mechanism of China's Paired Assistance to Disaster Affected Areas Programme [J]. Disasters, 42 (3): 590 - 612.

Kapucu N, 2006. Public - nonprofit Partnerships for Collective Action in Dynamic Contexts of Emergencies [J]. Public Administration, 84 (1): 205 - 220.

Kellenberg D. K, Mobara A. M, 2008. Does Rising Income Increase or Decrease Damage Risk from Natural Disasters? [J]. Journal of Urban Economics, 63 (3): 788 - 802.

Kim C, 2010. The Effects of Natural Disasters on Long - Run Economic Growth [J]. The Michigan Journal of Business (41): 15 - 49.

Lauer M, 2012. Oral Traditions or Situated Practices? Understanding How Indigenous Communities Respond to Environmental Disasters [J]. Human Organization, 71 (2): 176 - 187.

Lempert R. J, 2003. Shaping the next one hundred years: new methods for quantitative, long - term policy analysis [M]. Santa Monica: Rand Corporation.

Lieberman E. S, 2003. Cambridge Studies in Comparative Politics [M]. Cambridge, UK; New York: Cambridge University Press.

Lin P, 2017. Crisis crowdsourcing and China's civic participation in disaster response: Evidence from earthquake relief [J]. China Information (3): 327 - 348.

Lin P, Fengshi W, 2018. Building Up Alliances and Breaking Down the State Monopoly: The Rise of Non - Governmental Disaster Relief in China [J]. The China Quarterly (234): 463 - 485.

Liu X, Dong K, 2012. Development of the civil servant's performance appraisal system in China: challenges and improvements [J]. Review of Public Personnel Administration, 32 (2): 149 - 168.

Lu Y, Xu J. P, 2014b. NGO collaboration in community post - disaster reconstruction: Field research following the 2008 Wenchuan earthquake in China [J]. Disasters, 39 (2): 258 - 278.

Mcdonnell S, Troiano RP, Barker N, et al., 2000. Evaluation of Long - term Community [J]. Recovery from World Bank Research Observer, 15 (2): 225 - 249.

Mileti, D, 1999. Disasters by design: A reassessment of natural hazards in the United States [M]. Washington D. C: Joseph Henry Press.

Nakagawa Y, Shaw R, 2004. Social capital: a missing link to disaster recovery [J]. Mass Emerg Disasters, 22 (1): 5 - 34.

Nigg J. M, Tierney K. J, 1993. Disasters and Social Change: Consequences for Community Construct and Affect [A]. Annual Meeting of the American Sociological Association, Miami, Florida, 13 - 17 August.

Nigg, J. M, 1995. Social science approaches in disaster research: selected research issues and findings on mitigating natural hazards in the urban environment [J]. Urban Disaster Mitigation the Role of Engineering and Technology: 303 - 310.

North D. C, 1990. Institutions, institutional change and economic performance [M]. Cambrideg：Cambridge University Press.

Nose M，2014. Micro Responses to Disaster Relief Aid：Design Problems for Aid Efficacy [J]. Economic Development and CulturalChange，62（4）：727－767.

Noy I，2009. The Macroeconomic Consequences of Disasters [J]. Journal of Development Economics，88（2）：221－231.

Office of the UN Secretary－General's Special Envoy for Tsunami Recovery，2006. Lessons learned from tsunami recovery－key propositions for building back better. A Report by the UN Secretary－General's Special Envoy for Tsunami Recovery，Clinton，W. J.，December 2006 [EB/OL]. http：//www. preventionweb. net/files/2054_VL108301. pdf

Patrick M，2014. The Role of Scientific Modelling and Insurance in Providing Innovative Solutions for Managing the Risk of Natural Disasters [J]. Reducing Disaster：Early Warning Systems For Climate Change（27）：325－338.

Paula Surridge，2010. The Making of Social values：Education and SocialClass [J]. Understanding Population Trends and processes.

Peacock Walter，Killian Charles，Bates Frederick Peacock，1987. The Effects of Disaster Damage and Housing Aid on Household Recovery following the 1976 Guatemalan Earthquake [J]. International Journal of Mass Emergencies and Disasters（3）：349－365.

Pearce L，2003. Disaster Management and Community Planning，and Public Participation：How to Achieve Sustainable Hazard Mitigation [J]. Natural Hazards，28（2－3）：211－228.

Peling M，2010. What Determines Vulnerability to Floods：A Case Study in Georgetown，Guyana earthquake [J]. Disasters，34（2）：303－327.

Portes A，2000. The Two Meanings of Social Capital [J]. Sociological Forum，15（1）：1－12.

Putnam，R，2000. Bowling alone：The collapse and revival of American community [M]. New York：Simon and Schuster.

Richard Box，2013. Citizen Governance：Leading American Communities into the 21st Century [M]. Beijing：China Renmin University Press.

Romana B，et al.，2015. Understanding the Impact of Cascade Effects of Natural Disasters on Disaster Relief Operations [J]. International Journal of Disaster Risk Reduction（12）：350－356.

Rose R，1991. What is lesson－drawing? [J]. Journal of Public Policy，11（1）：3－30.

Rubin C. B，Barbee D. G，1985. Disaster Recovery and Hazard Mitigation：Bridging the Intergovernmental Gap [J]. Public Administration Review（Special Issue）：57－63.

Sabatier P. A，1988. An advocacy coalition framework of policy change and the role of policy－

oriented learning therein [J]. Policy Sciences, 21 (2): 129-168.

Sabatier P. A.; Jenkins-Smith, H. C, 1999. The advocacy coalition framework. In P. A. Sabatier (Ed.), Theories of the policy process [M]. Boulder, CO: Westview Press.

Sai N, Arijit B, David L, et al., 2015. Strategic sourcing with multi-stakeholders through value co-creation: An evidence from global health care company [J]. International Journal of Production Economics, 166: 248-257.

Saich T, 2005. SARS: China's Chernobyl or much ado about nothing [J]. A. Kleiman and A. Watson (eds.) SARS in China: Prelude to Pandemic? [M]. Stanford, CA: Stanford University Press: 71-104.

Saich T, 2008. The changing role of urban government [J]. In S. Yusuf and T. Saich (eds.) China Urbanizes: Consequences, Strategies and Policies [M]. The World Bank: Washington DC: 181-206.

Schaefer R. T, 2006. Sociology: A Brief Introduction (Six Edition) New Yok: McGraw Hill.

Shaw R, Gupta M, Sarma A, 2013. Community Recovery and Its Sustainability: Lessons from Gujarat Earthquake of India [J]. Australian Journal of Emergency Management, 18 (2): 28-34.

Spires A. J, 2011. Contingent Symbiosis and Civil Society in an Authoritarian State: Understanding the Survival of China's Grassroots NGOs1 [J]. American Journal of Sociology, 117 (1): 1-45.

Stephanie E. C, 2013. Urban Disaster Recovery: a Measurement Framework and its Application to the 1995 Kobe Ery: Content Analysis and Delphi Approach [J]. Natural Hazards Review, 14 (14): 21-28.

Stroömberg D, 2007. Natural Disasters, Economic Development, and Humanitarian Aid [J]. Journal of Economic Perspectives, 21 (21): 199-222.

Sullivan M. Integrated recovery management: A new way of looking at a delicate process [J]. The Australian Journal of Emergency Management, 2003, 18 (2): 4-27.

Tsui K. Y, Wang Y, 2008. Decentralization with political trump: Vertical control, local accountability and regional disparities in China [J]. China Economic Review, 19 (1): 1-31.

Turner R, Lewis K, 1984. Collective Behavior. Fourth Edition [M]. New Jersey Prentice Hall.

Unisdr, 2009. Global Assessment Report on Disaster Risk Reduction [M]. United Nations: Geneva: 1-32.

United Nations Office for Diasster Risk Reduction (UNISDR), 2015. Sendai Framework for

Disaster RiskReduction 2015 - 2030 [EB/OL]. https：// www. unisdr. Org /files /43291_ sendai framework fordrren. pdf

Waddell S, 2011. Global action networks: Creating our future together [M]. Basingstoke: Palgrave Macmillan.

Waddock S, Meszoely G. M, Waddell S, et al. , 2015. The complexity of wicked problems in large scale change [J]. Journal of Organizational Change Management, 28 (6): 993 - 1012.

Walker G, Tweed F. R, 2014. A Framework for Profiling the Characteristics of Risk Governance in Natural Hazard Contexts [J]. Natural Hazards and Earth System Sciences, 14 (1): 155 - 164.

World Bank, 2013. Natural Hazards, UnNatural Disasters: The Economics of Effective Prevention [J]. World Bank Publications.

Xu C, 2011. The Fundamental Institutions of China's Reforms and Development [J]. Journal of Economic Literature, 49 (4): 1076 - 1151.

Xu J, Lu Y, 2013. Counterpart Assistance: A systematic approach for post - Wenchuan Earthquake recovery and reconstruction [J]. Disaster Advances (6): 58 - 65.

Yao Y, Muyang Z, 2015. Subnational Leaders and Economic Growth: Evidence from Chinese Cities [J]. Journal of Economic Growth, 20 (4): 405 - 436.